Tax Risk Assessment and Control Practice

纳税风险评估与管控实务

主　编　高涓　尹淑平

副主编　李高齐　李超
　　　　束磊　万嘉伟

复旦大学出版社

前　　言

近年来,随着双随机系统、风险管理系统、税收大数据平台陆续上线,国家税务稽查工作日益规范,纳税评价体系也日益完善,税收风险管理日益精进、成效显著。国家税务总局稽查局深入贯彻《关于进一步深化税收征管改革的意见》精神,逐步实现从"以票管税"向"以数治税"分类精准监管的转变,各地税务部门以税收风险为导向精准实施税务监管,也预示着税收风险监管步入了一个新的时代。现代化的税收风险管理以税收征管信息化平台为依托、以风险管理为导向、以分类分级管理为基础,推进征管资源合理有效配置,实现外部纳税遵从风险分级可控、内部主观努力程度量化可考的现代税收征管方式,是税收征管体制改革的方向。

企业管理和发展与涉税业务的关系越来越紧密,纳税风险评估与管控越来越受到企业投资者和管理层的重视。企业风险管控意识不强,没有规范的税收风险管控制度,各类业务处理不合规,没有专业的税务管理人才等问题将严重制约企业健康发展。因此,企业亟须具备税收风险管控的总体观念和意识,掌握税收风险管控和纳税评估方法、指标、模型,培养具备税收风险排查、分析、应对和管控能力的人才。

本书以纳税风险评估基本概念为出发点,通过理论与单项案例、综合案例实训学习,借助浙江衡信教育科技的纳税评估软件操作系统和财税大数据风控综合实训系统,培养学生案头分析、指标组建、风险识别、风险判断、风险应对的能力。

全书将理论知识学习与案例操作相结合,以行业典型案例为背景,结合纳税风险评估分析方法、纳税风险评估指标组建路径、纳税风险等级分类及风险应对策略进行剖析,分析企业在经营中所涉及各税费种的潜在税务风险和财务风险。

本书主要有以下特色:

第一,校企联合开发。本书是上海商学院与浙江衡信教育科技有限公司的校企合作书。由教师与企业专家联合编写,实现税收教学与税务实践技能强强联合,既可以满足高校教学需要,也可以作为财税工作者的职业工具书。

第二,理实结合一体化。全书共计三个篇章,分别为纳税风险评估原理与指标体系、软件操作指南、典型行业及风险评估案例,打破以往同类书晦涩难懂的编写风格,通过学做结合,提高初学者对财税知识的应用能力。

第三,教学内容平台化。本书的案例内容通过浙江衡信教育科技有限公司的纳税评估与税收风控平台进行教学,模拟企业真实的案例场景,高度还原实务工作内容,引导学生通过软件按步骤、流程依次完成各类纳税评估知识、指标模型、方法、实训的学习与综合运用。

第四,案例资源多元化。本书包含了交通运输业、建筑业、商超行业、食品加工行业、软件行业等多个典型行业的案例,涵盖了增值税、消费税、企业所得税、个人所得税及其他各税费种的涉税计算、指标评估内容。

第五,教学竞赛融通化。本书的教学内容与全国本科院校税收风险管控案例大赛、智慧财税数字技术大赛竞赛内容具有高度的一致性,通过本书的学习与实训,可以实现"寓赛于课"的目标。

此外,本书是上海商学院进行应用型本科试点转型实践的重要成果。上海商学院税务系2018年起进行应用型本科试点转型专业建设。在发展过程中,融入学校"以商立校、应用为本"的发展定位,在培养计划中体现"商"特色,重视实践教学环节。注重培养学生应用能力和税收实务操作能力,从知识、能力、素养三个方面全面培养学生。经由如下改革实践,本书最终得以成形:

第一,本书是税收学相关课程近五年来教学实践的经验结晶。前期已经作为纳税风险评估课程的校本教材进行三年试用,解决了只有软件没有指导用书的问题,更好地促进了教师课堂教学的实施和学生课后学习的拓展。

第二,上海商学院税务系从2020年就带领学生开始参加"全国本科院校税收风险管控案例大赛"等行业大赛,并取得了不错的成绩,带队老师积累了丰富的参赛经验。本书也成为带队老师培养学生参赛的重要参考书。同时也希望抛砖引玉,为兄弟院校的参赛队伍提供借鉴。

第三,本书也是上海高校市级重点课程建设项目"财政学"(沪教委高〔2021〕34号-451)、上海商学院教改研究项目"应用型人才培养的协同育人机制实践——以纳税评估课程为例"(上海商学院教改〔2022〕-01)、上海商学院高等教育研究项目"新冠疫情常态化背景下线上教学质量监测与评价——以财政学为例"(SBS22GJ0205)的阶段性成果。

本书编者高涓负责全书的框架搭建和审核校对,同时负责第一篇及第三篇交通运输业、建筑行业、软件行业、全国本科院校纳税风险管控案例大赛案例——医药制造行业等资料的组织和内容编写;尹淑平负责第三篇白酒行业案例的编写及其他部分章节的审校工作;束磊负责第三篇食品加工行业、物流行业案例的编写;万嘉伟负责第三篇商超行业案例的编写以及第二篇第一章内容的编写。本书的编写得到了各院校领导和浙江衡信教育科技有限公司的大力支持,浙江衡信教育科技有限公司总经理李高齐、衡信教育科技有限公司西北公司总经理李超为本书的编写提供了大量的数据图文资料,并参与编写了第二篇第二章、第三篇房地产行业的内容。浙江衡信教育科技有限公司的余指航经理也参与了本书的编写工作。上海商学院的张鸿印同学也为本书的编写提供了许多帮助,在此一并表示感谢。

在编写大赛案例相关内容的过程中,除选用了现行的财经税收法规以外,编者还参考了一些专家、学者的有关资料和书籍。由于编者水平有限,书中难免有不当之处,敬请读者提出宝贵意见。

目　录

第一篇　纳税风险评估原理与指标体系

第一章　纳税风险评估的基本原理 …………………………… 3
一　纳税风险评估的概念及原则 / 3
二　纳税风险评估基本程序 / 3

第二章　纳税风险评估指标 …………………………………… 6
一　纳税风险评估通用分析指标及使用方法 / 6
二　成本类评估分析指标及其计算公式和功能 / 6
三　费用类评估分析指标及其计算公式和指标功能 / 6
四　利润类评估分析指标及其计算公式和指标功能 / 7
五　资产类评估分析指标及其计算公式和指标功能 / 7
六　通用分析指标的配比分析指标及使用方法 / 8

第三章　纳税风险评估分税种指标及使用方法 ……………… 10
一　增值税评估指标及其计算公式和指标功能 / 10
二　企业所得税评估指标及其计算公式和指标功能 / 11
三　印花税评估分析指标及使用方法 / 13
四　资源税评估分析指标及使用方法 / 14

第四章　纳税风险评估综合分析指标及使用方法 …………… 16
一　综合审核分析 / 16
二　关联交易审核分析 / 17
三　发票综合审核分析 / 17

第五章　纳税风险评估指标模型构建 ………………………… 21
一　行为监控类模型 / 21

二　事项提醒类模型 / 21
三　纳税遵从类模型 / 22

第六章　纳税风险等级评价 …… 23
一　一级风险纳税辅导 / 23
二　二级风险提示提醒 / 23
三　三级风险税务核查 / 23
四　四级风险纳税评估 / 23
五　五级风险税务稽查 / 23

第七章　税务风险总体应对策略 …… 24
一　倡导风险管理控制环境建设 / 24
二　建立重大决策和交易引进财务税务风险控制和筹划机制 / 24
三　加强对经营链和经营要素的税务管理和风险控制 / 24
四　加强税务内控体系建立与监督 / 24
五　规范企业日常核算与涉税管理 / 24

第二篇　软件操作指南

第一章　教学应用与流程 …… 27
一　系统简介 / 27
二　风险管控学习全流程 / 27
三　功能概述 / 28

第二章　教学系统使用 …… 29
一　系统登录 / 29
二　纳税评估教学系统 / 30
三　纳税评估单点策略实训系统 / 33
四　筹划业务及政策资源库 / 43
五　财税大数据风控综合策略实训系统 / 43

第三篇　典型行业及风险评估案例

第一章　交通运输行业 …… 59
一　税收风险描述及防控建议 / 59

二　交通运输行业纳税评估指标及评估方法 / 62
　　三　典型案例 / 67

第二章　建筑行业 …………………………………………………… 91
　　一　税收风险描述及防控建议 / 91
　　二　建筑行业纳税评估指标及评估方法 / 98
　　三　经典案例 / 100

第三章　白酒行业 …………………………………………………… 125
　　一　税收风险描述及防控建议 / 125
　　二　白酒行业纳税评估指标及评估方法 / 139
　　三　典型案例 / 143

第四章　商超行业 …………………………………………………… 164
　　一　税收风险描述及防控建议 / 164
　　二　商超行业纳税评估指标及评估方法 / 175
　　三　典型案例 / 179

第五章　食品加工行业 ……………………………………………… 194
　　一　税收风险描述及防控建议 / 194
　　二　食品加工行业纳税评估指标及评估方法 / 196
　　三　典型案例 / 198

第六章　软件行业 …………………………………………………… 219
　　一　税收风险描述及防控建议 / 219
　　二　软件行业纳税评估指标及评估方法 / 225
　　三　典型案例 / 227

第七章　物流行业 …………………………………………………… 249
　　一　税收风险描述及防控建议 / 249
　　二　物流行业纳税评估指标及评估方法 / 251
　　三　典型案例 / 253

第八章　全国本科院校纳税风险管控大赛案例——
　　　　　医药制造行业 ……………………………………………… 274
　　一　企业资料 / 275
　　二　案头分析 / 297

三　约谈举证 / 300

四　实地调查 / 304

五　评估调查结论 / 305

六　案例总结 / 305

七　案例信息简表 / 306

第九章　财税大数据风控综合实训系统软件指引案例——房地产行业 …………………………………………………… 308

一　税收风险描述及防控建议 / 308

二　实训简介 / 308

三　经典案例 / 309

四　违规成本及法律责任 / 331

五　实训评分标准 / 333

第一篇 纳税风险评估原理与指标体系

第一章
纳税风险评估的基本原理[①]

一 纳税风险评估的概念及原则

(一) 纳税风险评估的概念

纳税风险评估又称纳税评估(以下简称纳税评估),是指税务机关利用获取的涉税信息,对纳税人纳税申报情况(包括扣缴义务,下同)的真实性与合法性进行审核评价,并做出相应处理的税收管理活动。纳税评估是税源管理工作的基本内容,是处置纳税风险、促进纳税遵从的重要手段。纳税风险评估工作遵循风险控制、分类分级实施、专业管理、人机结合的原则。

(二) 纳税风险评估的原则

(1) 纳税评估工作遵循风险控制、分类分级实施、专业管理、人机结合的原则。

(2) 税务机关对所有纳税人的纳税申报情况作纳税评估;对同一纳税人各税种统筹安排、综合实施纳税评估;对多个税款所属期的纳税申报情况可以一次进行纳税评估。

(3) 开展纳税评估工作,一般应在纳税申报期满之日起三年内进行;涉及少缴税款金额在十万元以上的,可以延长至五年内进行。

(4) 税务机关可运用税收征管法赋予税务机关的职权组织实施纳税评估;发挥信息技术对纳税评估工作的支撑作用,不断提高纳税评估工作的质量和效率。

二 纳税风险评估基本程序

纳税风险评估的一般程序是:运用纳税风险管理理念,分析识别风险,明确风险等级,安排相应应对措施;对案头审核对象进行深入审核,查找疑点,明确核实的内容和方式;对案头审核中发现的疑点分别采取电话、信函、网络、约谈、实地核查等方式核实疑点,针对调查核查情况做出评定处理。

(一) 风险识别

风险识别是税务机关采取计算机和人工相结合的方法,分析识别纳税人纳税申报中存在的风险点,按户归集,依纳税人风险高低排序,确定其风险等级,明确相应应对措施的过程。

税务机关根据税收征管资源配置情况,统筹安排,将纳税风险级别高的纳税人确定为案头审核对象。对纳税风险级别低的纳税人,税务机关可采取纳税辅导、风险提示等方式督促其及时改正。

[①] 节选自国家税务总局《纳税评估管理办法(修改稿)2010》。

(二) 案头审核

案头审核是指纳税风险评估人员在其办公场所,针对纳税人的风险点,选择运用相应的纳税风险评估方法,分析推测纳税人的具体涉税疑点,对需要核实的疑点明确有关核实内容和方式的过程。纳税风险评估人员应根据案头审核对象的不同类型,选择运用针对性强的纳税风险评估方法进行审核分析,并对疑点核实方式提出建议。

进行案头审核时应注重将纳税人申报数据与财务会计报表数据进行比较,与同行业相关数据或类似行业同期相关数据进行横向比较,与历史同期相关数据进行纵向比较。要注意根据不同税种之间的关联性和勾稽关系,参照相关预警值分析税种之间的关联关系及其异常变化;应用税收管理员日常管理中所掌握的情况和积累的经验,将纳税人申报情况与其生产经营实际情况相对照,分析其合理性,以确定纳税人申报纳税中存在的问题及其原因;分析纳税人生产经营结构,将主要产品能耗、物耗等生产经营要素的当期数据、历史平均数据、同行业平均数据以及其他相关经济指标进行比较,以推测纳税人申报的真实性,分析异常变化的成因。

经案头审核,纳税人疑点排除的,纳税风险评估终止;纳税人的问题事实清楚,不具有偷、逃、骗税违法行为,无须立案查处,责令纳税人及时改正;纳税人疑点没有排除的,应进行调查核实。

(三) 调查核实

调查核实是指税务机关根据疑点的大小和复杂程度,采取电话、信函、网络、约谈、实地核查等其他便捷有效的方式进行核实的过程。

对潜在风险识别和案头审核环节经通知改正而拒不改正的纳税人,实施调查核实。纳税风险评估人员应遵循注重实效、节约成本、避免增加纳税人负担的原则选择核实方式。

约谈须经所在税源管理部门批准并事先发出《询问通知书》,提前通知纳税人。具体包括以下六点:

(1) 对存在共性问题的多个纳税人,可以采取集体约谈的方式进行。

(2) 约谈的对象可由评估人员根据实际情况进行确定,主要是企业财务会计人员、法定代表人或者其他相关人员。

(3) 纳税人对税务机关约谈的疑点可以进行自查举证。

(4) 纳税人可以委托具有执业资格的税务代理人进行约谈。税务代理人代表纳税人进行约谈时,应向税务机关提交纳税人委托代理合法证明。

(5) 约谈的时间地点由征纳双方协商确定。

(6) 约谈内容应当形成约谈记录,并经约谈双方签章(字)确认。

经电话、信函、网络、约谈等方式,纳税人对税务机关指出的疑点无异议,且无偷、逃、骗税等违法行为的,应当开展全面自查,办理补充申报,并缴纳应补缴的税款、滞纳金。税务机关对纳税人的补充申报无异议的,纳税风险评估终止。税务机关对纳税人的补充申报有异议的,应当实地核查。

经电话、信函、网络、约谈等方式,仍无法排除疑点的,税务机关应当实地核查。税务机关在实地核查时,针对疑点,可以采取税收征管法及其实施细则规定的税务检查的方式方法。

实施实地核查须经所属税务机关批准并事先发出《税务检查通知书》,提前通知纳税人。实地核查要如实制作核实记录。

实施约谈和实地核查的税务人员一般不少于两名。

(四) 评定处理

经调查核实,疑点被排除的,税务机关应当制作《税务事项通知书》,载明根据已掌握的涉税信息未发现少缴税款行为等内容,送达纳税人,纳税风险评估终止。

存在的疑点经约谈、举证、税务检查等程序认定事实清楚,不具有偷、逃、骗、抗税等违法嫌疑,无须立案查处的,税务机关应当根据已知的涉税信息,确定纳税人应纳税额,制作《税务事项通知书》,送达纳税人,责令其限期缴纳。

经实地核查,发现纳税人有下列情形之一的,税务机关有权采取税收《征管法实施细则》第四十七条规定的方法核定其应纳税额:

(1) 依照法律、行政法规的规定应当设置账簿但未设置的;

(2) 擅自销毁账簿或者拒不提供纳税资料的;

(3) 虽设置账簿,但账目混乱或者成本资料、收入凭证、费用凭证残缺不全,难以查账的。

经纳税风险评估,发现纳税人有偷、逃、骗、抗税或其他需要立案查处的税收违法行为,需要进一步核实的,应移交税务稽查处理。

稽查部门不立案查处的,应及时退回承担纳税风险评估工作的部门。承担纳税风险评估工作的部门经复核认为案情重大,确实需要立案的,经税务局局长批准,稽查部门应立案查处。

稽查部门立案查处后,应当及时将处理结果向税源管理部门反馈。

纳税人的纳税申报情况经评估后,如发现了新的线索,在纳税风险评估期限内可再次实施纳税风险评估。但对纳税人同一税种同一税款所属期纳税申报情况的纳税风险评估不得超过两次。

第二章
纳税风险评估指标[1]

一 纳税风险评估通用分析指标及使用方法

收入类评估分析指标及其计算公式和指标功能如下。

$$\text{主营业务收入变动率} = (\text{本期主营业务收入} - \text{基期主营业务收入}) \div \text{基期主营业务收入} \times 100\%$$

如主营业务收入变动率超出预警值范围,可能存在少计收入问题和多列成本等问题,可运用其他指标进一步分析。

二 成本类评估分析指标及其计算公式和功能

$$\text{主营业务成本变动率} = (\text{本期主营业务成本} - \text{基期主营业务成本}) \div \text{基期主营业务成本} \times 100\%$$

其中,主营业务成本率=主营业务成本÷主营业务收入

主营业务成本变动率超出预警值范围,可能存在销售未计收入、多列成本费用、扩大税前扣除范围等问题。

$$\text{单位产成品原材料耗用率} = \text{本期投入原材料} \div \text{本期产成品成本} \times 100\%$$

分析单位产品当期耗用原材料与当期产出的产成品成本比率,判断纳税人是否存在账外销售问题、是否错误使用存货计价方法、是否人为调整产成品成本或应纳所得额等。

三 费用类评估分析指标及其计算公式和指标功能

$$\text{营业(管理、财务)费用变动率} = [\text{本期营业(管理、财务)费用} - \text{基期营业(管理、财务)费用}] \div \text{基期营业(管理、财务)费用} \times 100\%$$

如果营业(管理、财务)费用变动率与前期相差较大,可能存在税前多列支营业(管理、财务)费用问题。

$$\text{成本费用率} = (\text{本期营业费用} + \text{本期管理费用} + \text{本期财务费用}) \div \text{本期主营业务成本} \times 100\%$$

分析纳税人期间费用与销售成本之间关系,与预警值相比较,如相差较大,企业可能存在多列期间费用问题。

$$\text{成本费用利润率} = \text{利润总额} \div \text{成本费用总额} \times 100\%$$

---

[1] 节选自国家税务总局《纳税评估管理办法(试行)》国税发〔2005〕43号。

其中,成本费用总额＝主营业务成本总额＋费用总额

与预警值比较,如果企业本期成本费用利润率异常,可能存在多列成本、费用等问题。

税前列支费用评估分析指标包括工资扣除限额、"三费"(职工福利费、工会经费、职工教育经费)扣除限额、交际应酬费列支额(业务招待费扣除限额)、公益救济性捐赠扣除限额、开办费摊销额、技术开发费加计扣除额、广告费扣除限额、业务宣传费扣除限额、财产损失扣除限额、呆(坏)账损失扣除限额、总机构管理费扣除限额、社会保险费扣除限额、无形资产摊销额、递延资产摊销额等。

如果申报扣除(摊销)额超过允许扣除(摊销)标准,可能存在未按规定进行纳税调整,擅自扩大扣除(摊销)基数等问题。

四 利润类评估分析指标及其计算公式和指标功能

$$\text{主营业务利润变动率} = \left(\text{本期主营业务利润} - \text{基期主营业务利润} \right) \div \text{基期主营业务利润} \times 100\%$$

$$\text{其他业务利润变动率} = \left(\text{本期其他业务利润} - \text{基期其他业务利润} \right) \div \text{基期其他业务利润} \times 100\%$$

上述指标若与预警值相比相差较大,可能存在多结转成本或不计、少计收入问题。

税前弥补亏损扣除限额,按税法规定审核分析允许弥补的亏损数额。如申报弥补亏损额大于税前弥补亏损扣除限额,可能存在未按规定申报税前弥补等问题。

营业外收入增减额与基期相比减少较多,可能存在隐瞒营业外收入问题。营业外支出增减额与基期相比支出增加较多,可能存在将不符合规定支出列入营业外支出。

五 资产类评估分析指标及其计算公式和指标功能

$$\text{净资产收益率} = \text{净利润} \div \text{平均净资产} \times 100\%$$

分析纳税人资产综合利用情况。如指标与预警值相差较大,可能存在隐瞒收入或闲置未用资产计提折旧问题。

$$\text{总资产周转率} = (\text{利润总额} + \text{利息支出}) \div \text{平均总资产} \times 100\%$$

$$\text{存货周转率} = \text{主营业务成本} \div [(\text{期初存货成本} + \text{期末存货成本}) \div 2] \times 100\%$$

分析总资产和存货周转情况,推测销售能力。如总资产周转率或存货周转率加快,而应纳税税额减少,可能存在隐瞒收入、虚增成本的问题。

$$\text{应收(付)账款变动率} = \left[\text{期末应收(付)账款} - \text{期初应收(付)账款} \right] \div \text{期初应收(付)账款} \times 100\%$$

分析纳税人应收(付)账款增减变动情况,判断其销售实现和可能发生坏账情况。如应收(付)账款增长率增高,而销售收入减少,可能存在隐瞒收入、虚增成本的问题。

$$\text{固定资产综合折旧率} = \text{基期固定资产折旧总额} \div \text{基期固定资产原值总额} \times 100\%$$

固定资产综合折旧率高于与基期标准值,可能存在税前多列支固定资产折旧额问题。

要求企业提供各类固定资产的折旧计算情况,分析固定资产综合折旧率变化的原因。

$$资产负债率＝负债总额÷资产总额×100\%$$

其中,负债总额＝流动负债＋长期负债,资产总额是扣除累计折旧后的净额。

分析纳税人经营活力,判断其偿债能力。如果资产负债率与预警值相差较大,则企业偿债能力有问题,要考虑由此对税收收入产生的影响。

六　通用分析指标的配比分析指标及使用方法

(一) 主营业务收入变动率与主营业务利润变动率配比分析

正常情况下,两者基本同步增长。(1)当比值＜1,且相差较大,两者都为负时,可能存在企业多列成本费用、扩大税前扣除范围问题。(2)当比值＞1,且相差较大,两者都为正时,可能存在企业多列成本费用、扩大税前扣除范围等问题。(3)当比值为负数,且前者为正后者为负时,可能存在企业多列成本费用、扩大税前扣除范围等问题。

对产生疑点的纳税人可从以下三方面进行分析:结合"主营业务利润率"指标进行分析,了解企业历年主营业务利润率的变动情况;对"主营业务利润率"指标也异常的企业,应通过年度申报表及附表分析企业收入构成情况,以判断是否存在少计收入问题;结合《资产负债表》中"应付账款""预收账款"和"其他应付款"等科目的期初、期末数进行分析,如出现"应付账款"和"其他应付账款"红字和"预收账款"期末大幅度增长等情况,应判断存在少计收入问题。

(二) 主营业务收入变动率与主营业务成本变动率配比分析

正常情况下两者基本同步增长,比值接近1。当比值＜1,且相差较大,两者都为负时,可能存在企业多列成本费用、扩大税前扣除范围等问题;当比值＞1,且相差较大,两者都为正时,可能存在企业多列成本费用、扩大税前扣除范围等问题;当比值为负数,且前者为正、后者为负时,可能存在企业多列成本费用、扩大税前扣除范围等问题。

对产生本疑点的纳税人可以从以下三个方面进行分析:结合"主营业务收入变动率"指标,对企业主营业务收入情况进行分析,通过分析企业年度申报表及附表《营业收入表》,了解企业收入的构成情况,判断是否存在少计收入的情况;结合《资产负债表》中"应付账款""预收账款"和"其他应付账款"等科目的期初、期末数额进行分析,如"应付账款"和"其他应付账款"出现红字和"预收账款"期末大幅度增长情况,应判断存在少计收入问题;结合主营业务成本率对年度申报表及附表进行分析,了解企业成本的结转情况,分析是否存在改变成本结转方法、少计存货(含产成品、在产品和材料)等问题。

(三) 主营业务收入变动率与主营业务费用变动率配比分析

正常情况下,两者基本同步增长。当比值＜1,且相差较大,两者都为负时,可能存在企业多列成本费用、扩大税前扣除范围等问题;当比值＞1,且相差较大,两者都为正时,可能企业存在多列成本费用、扩大税前扣除范围等问题;当比值为负数,且前者为正后者为负时,可能存在企业多列成本费用、扩大税前扣除范围等问题。

对产生疑点的纳税人可从以下三个方面进行分析：结合《资产负债表》中"应付账款""预收账款"和"其他应付账款"等科目的期初、期末数进行分析。如"应付账款"和"其他应付账款"出现红字和"预收账款"期末大幅度增长等情况,应判断存在少计收入问题；结合主营业务成本,通过年度申报表及附表分析企业成本的结转情况,以判断是否存在改变成本结转方法、少计存货(含产成品、在产品和材料)等问题；结合"主营业务费用率""主营业务费用变动率"两项指标进行分析,与同行业的水平比较；通过《利润表》对营业费用、财务费用、管理费用的若干年度数据分析三项费用中增长较多的费用项目,对财务费用增长较多的,结合《资产负债表》中短期借款、长期借款的期初、期末数进行分析,以判断财务费用增长是否合理,是否存在基建贷款利息列入当期财务费用等问题。

(四) 主营业务成本变动率与主营业务利润变动率配比分析

当两者比值大于1,都为正时,可能存在多列成本的问题；前者为正,后者为负时,视为异常,可能存在多列成本、扩大税前扣除范围等问题。

(五) 资产利润率、总资产周转率、销售利润率配比分析

综合分析本期资产利润率与上年同期资产利润率,本期销售利润率与上年同期销售利润率,本期总资产周转率与上年同期总资产周转率。如本期总资产周转率－上年同期总资产周转率＞0,本期销售利润率－上年同期销售利润率≤0,而本期资产利润率－上年同期资产利润率≤0时,说明本期的资产使用效率提高,但收益不足以抵补销售利润率下降造成的损失,可能存在隐匿销售收入、多列成本费用等问题。如本期总资产周转率－上年同期总资产周转率≤0,本期销售利润率－上年同期销售利润率＞0,而本期资产利润率－上年同期资产利润率≤0时,说明资产使用效率降低,导致资产利润率降低,可能存在隐匿销售收入问题。

(六) 存货变动率、资产利润率、总资产周转率配比分析

比较分析本期资产利润率与上年同期资产利润率,本期总资产周转率与上年同期总资产周转率。若本期存货增加不大,即存货变动率≤0,本期总资产周转率－上年同期总资产周转率≤0,可能存在隐匿销售收入问题。

第三章
纳税风险评估分税种指标及使用方法[①]

一 增值税评估指标及其计算公式和指标功能

(一) 增值税税收负担率(简称税负率)

增值税税收负担率＝(本期应纳税额÷本期应税主营业务收入)×100%

计算分析纳税人税负率，与销售额变动率等指标配合使用，将销售额变动率和税负率与相应的正常峰值进行比较，销售额变动率高于正常峰值、税负率低于正常峰值的；销售额变动率低于正常峰值，税负率低于正常峰值的和销售额变动率及税负率均高于正常峰值的，均可列入疑点范围。运用全国丢失、被盗增值税专用发票查询系统对纳税评估对象的抵扣联进行检查验证。

根据评估对象报送的增值税纳税申报表、资产负债表、损益表和其他有关纳税资料，进行测算分析，包括存货、负债、进项税额综合分析和销售额各项指标的分析，对其形成异常申报的原因做出进一步判断。

与预警值对比。销售额变动率高于正常峰值且税负率低于预警值，或销售额变动率正常，而税负率低于预警值的，以进项税额为评估重点，查证有无扩大进项抵扣范围、骗抵进项税额、不按规定申报抵扣等问题，对应核实销项税额计算的正确性。

对销项税额的评估，应侧重查证有无账外经营、瞒报、迟报计税销售额、混淆增值税与营业税征税范围、错用税率等问题。

(二) 应纳税额与工(商)业增加值弹性分析

应纳税额与工(商)业增加值弹性系数＝应纳税额增长率÷工(商)业增加值增长率

其中：

应纳税额增长率＝(本期应纳税额－基期应纳税额)÷基期应纳税额×100%

$$\text{工(商)业增加值增长率} = \left[\text{本期工(商)业增加值} - \text{基期工(商)业增加值}\right] \div \text{基期工(商)业增加值} \times 100\%$$

应纳税额是指纳税人缴纳的增值税应纳税额；工(商)业增加值是指工资、利润、折旧、税金的合计。弹性系数小于预警值，则企业可能有少缴税金的问题。应通过其他相关纳税评估指标与评估方法，并结合纳税人生产经营的实际情况进一步分析，对其申报真实性进行评估。

[①] 节选自国家税务总局《纳税评估管理办法(试行)》国税发〔2005〕43号。

(三) 工(商)业增加值税负分析

$$\text{工(商)业增加值税负差异率} = \left[\frac{\text{本企业工(商)业增加值税负}}{\text{同行业工(商)业增加值税负}}\right] \times 100\%$$

其中：

本企业工(商)业增加值税负＝本企业应纳税额÷本企业工(商)业增加值

同行业工(商)业增加值税负＝同行业应纳税额总额÷同行业工(商)业增加值

应用该指标分析本企业工(商)业增加值税负与同行业工(商)业增加值税负的差异,如低于同行业工(商)业增加值平均税负,则企业可能存在隐瞒收入、少缴税款等问题,可结合其他相关评估指标和方法进一步分析,对其申报真实性进行评估。

(四) 进项税金控制额

$$\text{本期进项税金控制额} = \left(\text{期末存货较期初增加额} + \text{本期销售成本} + \text{期末应付账款较期初减少额}\right) \times \text{主要外购货物的增值税税率} + \text{本期运费支出数} \times 7\%$$

增值税纳税申报表计算的本期进项税额,与纳税人财务会计报表计算的本期进项税额比较;与该纳税人历史同期的进项税额控制额进行纵向比较;与同行业、同等规模的纳税人本期进项税额控制额进行横向比较;与税收管理员掌握的本期进项税额实际情况进行比较,查找问题,对评估对象的申报真实性进行评估。

具体分析时,先计算本期进项税金控制额,以进项税金控制额与增值税申报表中的本期进项税额核对,若前者明显小于后者,则可能存在虚抵进项税额和未付款的购进货物提前申报抵扣进项税额的问题。

(五) 投入产出评估分析指标

$$\text{投入产出评估分析指标} = \text{当期原材料(燃料、动力等)投入量} \div \text{单位产品原材料(燃料、动力等)使用量}$$

单位产品原材料(燃料、动力等)使用量是指同地区、同行业单位产品原材料(燃料、动力等)使用量的平均值。对投入产出指标进行分析,测算出企业实际产量。根据测算的实际产量与实际库存进行对比,确定实际销量,从而进一步推算出企业销售收入,如测算的销售收入大于其申报的销售收入,则企业可能有隐瞒销售收入的问题。通过其他相关纳税评估指标与评估方法,并与税收管理员根据掌握税负变化的实际情况进行比较,对评估对象的申报真实性进行评估。

二 企业所得税评估指标及其计算公式和指标功能

(一) 企业所得税评估指标的分类

对企业所得税进行评估时,为便于操作,可将通用指标中涉及所得税评估的指标进行分类并综合运用。

一类指标：主营业务收入变动率、所得税税收负担率、所得税贡献率、主营业务利润税收负担率。

二类指标：主营业务成本变动率、主营业务费用变动率、营业(管理、财务)费用变动率、主营业务利润变动率、成本费用率、成本费用利润率、所得税负担变动率、所得税贡献变动率、应纳税所得额变动率及通用指标中的收入、成本、费用、利润配比指标。

三类指标：存货周转率、固定资产综合折旧率、营业外收支增减额、税前弥补亏损扣除限额及税前列支费用评估指标。

(二) 企业所得税评估指标的综合运用

各类指标出现异常，应对可能影响异常的收入、成本、费用、利润及各类资产的相关指标进行审核分析。

一类指标出现异常，要运用二类指标中相关指标进行审核分析，并结合原材料、燃料、动力等情况进一步分析异常情况及其原因。

二类指标出现异常，要运用三类指标中影响的相关项目和指标进行深入审核分析，并结合原材料、燃料、动力等情况进一步分析异常情况及其原因。

在运用上述三类指标的同时，对影响企业所得税的其他指标，也应进行审核分析。

(三) 企业所得税评估指标的计算及功能

1. 所得税税收负担率

$$所得税税收负担率 = 应纳所得税额 \div 利润总额 \times 100\%$$

与当地同行业同期和本企业基期所得税负担率相比，低于标准值可能存在不计或少计销售(营业)收入、多列成本费用、扩大税前扣除范围等问题，运用其他相关指标深入评估分析。

2. 主营业务利润税收负担率(简称利润税负率)

$$利润税负率 = (本期应纳税额 \div 本期主营业务利润) \times 100\%$$

上述指标设定预警值并与预警值对照，与当地同行业同期和本企业基期所得税负担率相比，如果低于预定值，企业可能存在销售未计收入、多列成本费用、扩大税前扣除范围等问题，应做进一步分析。

3. 应纳税所得额变动率

$$应纳税所得额变动率 = (评估期累计应纳税所得额 - 基期累计应纳税所得额) \div 基期累计应纳税所得额 \times 100\%$$

关注企业处于税收优惠期前后，该指标如果发生较大变化，可能存在少计收入、多列成本、人为调节利润问题，也可能存在费用配比不合理等问题。

4. 所得税贡献率

$$所得税贡献率 = 应纳所得税额 \div 主营业务收入 \times 100\%$$

将当地同行业同期与本企业基期所得税贡献率相比,低于标准值视为异常,可能存在不计或少计销售(营业)收入、多列成本费用、扩大税前扣除范围等问题,应运用所得税变动率等相关指标做进一步评估分析。

5. 所得税贡献变动率

$$\text{所得税贡献变动率} = \left(\text{评估期所得税贡献率} - \text{基期所得税贡献率}\right) \div \text{基期所得税贡献率} \times 100\%$$

与企业基期指标和当地同行业同期指标相比,低于标准值可能存在不计或少计销售(营业)收入、多列成本费用、扩大税前扣除范围等问题。

运用其他相关指标深入详细评估,并结合上述指标评估结果,进一步分析企业销售(营业)收入、成本、费用的变化和异常情况及其原因。

6. 所得税负担变动率

$$\text{所得税负担变动率} = \left(\text{评估期所得税负担率} - \text{基期所得税负担率}\right) \div \text{基期所得税负担率} \times 100\%$$

与企业基期和当地同行业同期指标相比,低于标准值可能存在不计或少计销售(营业)收入、多列成本费用、扩大税前扣除范围等问题。

运用其他相关指标深入详细评估,并结合上述指标评估结果,进一步分析企业销售(营业)收入、成本、费用的变化和异常情况及其原因。

三 印花税评估分析指标及使用方法

(一)印花税税负变动系数

印花税税负变动系数＝本期印花税负担率÷上年同期印花税负担率

印花税负担率＝(应纳税额÷计税收入)×100%

本指标用于分析可比口径下印花税额占计税收入的比例及其变化情况。本期印花税负担率与上年同期对比,正常情况下两者的比值应接近1。当比值小于1,可能存在未足额申报印花税问题,进入下一工作环节处理(下同)。

(二)印花税同步增长系数

印花税同步增长系数＝应纳税额增长率÷主营业务收入增长率

$$\text{应纳税额增长率} = \left[\left(\text{本期累计应纳税额} - \text{上年同期累计应纳税额}\right) \div \text{上年同期累计应纳税额}\right] \times 100\%$$

$$\text{主营业务收入增长率} = \left[\left(\text{本期累计主营业务收入额} - \text{上年同期累计主营业务收入额}\right) \div \text{上年同期累计主营业务收入额}\right] \times 100\%$$

本指标用于分析印花税应纳税额增长率与主营业务收入增长率,评估纳税人申报(贴花)纳税情况真实性。适用于工商、建筑安装等行业应纳税额增长率与主营业务收入增长率对比分析。正常情况下两者应基本同步增长,比值应接近1。当比值小于1,可能存在未足额申报印花税问题。分析中发现高于或低于预警值的,要借助其他指标深入分析并按照总局纳税评估管理办法规定处理。

四 资源税评估分析指标及使用方法

(一)资源税税负变动系数

分析纳税人申报缴纳的资源税占应税产品销售收入的比例及其变化情况,评估纳税人申报的真实性。

资源税税负变动系数=本期资源税税收负担率÷上年同期资源税税收负担率

资源税税收负担率=[应纳税额÷主营业务收入(产品销售收入)]×100%

本指标是本期资源税负担率与上年同期资源税负担率的对比分析。一般在产品售价相对稳定的情况下两者的比值应接近1。

当比值小于1,可能存在未足额申报资源税问题,进入下一工作环节处理。当比值大于1,无问题。

(二)资源税同步增长系数

分析资源税应纳税额增长率与主营业务收入(产品销售收入)增长率,评估纳税人申报情况的真实性。

$$\text{资源税同步增长系数} = \frac{\text{应纳税额增长率}}{\text{主营业务收入(产品销售收入)增长率}}$$

$$\text{应纳税额增长率} = \left[\left(\text{本期累计应纳税额} - \text{上年同期累计应纳税额} \right) \div \text{上年同期累计应纳税额} \right] \times 100\%$$

$$\text{主营业务收入(产品销售收入)增长率} = \left\{ \left[\text{本期累计主营业务收入(产品销售收入)} - \text{上年同期累计主营业务收入(产品销售收入)} \right] \div \text{上年同期累计主营业务收入(产品销售收入)} \right\} \times 100\%$$

本指标是应纳税额增长率与主营业务收入(产品销售收入)增长率的对比分析。正常情况下两者应基本同步增长(在产品销售单价没有较大波动的情况下),比值应接近1。当比值小于1,可能存在未足额申报资源税问题。分析中发现高于或低于预警率指标的要借助其他指标深入分析并按照总局纳税评估管理办法规定处理。

(三)资源税其他项目综合审核分析

(1)审核《资源税纳税申报表》中项目、数字填写是否完整,适用税目、单位税额、应纳税额及各项数字计算是否准确。

(2)审核《资源税纳税申报表》《代扣代缴代收代缴税款报告表》中申报项目是否有收购未税矿产品。

(3) 是否连续零申报,能否合理解释。

(4) 是否以矿产品的原矿作为课税数量,折算比率是否合理。

(5) 纳税人自产自用的产品是否纳税。

(6) 纳税人开采或者生产不同税目的产品,是否分别核算纳税,未分别核算的,是否有从低选择税率的问题。

(7) 纳税人本期各税目、税额与上期应纳税额、上年同期应纳税额相比有无较大差异,能否合理解释。

(8) 减税、免税项目的课税数量是否单独核算,未单独核算或者不能准确提供课税数量的,是否按规定申报缴纳了资源税。

(9) 与上期申报表进行比对,审核增减变化情况,并与同期矿产资源补偿费增减变化进行比对。

(10) 审核扣缴义务人取得的《资源税管理证明》。

(11) 审核《利润表》中的应税矿产品销售(营业)收入与企业产品产销存明细表中应税矿产品产量比率增减变化情况,同时与申报表中资源税申报额进行比对,审核增减变化情况。

(12) 审核纳税人申报的课税数量与其利润表中的"主营业务收入"或者"其他业务收入"的比率是否合理,以期发现纳税人有无少申报课税数量的情况。

(13) 是否有将销售收入直接计入"营业外收入""盈余公积"等账户。

(14) 是否有将已实现的销售收入挂"应付账款"账户,不结转销售收入。

(15) 审核应税产品期初库存量加当期产量减当期销量减当期自用量是否与期末库存量一致。

(16) 其他需要审核、分析的内容。

第四章
纳税风险评估综合分析指标及使用方法[①]

一 综合审核分析

综合审核分析通过相关指标对比分析，发现问题或疑点，并确定相关纳税人作为重点评估分析对象。通过案头分析，比对纳税申报表和会计报表之间的相关指标；比对会计账表之间指标的勾稽关系；横向及纵向比较财务数据和税务数据；比对资金流、货物流、发票流。不同的税种审核有不同的指标和方法，下面以资源税为例进行说明。

（1）审核纳税申报表中本期各税目应纳税额与上期应纳税额、上年同期应纳税额相比有无重大差异，能否合理解释。

（2）是否连续零申报，能否合理解释。

（3）适用税目税率等是否正确；是否有错用税目以适用低税率；有无将按比例税率和按定额税率计征的凭证相互混淆；有无将载有多项不同性质经济业务的经济合同误用税目税率，应税合同计税依据是否正确。

（4）申报单位所属行业所对应的应税凭证是否申报纳税（如工商企业的购销合同是否申报）。

（5）参考同行业的合同签订情况以及其他影响印花税纳税的情况进行调查，评估纳税人印花税的纳税状况。

（6）对于签订时无法确定金额的应税凭证，在最终结算实际金额时是否按规定补贴了印花。

（7）审核是否有租赁、建筑安装、货物运输、销售不动产、转让无形资产等应税收入，是否申报缴纳了印花税。

（8）实行印花税汇总缴纳的纳税人，其"利润表"中的"主营业务收入"与申报的"购销合同"计税金额或"加工承揽合同"的计税金额是否合理，有无异常现象，能否合理解释。

（9）根据"利润表"中"财务费用"以及"资产负债表"中的"短期借款"和"长期借款"项目的变动情况，确定申报"借款合同"的计税金额是否合理。

（10）"资产负债表"中"实收资本"项目和"资本公积"项目的本期数与上期数相比是否增加，增加数是否申报缴纳印花税。

（11）将"管理费用"等科目中体现的保险支出与已申报情况进行对比，是否有出入。

（12）审核《资产负债表》中的"固定资产"科目中"不动产"项目增加或减少情况，据此检查纳税人书立领受的《产权转移书据》是否缴纳了印花税。

（13）审核《资产负债表》中的"在建工程"科目是否有建筑、设备安装等项目，"委托加工物资"科目是否发生委托加工业务，是否申报缴纳了印花税。

（14）审核其他业务收入和营业外收入项目是否有应税收入。

[①] 节选自国家税务总局《纳税评估管理办法（试行）》国税发〔2005〕43号。

(15) 审核有无查补收入。
(16) 其他需要审核、分析的内容。

二 关联交易审核分析

1. 关联销售变动率与销售收入变动率配比分析

重点分析关联销售商品金额占总销售商品金额比例较大的企业,如关联销售变动率＜销售收入变动率,则说明企业关联销售商品金额的变化没有带来相应的关联销售收入的变化;销售同样数量商品,关联销售收入小于非关联销售收入,可能存在关联交易定价低于非关联交易定价的问题,存在转让定价避税嫌疑。

2. 关联销售变动率与销售利润变动率配比分析

重点分析关联销售商品金额占总销售商品金额比例较大的企业,如关联销售变动率＞销售利润变动率,则说明企业关联销售商品金额的变化没有带来相应的销售利润的变化;销售同样数量商品,关联销售利润小于非关联销售利润,可能存在关联交易定价低于非关联交易定价的问题,存在转让定价避税嫌疑。

3. 关联采购变动率与销售成本变动率配比分析

重点分析关联购进原材料金额占总购进原材料金额比例较大的企业,如关联采购变动率＞销售成本变动率,则说明企业关联购进原材料金额的变化导致过大的关联销售成本的变化,采购同样数量原材料,关联采购成本大于非关联采购成本,可能存在关联交易定价高于非关联交易定价的问题,存在转让定价避税嫌疑。

4. 关联采购变动率与销售利润变动率配比分析

重点分析关联购进原材料金额占总购进原材料金额比例较大的企业,如关联采购变动率＞销售利润变动率,则说明企业关联购进原材料金额的变化导致过大的关联销售成本的变化,影响了销售利润,采购同样数量原材料,关联采购成本大于非关联采购成本,可能存在关联交易定价高于非关联交易定价的问题,存在转让定价避税嫌疑。

5. 无形资产关联购买变动率与销售利润变动率配比分析

重点分析存在无形资产关联交易的企业支付特许权使用费等,如无形资产关联购买变动率＞销售利润变动率,则说明企业购买的无形资产没有带来相应的收益增长,可能支付了过高的无形资产购买价格或通过购买无形资产的形式转移利润,存在转让定价避税嫌疑。

三 发票综合审核分析

1. 连续三个月发票开具金额超过定额20%未做定额调整的个体双定业户

(1) 指标含义。对连续三个月发票开具金额超过核定销售额20%的个体双定纳税户情况进行预警。

(2) 取数范围。取数来源于个体定额信息、发票信息、文书信息。

(3) 计算公式。定额取自定税清册;发票开具金额指发票交旧验旧金额;未做定额调整户数。其中,未做定额调整户数指发票开具金额超过定额20%后定额仍没有变化或没有"纳税人变更纳税定额调整审批表"调整定额文书。

(4) 提示信息。存在个体定额核定偏低、定额调整不及时问题。

2. 纳税人税控机开具发票退票

(1) 指标含义。税控发票月退票次数较多或金额较大。系统抽取每月纳税人抄税信息,对月退票过于频繁的纳税人,税务管理员进行调查核实。可能存在虚开发票风险。

通过企业税控机开具的发票情况,统计出退票的数量,如果企业退票税率很高,企业可能存在不按照规定开具发票的情况。

(2) 指标公式。退票率=退票份数/开票份数。

(3) 取数范围。取数来源于税控系统抄税发票日交易汇总数据。

(4) 区间设置。退票率可以设为25%以上,退票金额大于等于10万元。

(5) 提示信息。对于纳税人月退票过于频繁的纳税人,税务管理员进行调查核实。

3. 增值税一般纳税人滞留票情况

(1) 指标含义。部分纳税人由于其下游企业不需要增值税专用发票,为了达到隐瞒销售收入,又不引起主管税务机关注意的目的,对取得的增值税专用发票不予认证,对此类企业总局按季提取企业名单,组织各单位进行纳税评估。

(2) 指标公式。滞留票税额比例=滞留票税额/(滞留票税额+本季度认证抵扣专用发票税额)。

(3) 取数范围。在金税工程稽核系统内提取"开票日期距当期第一天"大于180天企业的专用发票信息,按购货单位纳税人识别号进行归集,汇总份数、销售额、税额数据。

根据滞留票对应的购货单位纳税人识别号,从《增值税纳税申报表(附表二)》中提取第一栏"认证相符的防伪税控增值税专用发票"份数、金额、税额的季度累加数。

(4) 区间设置。清分出本季度一般纳税人认定信息中商业一般纳税人名单;提取名单中滞留票税额比例≥60%的纳税人清单。

(5) 提示信息。当纳税人同时满足商业一般纳税人、滞留票税额比例≥100%,且销售额位列该地区同类纳税人前50名时,提示对滞留票信息异常企业,主管税务机关应从企业资金流、货物流入手,核实企业滞留购进信息是否真实,是否存在部分销售收入不开票不申报的情况。

4. 查账户发票开具超过申报销售额未补税预警

(1) 指标含义。通过增值税防伪税控发票开具金额与增值税申报表申报销售额进行对比,如果不一致,甚至高于增值税电报销售额,需要核实企业是否存在应税收入未计税。

(2) 指标公式。应补缴税款=(代开发票销售收入+普通发票验旧金额征前减免销售收入)/(1+税率)-入库税款。

(3) 取数范围。从税务登记、税种登记信息中获取被查账户纳税人信息(纳税人状态正常);申报征收上解入库信息中调取纳税人分月入库信息(只包括征税、税款种类增值税,税款属性不包括专用发票销售工本费、普通发票销售工本费、其他行政性收费等);从发票代开详细信息、发票验旧信息(实时)中获取代开发票收入、普通发票开具收入(不计算符合免税条件的销售收入、不计算销货清单销售收入);从申报征收征前减免信息中获取减免销售收入。

$$应补缴税款 = \left(代开发票销售收入 + \frac{普通发票验旧金额}{征前减免销售收入}\right) / (1+税率) - 入库税款$$

或,

$$应补缴税款 = 发票金额 \times 税率 - 已入库税款$$

(4)提示信息。纳税人可能存在销售未申报的问题。

5. 发票结存份数较多

(1)指标含义。纳税人领购发票长期未验旧,发票结存份数较多,可能存在超期未验旧风险。

(2)指标分析。超过三个月未验旧,发票结存份数较多,可能存在超期未验旧风险。

(3)取数范围。根据纳税人发票结存表情况的提示信息,如结存份数较多,则可能存在超期未验旧风险。

6. 多户纳税人为同一购票员

(1)指标含义。衡量多户纳税人同一购票员的风险。

(2)指标分析。购票员≥2,存在套购发票风险。

(3)提示信息。存在套购发票风险。

7. 增值税专用发票作废发票率偏高

(1)指标含义。通过对纳税人开具作废发票份数、金额、税额等的比对分析,查找出可能存在利用作废发票冲减销售收入,少计销项税额的纳税人。

(2)指标公式。作废发票率=当期开具作废发票份数/当期开具全部发票份数×100%。

(3)提示信息。可能存在利用作废发票冲减销售收入,少计销项税额的问题。

8. 增值税专用发票用量变动异常

(1)指标含义。对纳税人增值税专用发票用量有突增的情况进行监控。

(2)指标公式。

$$专用发票用量环比变动率 = \left(本月专用发票开具数量 - 上月专用发票开具数量\right) / 上月专用发票开具数量 \times 100\%$$

$$专用发票开具金额环比变动率 = \left(本月专用发票开具金额 - 上月专用发票开具金额\right) / 上月专用发票开具金额 \times 100\%$$

(3)取数范围。《增值税纳税申报表附表一(本期销售情况明细表)》《增值税一般纳税人认定审批表》《最高开票限额审批表》。

(4)关键值描述。专用发票开具金额大于 100 万元。专用发票开具金额环比变动率大于 50%(认定一般纳税人不超过一年的);专用发票用量环比变动率大于 100%,或专用发票用量环比变动率大于 150%。本月有调高"最大开票金额"记录。销售额变动率大于 20%

(认定一般纳税人超过一年的)。同时满足条件的,发布预警。如果以上条件筛选户数太多,则启用新条件税负低于行业平均税负。

(5)提示信息。可能存在虚开增值税专用发票的问题。

9. 增值税专用发票红字发票率偏高

(1)指标含义。通过对纳税人开具作废发票份数、金额、税额等的比对分析,查找出可能存在利用作废发票冲减销售收入,少计销项税额的纳税人。

(2)指标公式。红字发票率=当期开具红字发票份数/当期开具正常发票份数×100%。

(3)取数范围。《增值税发票存根联数据采集表》。

(4)提示信息。可能存在利用红字发票冲减销售收入,少计销项税额的问题。

第五章
纳税风险评估指标模型构建

一 行为监控类模型

行为监控类模型主要包括六种情况:

(1) 失踪纳税人重新经营预警。通过对失踪纳税人企业法定代表人(负责人)身份证号码、纳税人状态在全省或全市范围内比对,对失踪纳税人重新经营情况进行预警。按月发布预警信息。

(2) 申报销售额低于发票开具金额预警。对发票开具金额超过申报销售额(营业额)的纳税人预警。

(3) 重复安置残疾人的福利企业预警。通过对享受税收优惠政策的福利企业残疾人身份证号码,在全省范围内比对,对重复安置残疾人进行预警。

(4) 欠缴模型预警。

(5) 法人分析预警。对法定代表人多次变更、相同法定代表人注册多户企业进行预警。

(6) 未办财务会计制度及核算软件预警。

二 事项提醒类模型

事项提醒类模型主要包括以下十一种情形:

(1) 正常户有关联的非正常户和待注销户预警。正常户的法人、财务负责人和投资方的身份证号码与非正常户法人、财务负责人和投资方的身份证号码相同的时候进行预警。

(2) 小规模纳税人达到一般纳税人标准未办理一般纳税人资格等级预警(季度)。

(3) 小规模纳税人达到一般纳税人标准未办理一般纳税人资格等级预警(月度)。

(4) 发布非正常户证件失效公告提醒。纳税人被列入非正常户达到期限(三个月)的,提醒税收管理员宣布对该业户发布税务登记证件失效公告。

(5) 停业到期提醒。核准停业期止前7日提醒税管员通知纳税人。

(6) 纳税辅导到期的一般纳税人提醒。

(7) 期内未申报提醒。对申报期限将到期仍未申报的纳税人,提醒税收管理员通知纳税人按期申报。

(8) 期内未缴款提醒。对限缴日期前两天仍未缴纳税款的纳税人进行提醒。

(9) 逾期未申报提醒。纳税人未按照规定的期限办理纳税申报,系统提醒税收管理员发出《限改通知书》。

(10) 逾期未缴纳税款催缴提醒。在征收期以后,系统对税收管理员所辖纳税人对未按照规定的期限缴纳或者解缴税款的,提醒税收管理员进行催缴。

(11)《外出经营活动税收管理证明》即将到期提醒。针对《外出经营活动税收管理证明》有效期届满的纳税人,提醒税收管理员通知纳税人持《外出经营活动税收管理证明》回原税务登记地税务机关办理核销手续。

三 纳税遵从类模型

(一)农产品收购发票抵扣进项占比过高预警

主要通过对当期有农产品收购凭证抵扣进项的纳税人,进行农产品收购凭证抵扣进项分析。一是通过对当期农产品收购凭证抵扣进项税额占当期全部抵扣进项税额的比率,分析纳税人农产品收购凭证抵扣进项的合理性;二是为了分清主次,重点关注抵扣税额较大的纳税人,对比例高于同行业预警值的纳税人、抵扣税额较大的纳税人、可能存在虚开农产品收购凭证、虚抵进项税额问题的纳税人进行预警。

(二)未及时结转销售收入预警

分析对象可能对已发出的货物长期挂在其他应收款或预收账款,不及时结转收入及成本,不计缴增值税、所得税,或者不及时结转成本,利用税收优惠调节所得税。

(三)增值税一般纳税人连续12个月零税申报情况的核查

从税收管理角度及时调查分析,加强申报监控,提高申报质量,堵塞漏洞,强化税源管理。国家税务总局按季对增值税一般货物与劳务"连续12个月零税申报的一般纳税人(包括免抵退企业)"信息进行通报,组织主管税务机关进行核查。

第六章
纳税风险等级评价

一 一级风险纳税辅导

一级风险企业,遵从激励。管理部门实行服务辅导管理,着重在宣传辅导最新税收政策,原则上第二年不列为检查和评估对象,以鼓励纳税人自觉提高税法遵从度。

二 二级风险提示提醒

二级风险企业,风险控制。管理部实行评估提醒管理,要加强日常管理以及涉税政策辅导、宣传等纳税服务工作。一方面,对规模较小且会计核算不太规范的中小企业,主要通过对其经营情况及同行业税负率、同行业毛利率、资金运营等情况进行调查分析,测定企业基准税额,据此进行风险控制;另一方面,对其他等级的风险企业,可选择部分企业采取案头分析和实地调查相结合的办法进行风险控制。

三 三级风险税务核查

三级风险企业,风险核查。管理部门对纳税人生产经营、财务核算进行进一步分析、比对或实地核查,并视情况督促纳税人自我纠正或提请税务检查。评估部门对列入大企业管理的企业异常情况进行纳税评估,采取约谈说明和实地核查等方式查明问题,帮助其改进,并发出纳税风险预警通知,实行风险提醒,促进纳税人自我修正,并提高依法纳税水平,降低纳税风险等级和提升纳税信用等级。

四 四级风险纳税评估

四级风险企业,纳税评估或税务检查。纳税评估是税务机关对纳税人履行纳税义务情况进行事中税务管理、提供纳税服务的方式之一。通过实施纳税评估发现征收管理过程中的不足,强化管理监控功能,体现服务型政府的文明思想,以帮助纳税人发现和纠正在履行纳税义务过程中出现的错漏,矫正纳税人的纳税意识偏差,促使其提高履行纳税义务的能力等方面具有十分重要的作用。

五 五级风险税务稽查

五级风险企业,发现纳税人有偷税、逃避追缴欠税、骗取出口退税、抗税或其他需要立案查处的税收违法行为嫌疑的,要移交税务稽查部门处理。对税源管理部门移交稽查部门处理的案件,税务稽查部门要将处理结果定期向税源管理部门反馈。

税务稽查是税收管理的重要环节,是对税收日常征收管理工作的重要补充,是国家监督管理的重要组成部分。

第七章
税务风险总体应对策略

一 倡导风险管理控制环境建设

公司治理层、管理层负责人如董事长、总经理及高级管理人员等应进一步倡导风险管理控制经营理念,在设计组织结构和业务流程时考虑和税务的相关性,加强对税务风险控制重视程度。财务部门、税务部门负责人,应充分分析公司现有的业务流程,确定税务和经营方面的匹配程度;采购部门、销售部门在和供应商或客户确定交易的模式、物流和资金流模式时,应保持和财务部门的互动,在发生新交易模式后,征求财务税务部门意见,以确定对公司最有利的交易模式。

二 建立重大决策和交易引进财务税务风险控制和筹划机制

公司在涉及合并、重组、重大投资项目、经营模式改变、制定内部转移定价策略时,财务部、税务部人员应参与重大决策方案的制定,重大决策制定前进行税务影响分析和规划、税务尽职调查,及时和相关税务合规性评估人员和重大决策实施部门保持沟通,以完成实施过程中的相关税务合规工作,并考虑在适当时候引进专业税务服务机构。

三 加强对经营链和经营要素的税务管理和风险控制

公司在确立经营或研发模式、成本费用归集、采购存货进项税发票的管理、制造成本(如折旧)涉税事项、销售形式对销售收入确认时间和金额影响以及对经营要素——人、财、物、智管理时,对预期的风险事项,应与相关经营链和要素管理部门确定相关税务事项风险常规管理责任和权利,对非常规性税务事项确定事发沟通机制和第一责任方(问责方)。

四 加强税务内控体系建立与监督

内部审计应定期评价税务内控体系,按相应程序及时反馈和落实改进措施;将税务内控工作成效作为相关人员的业绩考评指标;定期评价管理层在多大程度上采纳外部专家有关税务内部控制改进的建议;管理层应及时纠正控制运行中的偏差;定期回顾和反省现有制度措施的有效性、必要性、充分性,不断改进和优化税务内控制度和流程,避免繁复冗长的无效官僚制度的产生和监控成本的上升。

五 规范企业日常核算与涉税管理

公司定期完善和检查日常会计核算、费用报销和纳税申报审批执行情况,强化问责机制与有效沟通机制;定期评估公司财务与税务;加强对票据和档案管理;重视对财税人员理论与实务培训;强化公司在税务方面的沟通能力,建立税务争议事项的及时汇报、税务争议的技术支持、责任人制度机制。

第二篇 软件操作指南

第一章 教学应用与流程

一 系统简介

财务人员开展纳税风险评估是为纳税人提供的自查性涉税服务，对提高纳税人的税务管理水平，降低涉税风险，及时纠正处理涉税事项中出现的错误和舞弊有重要作用，同时也有利于强化税收监管，减轻税务机关负担。

税务机关引进大数据技术对纳税企业进行实时监控。在此环境下对财务人员的纳税风险评估管理能力提出了更进一步的要求，也要求在原先基础上补全财税大数据风险管控的职业技能学习。

二 风险管控学习全流程

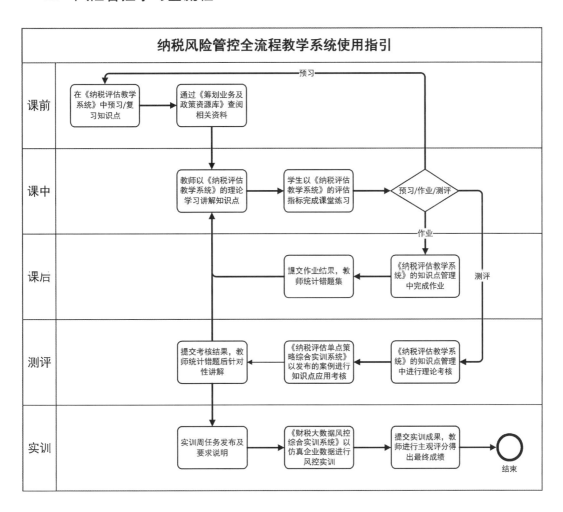

三 功能概述

衡信纳税评估教学实训软件是一款基于税收风险管理系统和财税大数据风险管控系统改编的教学及实训系统,该系统基于互联网,通过纳税评估方法经验和逆向工程对企业税收情况进行评估,培养具有企业财务数据和税务数据分析、风险检测、评估、应对、判断和决策能力的税务专业人才,同时具备财税相关联岗位能力的综合型人才和复合型人才。

由纳税评估教学系统、纳税评估单点策略实训系统、财税大数据风控综合策略实训系统、筹划业务及政策资源库等模块组成。

衡信纳税评估教学实训软件配套成体系的教学实施方案,包含教学大纲(教学目标、案例复盘试验和任务、课时安排),以理论+案例剖析+测评+案例复盘+报告的模式引导教学。纳税评估方面通过金税三期/四期风险管理等级应对方式、疑点问题分类、风险识别指标库、风险识别指标模型、风险特征库与应对,以纳税评估单点策略及财税大数据风控综合策略的形式完整复盘税务局对纳税企业的风险管理和纳税风险识别的全过程学习。

第二章
教学系统使用

一 系统登录

(一)登录方式

下载税务实训平台,并在税务实训平台教师端开通学生账号,登录学生端。

(二)登录账号及密码

学生账号由任课老师自主创建,通过任课老师获取账号。账号密码方面,初始密码为123456,密码重置须通过任课老师进行,并完成系统的登录使用。

(三)进入系统

登录成功后选择页面上部菜单的"风险管控"进入系统。

二 纳税评估教学系统

纳税评估教学系统由理论学习、评估指标、数据来源、指标测评四项子模块组成。

（一）理论学习

理论学习从纳税评估原理与依据、纳税评估方法经验与逆向工程、纳税评估案例大全、风险评估管理系统及纳税评估主题培训这四个方向进行。

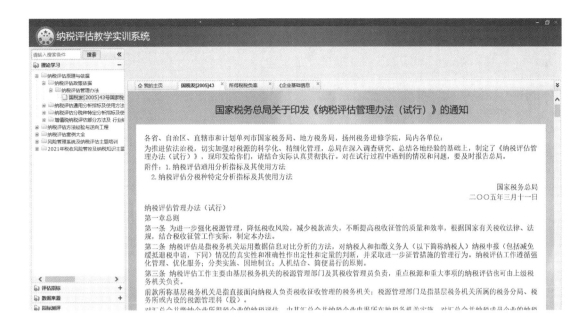

(二)评估指标

评估指标部分的实训主要包括对税收负担类、申报合法类、纳税能力类、生产经营类、财务管理类常用的数据来源、报表与经验等关键值测算的练习和测评。

(三)数据来源

数据来源部分的实训是通过生产经营数据表、财务会计报表、涉税业务表单的展示学习风险评估的分析数据获取途径。

（四）指标测评

指标测评通过指标训练和指标测评结合试题练习/测评的方式验证风险指标的学习成果。

1. 指标训练

在完成阶段性或全部的理论知识学习后，可通过点击"指标训练"对所学知识点进行练习。

2. 指标测评

在指标的学习和训练之后,通过选择"指标测评"对所学知识要点进行考核验证。

三 纳税评估单点策略实训系统

点击"纳税评估单点策略实训系统"进入系统。

此时会展示该系统的操作流程,点击"开始实训"进入案例的选择。

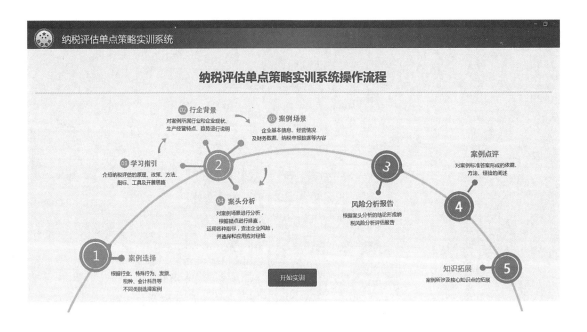

(一)我的案例

进入"纳税评估单点策略实训系统",此处"我的案例"中有"未做案例"和"已做案例"两个菜单。

系统默认进入"未做案例"列表页面,可进行案例简介的查阅或立即进入案例操作,若无未做案例则列表显示为空。

点击"已做案例"的按钮进入已做案例列表,该列表中显示进行中、已提交的案例,可对案例进行"案例简介""继续练习""立即进入""查看报告""查看答案"的操作。

> 注:"查看报告"需案例提交后才可进入;"查看答案"需教师开启后才可查看;"案例简介"页面点击进入按钮才可进行案例操作。

(二)案例练习

进入案例操作页面,系统将案例分为行企背景、案例情景和案头分析等多个部分。学习指引是引导案例的学习内容/目标等;行企背景和案例情景是案例企业所在行业及自身企业的基本情况,便于进行纳税评估;案头分析为案例的主要作答菜单。

1. 行企背景

行企背景分为行企现状、行企特点、行企趋势三个部分。

（1）行企现状通过图文形式对案例企业及所在行业的当下情况进行描述，便于学生了解行企现状。

（2）行企特点通过图文形式对案例企业及所在行业的特点进行阐述，便于学生在了解行企特点的情况下更好地进行风险评估。

（3）行企趋势通过图文形式对案例企业及所在行业的趋势进行展示，便于学生根据行企的趋势情况进行分析。

2. 案例情景

案例情景分为企业基本信息、企业经营情况、财务报表和纳税申报表、数据对比表、业务说明图五个部分。

（1）企业基本信息是对案例企业包含纳税人名称、统一社会信用代码、公司成立时间、经营性质、经营范围等企业信息作出说明。

（2）企业经营情况是对案例企业的部分经营情况进行说明，用于风险评估完成后根据经营情况做企业的风险排除确认。

（3）财务报表和纳税申报表是对案例企业的报表数据做结构化展示，在案例风险评估中起到核心作用，风险评估指标的计算数据值可在此处获取。

（4）数据对比表是给出案例企业可能涉及的风控指标的预计数值，用于风险评估的风险等级的确认。

（5）业务说明图是对案例企业的业务全过程的说明。

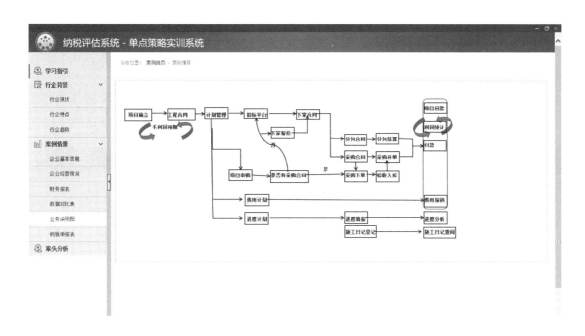

3. 案头分析

案头分析分为案头说明区和案头分析区两个部分：案头说明区主要提供案头分析的前置引导疑点；案头分析区又可分为风险点判断和结论、风险特征分析计算、风险信息排除确认、风险应对经验策略四个环节。

风险点判断和结论中会根据给出的案例内容出具 1~30 个选项,学生依据案例自行确认其中贴近题干的选项,并根据所选内容编写其分析判断的思路和依据。切换菜单系统自动保存当前作答内容。

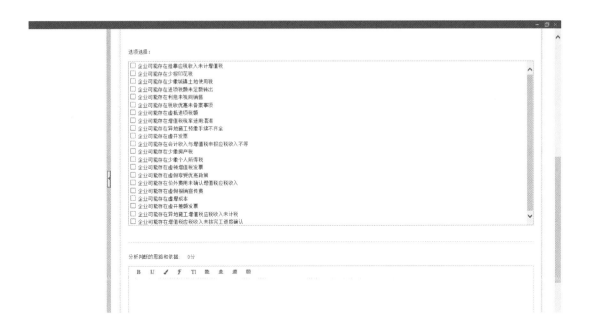

风险特征分析计算、风险信息排除确认、风险应对经验策略的操作同风险点判断和结论一致。

4. 案例提交

在完成案例作答后,提交作答成果才可查阅分析报告、案例点评、知识拓展的内容。其中分析报告由案头分析的作答自动生成。

(三）分析报告

在完成案例提交后可直接查看所生成的分析报告，也可通过"已作案例"列表的"查看报告"按钮进入分析报告查看页面。

四 筹划业务及政策资源库

通过选择"筹划业务及政策资源库"进入系统,在系统内通过选择或搜索所需的资料,在右侧展示框查阅所需的资料信息。

五 财税大数据风控综合策略实训系统

进入风险管控系统后,通过点击"企业自查应对版"以纳税企业税务经理的身份进入实训练习系统,财税大数据风控综合策略实训系统会自动采用谷歌浏览器打开对应的案例列表。以下以"企业自查应对版"为例进行操作指导。

(一) 案例选择

进入系统后,案例选择列表中将显示教师所发布的对应实训/练习任务,通过不同的使用情况进入下一环节。

点击"立即进入"按钮,进入实训或继续之前进度;点击"重新开始"按钮,重新开始实训;点击"案例简介"按钮,查看案例的简介。

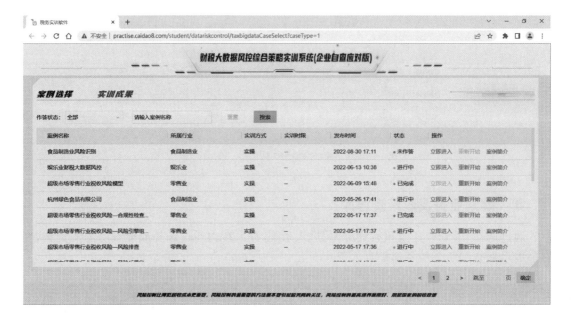

(二) 实训成果

进入系统后,选择"实训成果"标签页进入实训成果查询页面,在此查询案例评分及评级。

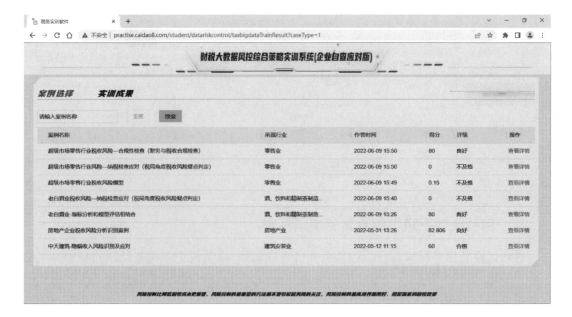

点击实操案例后的"查看详情"按钮,进入实操案例成绩详情页面。

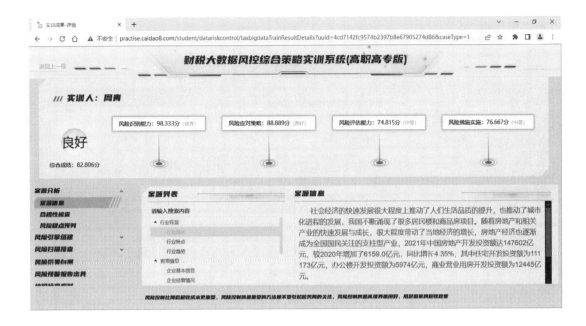

(三) 案例操作

1. 实操案例

(1) 开始实训。

点击"立即进入"或"重新开始"会进入实训指导页面,该页面包含财税大数据风控综合策略实训系统的操作流程、实训内容、岗位情况、实训任务、实训标准。在查看完指导内容后,点击"开始实训"进入实训操作页面。

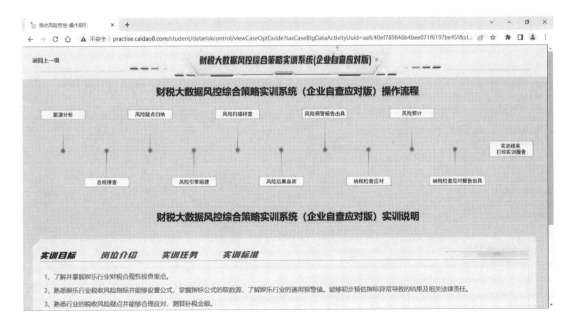

(2)案源分析—案源信息。

进入实训案例操作页面后,首先是对案例的案源信息进行查阅,通过点击案源列表树的菜单进行切换。

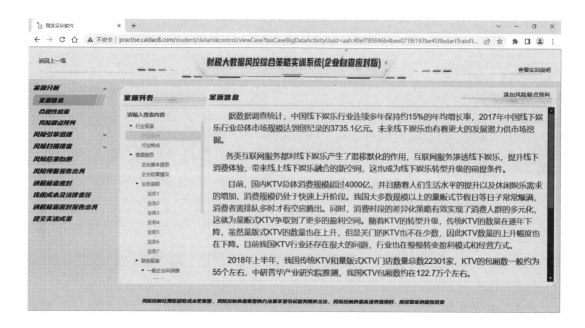

(3)案源分析—合规性检查。

点击一级菜单"案源分析"的"合规性检查"进入相应作答页面。根据题干进行"是否存在合规性问题""判断依据""整改思路""企业数据修改"的作答,同时通过点击右侧试题号或上一题/下一题进行试题切换,全部作答完成后点击右下角的"保存"按钮保存作答记录。

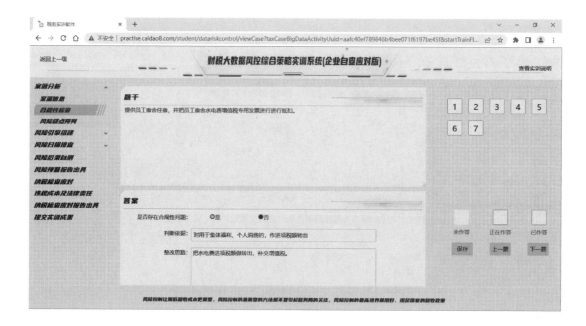

(4) 案源分析—风险疑点预判。

点击一级菜单"案源分析"的"风险疑点预判"进入相应作答页面。点击右上角的"添加"按钮,选择或输入风险疑点,并选择验证风险疑点所需的指标。

(5) 风险引擎组建—指标管理。

点击一级菜单"风险引擎组建"的"指标管理"进入相应作答页面。点击指标后的"修改"按钮进入指标维护页面,通过指标元、函数、运算符号完成指标的公式组建,点击"保存"按钮返回列表页。

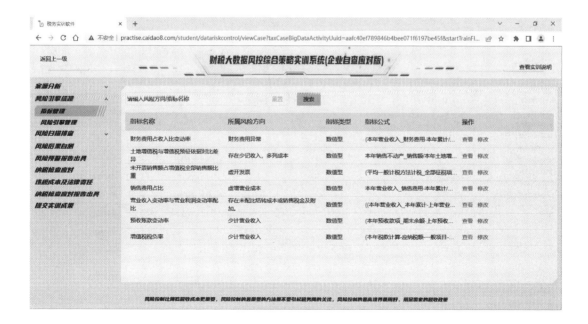

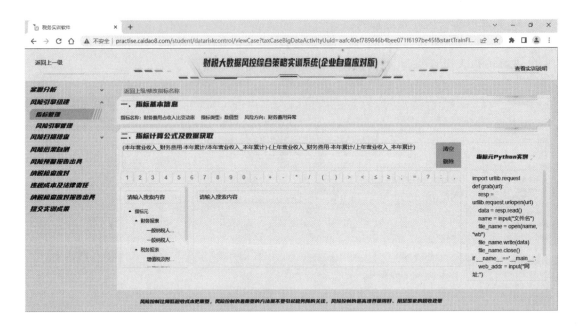

（6）风险引擎组建—风险引擎管理。

点击一级菜单"风险引擎组建"的"风险引擎管理"进入作答页面。点击"新建风险引擎"按钮，进入风险引擎维护页面，通过输入风险引擎名称、选择指标、添加打分条件、得分、预警值、异常/正常区间、异常应对提示完成风险引擎的创建，点击"保存"按钮返回风险引擎管理列表页。

> **注：** 指标管理列表中的数据须在风险引擎中进行选择。

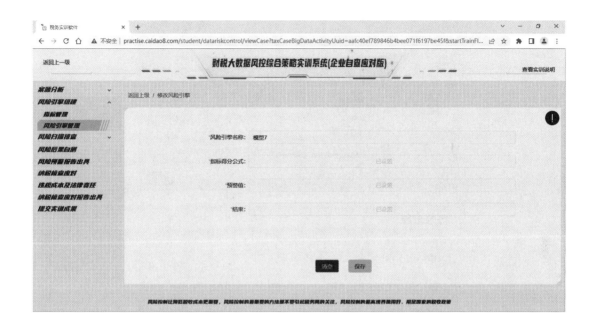

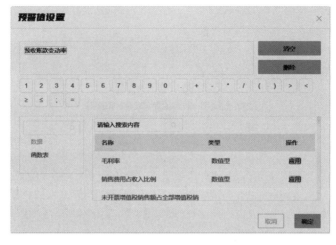

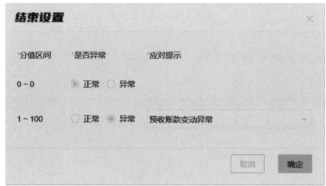

（7）风险扫描排查—风险扫描。

点击一级菜单"风险扫描排查"的"风险扫描"进入相应作答页面。点击"立即扫描"或选风险模型后点击"批量扫描"完成大数据风险排查。点击查看风险报告，查阅大数据结果。

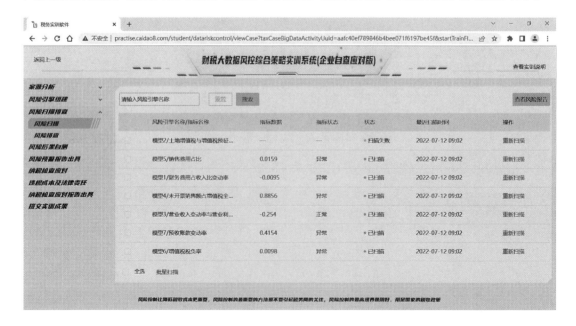

(8) 风险扫描排查—风险排查。

点击一级菜单"风险扫描排查"的"风险排查"进入相应作答页面。点击"异常/正常"按钮,对异常风险疑点进行排查,在选择异常转正常时则需根据案例企业录入风险策略应对说明。确认为异常的则需在下一步风险后果自测中进行作答,作答完成点击保存完成风险排查操作。

> **注:** 风险排除列表中仅显示风险扫描为异常的风险模型,正常的不显示。

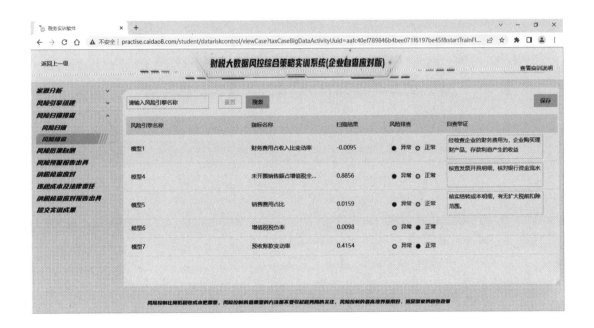

(9) 风险后果自测。

点击一级菜单"风险后果自测"进入相应作答页面。点击"添加"按钮,进入对应模型的风险后果自测作答页面。在模型风险后果自测页面中出具风险方案,对补税、滞纳金、罚款、刑事责任的后果进行预判作答。

> **注:** 风险后果自测列表中仅显示风险排查后仍然为异常的风险引擎。

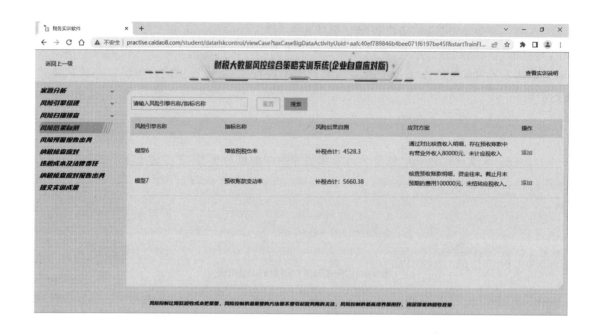

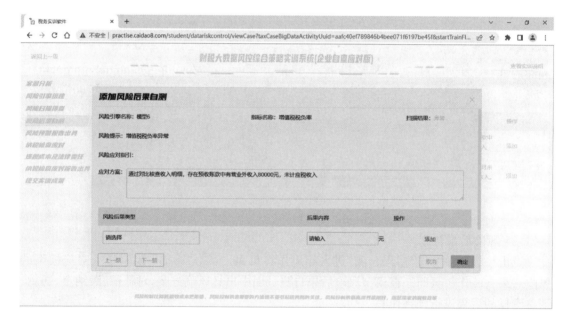

(10) 风险预警报告出具。

点击一级菜单"风险预警报告出具"进入企业自查作答结果报告页面。

(11) 纳税检查应对。

点击一级菜单"纳税检查应对"模拟企业财税人员对于税务局发放的"风险提示告知书"进行应对。通过点击疑点是否存在的"是/否"按钮,对每一条风险疑点进行确认,在确认疑点是否存在的过程中还需确认其判断依据,点击"保存"按钮完成风险疑点确认作答。

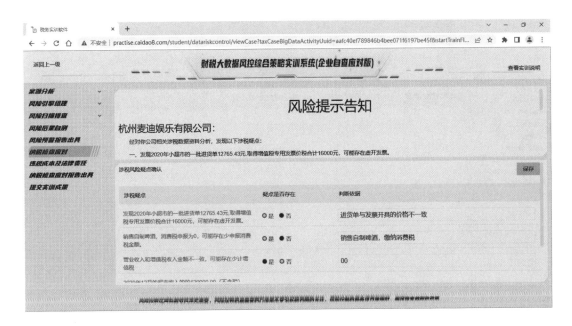

（12）违规成本及法律责任。

点击一级菜单"违规成本及法律责任"进入税务局应对的后果确认作答页面。点击对应涉税疑点的"修改"按钮，进入维护页面。在维护页面中通过添加对涉税疑点的补税、滞纳金、罚款、刑事责任的预估及根据涉税疑点对企业进行查账确认。

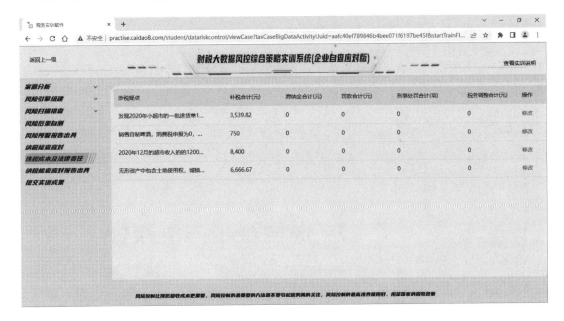

（13）纳税检查应对报告出具。

点击一级菜单"纳税检查应对报告出具"进入税务局应对作答结果报告页面。

（14）提交实训成果。

作答完成后点击一级菜单"提交实训成果"下的"提交实训成果"按钮提交结果，完成案例的操作。

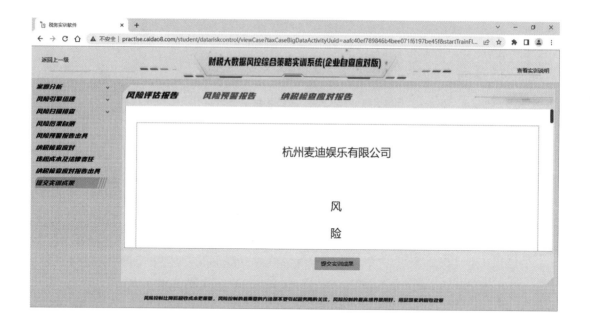

2. 学习案例

（1）开始实训。

点击"立即进入"或"重新开始"先会进入实训指导页面，该页面对财税大数据风控综合策略实训系统的操作流程、实训内容、岗位情况、实训任务、实训标准进行介绍。在查看完指导内容后，点击"开始实训"进入实训操作页面。

（2）学习案例。

进入"学习案例"后，点击左侧菜单下的视频/图片/文案进行学习，学习完成后案例状态自动变为已完成。

3. 实操案例答案比对

在教师端开启对应实操案例的答案后,再次进入作答中的案例,可根据标准答案修改作答结果,完成实操案例。

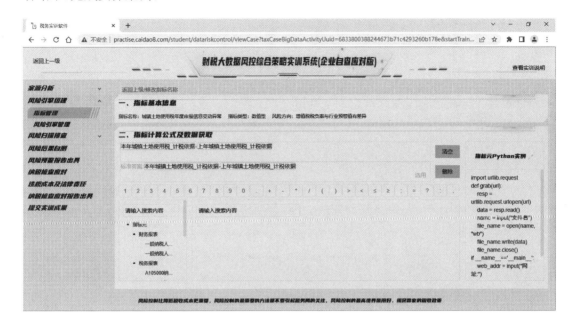

第三篇 典型行业及风险评估案例

第一章
交通运输行业

一 税收风险描述及防控建议

(一) 挂靠经营的虚开虚抵发票风险

1. 情景再现

某挂靠经营运输企业管理松散,挂靠人基本自行负担车辆的油耗、修理等费用,被挂靠企业为了平衡税负而取得虚开发票。在购进、维修车辆进项税方面,由于更换轮胎、维修等情况多在运输过程中发生,且多数为现金支付,真实性难以确定。运输企业为了取得进项税发票往往采取自己找票或是通过挂靠车主找票给予一定优惠的行为取得虚开发票抵扣进项。

2. 风险描述

目前我国道路运输行业依然维持了以大量自然人、个体户司机为主要实际承运人的基本格局。主要原因在于运输服务业务数量和来源不固定,运输企业受到市场的影响巨大,使其不愿意也无力自营庞大的车队。当运输企业承接的业务量超过其自营车队时,其就将业务分包给个体司机。而个体户司机多采用现金交易,取得发票困难,但是,作为货物的托运方,其会要求运输企业为其开具9%的运输服务专票。被夹在链条中间的运输企业有销项、无进项,从而承担了巨额的增值税和所得税成本。运输企业会采用从个体司机以外"找票"冲抵成本和进项的方法,容易引发虚开风险。虚开风险一经爆发,可能牵连网络货运平台、运输企业、个体司机以及托运人等多类主体。

3. 防控建议

数电发票时代,纳税人应该认识到发票虚开虚抵的法律风险,定期盘存,使申报收入正确反映车辆使用成本。纳税人可以结合库存计算当期耗用,再和成本比较,看是否抵扣比例过高;可以对企业购油业务的真实性进行检查,结合企业运输合同核实企业运输线路,对无自用油库的企业在没有取得本地和运输线路上的加油发票要重点检查,对连续多日大额、整数发票和实际加油情况不符情况应重点核实,对大额的汽油发票、大额的高标号柴油发票应重点关注。必要时可以通过对上游成品油经销企业进行检查来印证成品油购进的真实性。在对维修配件进项检查中,关注是否有营改增以前取得维修服务和配件营改增以后抵扣的现象;结合车辆新旧程度、车辆运输方式及路线,推算纳税人更换车辆配件及维修费用的真实性。

托运方应当加强对运输企业的背景调查和资质审核,确保发票、业务、开票方、资金"四流合一",坚守交易的真实性底线。如果确实发生了开票方的进项问题,积极与税务机关沟通,主张自己取得发票的合法性及主观善意,以减少损失。

4. 政策依据

《中华人民共和国增值税暂行条例》(国务院令第538号)第九条:"纳税人购进货物或者应税劳务,取得的增值税扣税凭证不符合法律、行政法规或者国务院税务主管部门有关规定的,其进项税额不得从销项税额中抵扣。"

《国家税务总局关于异常增值税扣税凭证管理等有关事项的公告》(国家税务总局公告2019年第38号)规定,如果纳税人当期"异常凭证进项税额累计占同期全部增值税专用发票进项税额70%(含)以上的",所开发票也被列为异常凭证。

(二)适用多档税率、混淆税率税目少缴增值税的风险

1. 情景描述

某交通运输业纳税人既从事货物运输,又从事港口码头服务、场站服务、货物运输代理、仓储和装卸搬运等物流辅助业务,还有将自有车辆机械设备租赁的业务。该企业在申报增值税的过程中,故意混同税目和税率,从而少缴增值税。

2. 风险描述

纳税人发票开具品目和规定税率不一致,或是通过所谓的税收筹划混淆税目,达到少缴税款或是多开销项税的目的。如将短距离运输按装卸倒运的税率缴税,签订虚假的出租汽车合同,将实质交通运输业务混淆为动产租赁等。营改增政策对提供运输服务和物流辅助服务规定了不同的税目税率,存在11%、6%和17%的税率,还有3%简易征收率。营改增前税制简单,交通运输和装卸搬运同为3%,服务业、代理业和租赁业同为5%,在惯性经营下,交通运输企业往往出现发票开具错误。

3. 防控建议

可以实地查看车辆及设备的使用情况,核对企业的运输合同,必要时向承租方核实,确定纳税人是否有故意错开发票项目达到少缴税款或是多开销项的目的。核对企业自己开具和取得的交通运输业专用发票是否合法有效,对照《国家税务总局关于加强增值税征收管理若干问题的通知》《国家税务总局关于使用新版公路、内河货物运输业统一发票有关问题的通知》等看发票是否按照规定开具。

4. 政策依据

《中华人民共和国刑法》第二百零一条第一款规定,纳税人采取欺骗、隐瞒手段进行虚假纳税申报或者不申报,逃避缴纳税款数额较大并且占应纳税额百分之十以上的,处三年以下有期徒刑或者拘役,并处罚金;数额巨大并且占应纳税额百分之三十以上的,处三年以上七年以下有期徒刑,并处罚金。

(三)核算混乱,少计收入等风险

1. 风险描述

交通运输企业具有挂靠经营,现金结算,只是组织运输而实际并不能对挂靠户财务进行有效的财务核算的特点。这造成了企业核算混乱,存在少计其他业务收入和营业外收入的风险。

2. 风险分析

由于交通运输业的特殊性,有挂靠行为就存在管理费收入;车辆有强制报废规定,就有固定资产清理收入;有经常性维修,就存在废电瓶、废机油、废轮胎处理收入;部分企业有大型机械设备,所以有租赁收入;等等。

3. 防控建议

检查中关注有无因承包经营、挂靠、代办保险车检的固定收入不按规定申报纳税的;有无应计入营业外收入的废旧物品处理收入项目不申报纳税的;有无将收入直接抵顶债务、直接冲减车主工资、运输成本、费用支出,少计应税收入的;有无车载广告和场地出租收入项目不申报纳税的;有无出租(转让)固定资产(房产、车辆等)、转让无形资产收入未按规定申报纳税的情况;等等。

4. 政策依据

《中华人民共和国刑法》第二百零一条第　款规定,纳税人采取欺骗、隐瞒手段进行虚假纳税申报或者不申报,逃避缴纳税款数额较大并且占应纳税额百分之十以上的,处三年以下有期徒刑或者拘役,并处罚金;数额巨大并且占应纳税额百分之三十以上的,处三年以上七年以下有期徒刑,并处罚金。

(四)网络货运平台虚开增值税专用发票

1. 情景再现

浙江沈氏省心网络货运平台,利用自主研发的网络货运车货匹配系统,增加了运单补录功能。该平台招录业务员、发展代理商,向物流、建筑工程类等公司推销增值税专用发票。再将受票企业已经自行委托社会车辆运输的真实业务信息或是伪造的货运信息通过补录运单、签订合同方式虚构为网络货运业务。平台将收到的运费转账至下游企业指定或关联账户完成资金回流。该平台对外累计向2 700余家企业开具增值税专用发票18 323份,价税合计91.98亿元,收到地方政府部门财政返还共计3.35亿元。

2. 风险描述

互联网技术与物流运输行业深度融合,出现了前述无车承运、网络货运平台等新物流运输模式,也面临税负高、责任风险不清的问题。网络货运平台通过虚开增值税专用发票的方式,虚构网络货运业务,骗取地方政府的财政返还。这种行为严重违反了税收法律法规,一旦被税务机关查实,将面临重罚,并可能被追究刑事责任。此外,这种行为也可能损害平台的声誉,影响其与客户和合作伙伴的关系。

3. 防控建议

明确网络货运经营者和实际承运人依法纳税或扣缴税款的义务并要求货运经营者依法抵扣增值税进项税额。政府部门应积极指导和帮助网络货运企业进行合规经营,特别是督促货运司机注册为个体工商户,以确保运输成本合规。网络货运企业应该与地方政府和税务部门合作,寻找解决方案,确保货车司机能够开具成本发票,以便进行增值税进项抵扣,降低企业的税负成本。地方政府、园区、企业和网络货运平台应加强合作与交流,充分发挥网络货运资源的作用,为企业降低运输成本、提高效率提供支持和帮助。

4. 政策依据

《财政部 国家税务总局关于全面推开营业税改征增值税试点的通知》(财税〔2016〕36号)明确运输服务三方结构:经营者以承运人身份与托运人签订运输服务合同,收取运费并承担承运人责任,然后委托实际承运人完成运输服务的经营活动。

《交通运输部 国家税务总局关于印发〈网络平台道路货物运输经营管理暂行办法〉的通知》(交运规〔2019〕12号),《交通运输部办公厅关于印发〈网络平台道路货物运输经营服务指南〉等三个指南的通知》(交办运函〔2019〕1391号)[①],为网络货运经营服务、信息监测、交互系统接入提供指南。要求网络货运经营者应在运单、资金流水单完成后实时上传数据至省级监测系统,省级监测系统应在接收网络货运经营者运单、资金流水单、车辆及驾驶员基本信息后,及时上传至部交互系统,并同时传递给同级税务部门。

二 交通运输行业纳税评估指标及评估方法

纳税评估方法主要包括税负分析法、营运能力分析法、油耗分析法。实际工作中,将这三种方法配合使用,能更准确地找出纳税人的涉税问题。

(一) 税负分析法

税负分析法,需要首先根据货运行业宏观税收数据分析结果,找出行业税收风险较高、涉税问题较多的县(区、市),然后对该县(区、市)该行业的所有纳税人,进行微观税收分析,选出风险高、偏离值大的纳税人,从而确定纳税评估对象。这种方法对各行业普遍适用,也是开展行业纳税评估初期最常用的方法。

1. 评估模型

(1) 行业税负指标。

$$行业实际税负 = 行业申报入库税额 / 行业营业收入总额$$

$$行业申报入库税额 = \sum 单户纳税人入库税额$$

$$行业营运收入总额 = \sum 单户纳税人营业收入$$

$$行业宏观税负 = 行业申报入库税额 / 统计部门货运业 GDP$$

(2) 单户税负指标。

$$实际税负 = 入库税额 / 营业收入$$

(3) 开票额变动率与入库税额变动率指标。

---

① 为贯彻落实《交通运输部国家税务总局关于印发〈网络平台道路货物运输经营管理暂行办法〉的通知》(交运规〔2019〕12号)的有关要求,推动网络平台货运健康规范发展,提升服务能力和服务质量,交通运输部办公厅组织编制了《网络平台道路货物运输经营服务指南》《省级网络货运信息监测系统建设指南》和《部网络货运信息交互系统接入指南》。

开票额变动率＝(当期开票额－上期开票额)/上期开票额

入库税额变动率＝(当期入库税额－上期入库税额)/上期入库税额

2. 应用分析要点

(1) 行业税负指标的计算值分区县进行排序,指标值越大,初步表明该区县风险较高,以此确定重点评估的区县。

(2) 单户税负指标的计算值分户排序,指标值越大,该户纳税人涉税问题可能较多,从而将该户列为评估对象。

(3) 开票额变动率与入库税额变动率指标用来判断发票开具额与应纳税额是否同向增长,如果指标计算值越高,表明该户风险越高,通过计算值排序,确定出评估对象。

3. 税负标准值参数范围

税　种	税负取值
综合税负	4.35%～5.55%
其中：增值税及附加	3.33%
企业所得税	1.05%～2.25%①

异常值设定：3.5%≤实际税负＜4.35%。

预警值设定：实际税负＜3.5%。

4. 数据来源

数据来源主要包括：货运发票开票系统、地税综合征管系统。

此外,还包括统计部门公开发布的行业统计数据,征管系统数据。

(二) 营运能力分析法

营运能力分析法,就是根据某一纳税人全部车辆核定载质量,考虑实际经营中的影响因素,经过实地盘存,测算出该公司所有车辆满负荷营运情况、正常营运情况、较差营运情况下的营业收入,然后与公司发票开票额和营业收入比对,从而找出涉税疑点的方法。

1. 评估模型

(1) 公司营业收入测算。

$$营业收入 = \sum 每种营运状况车型(总载质量 \times 每吨每天营运收入 \times 营运天数)$$

(2) 偏离值测算。

---

① 所得税税负范围的确定：根据《国家税务总局关于调整核定征收企业所得税应税所得率的通知》(国税发〔2007〕104号)规定的交通运输业应税所得率7%～15%,取最低值7%,乘以15%所得税税率,低限为1.05%,同理,取最高值15%,高限为2.25%。

偏离值＝实际营业收入－测算营业收入

偏离系数＝偏离值/测算营业收入

异常值设定：30%≥偏离系数＞10%。

预警值设定：偏离系数＞30%。

（3）税收差异测算。

税收差异＝偏离值×适用税率

2. 应用分析要点

该方法能较为正确地测算出纳税人是否存在虚开、代开货运发票的行为，特别是账面营运收入额（开票额）远远超过满负荷运营状态下测算出的营业收入额时，这类纳税人税收风险很高，应作为重点评估对象，对营运业务的真实性进行重点核实。

注意事项：

（1）计算全部车辆载质量时，应根据机动车登记证区分车辆类型，同时分自备车、挂靠车分别汇总，摸清纳税人车辆权属情况和车辆载重情况。

（2）确定每吨每天营运收入时，要充分考虑实际运输过程中普遍存在的超载现象，了解纳税人经营状况，同时区分长途、短途计算平均值。

（3）对不符合三个条件的挂靠车辆，应特别关注是否存在以公司名义开具发票的情况。

（4）每一公司的运输业务类型大多比较固定，评估时应深入调查纳税人的业务类型和盈利模式。

3. 标准值参数范围（指标值的确定）

（1）核定总载质量的确定（按车辆类型）。

根据我国新的汽车分类国家标准（GB9417—89），依据公路运行时厂定最大总质量（GA），将载货汽车分为四类。

车 辆 类 型	最大总质量(GA)	核定总载质量
微 型	GA≤1.8 吨	
轻 型	1.8 吨＜GA≤6 吨	
中 型	6.0 吨＜GA≤14 吨	
重 型	GA＞14 吨	

纳税人车辆核定总载质量＝$\sum$单个车辆载质量（分车辆类型）

（2）每吨每天营运收入和评估期天数的确定（分车辆类型、经营状况）。

将车辆营运状况分为满负荷、正常、较差三类,再将营运线路分为长途运输和短途运输两种,测算出每吨每天营运收入,并评估其营运天数。

① 微型车。从调查情况看,该车型主要从事零星短途运输,因此长途运输不考虑,且有时空闲时间较多,收费相对较高。

经营状况	全年营运天数(天)		每吨每天营运收入(元)	
	市内(短途)	市外(长途)	市内(短途)	市外(长途)
满负荷	300		160	
正　常	240		140	
较　差	180		120	

② 轻型车。该车型与微型车相似,只是营运时间相对多一些。

经营状况	全年营运天数(天)		每吨每天营运收入(元)	
	市内(短途)	市外(长途)	市内(短途)	市外(长途)
满负荷	310		150	
正　常	260		130	
较　差	200		110	

③ 中型车。该车型既有短途也有长途,企业不一样,业务也不同。

经营状况	全年营运天数(天)		每吨每天营运收入(元)	
	市内(短途)	市外(长途)	市内(短途)	市外(长途)
满负荷	300	330	130	140
正　常	250	300	120	130
较　差	180	240	100	110

④ 重型车。该车型与中型车类似,既有短途也有长途,但营运时间相对较长。

经营状况	全年营运天数(天)		每吨每天营运收入(元)	
	市内(短途)	市外(长途)	市内(短途)	市外(长途)
满负荷	330	350	130	140
正　常	300	330	120	130
较　差	200	250	100	110

4. 数据来源

车管部门车辆登记情况,纳税人财务报表数据,固定资产中的车辆明细账,综合征管系统。

(三)油耗分析法

油耗分析法是根据纳税人评估期内所耗用的燃油数,利用耗油量、里程(公里数)、营运收入之间的关系,测算出与用油数相对应的实际营运收入,与纳税人账面收入进行比较的一种分析方法。

1. 评估模型

(1)营业收入测算指标。

$$测算营运收入 = \sum(汽车行程公里 \times 三类经营状况每吨公里平均运费 \times 平均载质量)$$

$$汽车行程公里 = \sum(四类车型货物运输耗油量 / 每百公里耗油量)$$

举例:

假设某企业评估期内整车运输油费为15万元,油价为5元/升,每百公里耗油量为30升,整车平均载质量为30吨;按照2008年重庆货运整车平均运费表,则测算营运收入 = (150 000/5/30)×100×30×0.289 = 86.70万元。

(2)偏离值测算。

$$偏离值 = 实际营业收入 - 测算营业收入$$

$$偏离系数 = 偏离值 / 测算营业收入$$

异常值设定:30% ≥ 偏离系数 > 10%。
预警值设定:偏离系数 > 30%。

(3)税收差异测算。

$$税收差异 = 偏离值 \times 适用税率$$

2. 应用分析要点

该方法通过测算营运收入和纳税人账面收入进行比对,能及时发现交通运输行业较为普遍存在的虚列油费支出、偷逃所得税,或虚开、代开货运发票的行为。若测算营运收入大于账面收入,有可能存在虚增成本费用的问题;若测算营运收入小于账面收入,有可能存在虚开或代开发票的问题。

注意事项:

(1)油耗分析法的关键在于油耗的真实性,对于金额较大的油费发票,可通过发函协查的方式进行验证。

(2)确定每百公里油耗量时,应在充分了解企业车辆的营运情况的前提下,分车辆类型,根据空载、满载、平均值取值,同时应将该行业普遍存在的超载情况考虑进去。

(3)确定吨公里平均运费时,应在充分了解车辆的承运类别的前提下,分整车、零担重货、零担轻货取值,同时应把油价变动对运费的影响考虑进去。

3. 标准值参数范围(相关指标值的确定)

(1) 每百公里耗油量(见表 3-1-1)。

表 3-1-1　每百公里耗油量　　　　　　　　　　　　　单位：升

车　型	每百公里耗油量(空载)	每百公里耗油量(满载)	每百公里耗油量(平均)
微型	8～10	10～12	8～12
轻型	12～14	14～18	12～18
中型	18～20	20～24	18～26
重型	26～28	28～32	26～32

在实际用车中，油耗受复杂因素影响，如车龄、车的保养状况、磨损程度、载重、车速、驾驶技术等都会影响油耗。实际测算中可以根据上述影响因素进行测算的修正。

(2) 实际货物运输耗油量。

实际货物运输耗油量(升)＝纳税人账列油费/油价

(3) 每吨公里平均运费。

公路运费收费分为整车(FCL)和零担(LCL)两种，后者一般比前者高 30%～50%。按我国公路运输部门规定，一次托运货物在两吨半以上的为整车运输，适用整车费率；不满两吨半的为零担运输，适用零担费率。

(4) 平均载质量。

平均载质量＝核定总载质量(考虑超载)/车辆数量

4. 数据来源

企业的油耗可从成本费用账上获取，应注意将货物运输的油耗和行政办公的油耗区分开。采取加油卡核算的，可从加油站获取油耗信息。大型的运输企业为了内部成本控制，可能会有对燃料消耗的考核制度。其中的燃油消耗定额确定、油料消耗统计方法等对油耗的测算也有一定的帮助。

三　典型案例

(一) 案例情境

1. 企业基本信息

纳税人名称：杭州长运货运有限公司(简称"杭州长运")
统一社会信用代码：913301097384125000
成立时间：2009 年 7 月 1 日
经济性质：其他有限责任公司
注册资本：壹仟万元整
注册地址：杭州市滨江区南环路 375 号

经营范围：普通货物运输；商品汽车运输；仓储服务（不含化学危险品）；设备租赁；物流信息咨询；企业管理

杭州长运的集团总部在杭州，2009年7月注册成立并开始经营，2009年11月被认定为增值税一般纳税人，企业所得税由地税征管。

杭州长运的员工共64人，其中：总经理1人，经理3人，司机50人，普通员工10人。

2. 企业经营情况

（1）企业经营模式。

公司化经营：负责车辆的管理、调度以及司乘人员的招聘、培训、考核、监督、安全工作的管理，经营者按照以下方式运营：① 定期定线；② 定线不定期；③ 定区不定期。

承包经营：将具备线路经营权的车辆承包给外部经营者，与公司外部经营者签订相关承包经营合同，承包经营方可根据合同约定自行管理车辆或遵守货运企业管理，并根据合同约定向货运企业缴纳承包费用。

挂靠经营：车主出资购买车辆，以挂靠单位的资质和名义经营，并支付相应的管理费或有偿服务费，经营中的风险和安全责任全部由车主承担。

联运业务：纳税人向货主统揽一项运输业务，利用自备车辆承运一段路程，然后转包给其他公司（个人），纳税人向货主统一收取运费，联运合作方将发票开具给纳税人，纳税人再将运费支付给联运合作方。

（2）企业经营数据见图3-1-1、图3-1-2、图3-1-3、图3-1-4、图3-1-5、图3-1-6和表3-1-2。

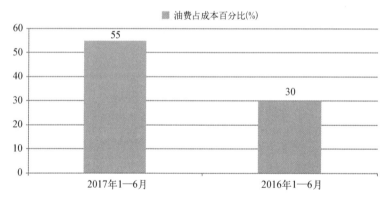

图3-1-1 杭州长运油费占成本百分比明细图

表3-1-2 2017年1—6月杭州长运取得进项发票分配表

时间	合肥市德邦物流有限公司		其他	
	份数	进项税额（元）	份数	进项税额（元）
1月	10	86 258.00	5	98 260.00
2月	16	166 258.00	12	156 300.00

续 表

时间	合肥市德邦物流有限公司		其他	
	份数	进项税额(元)	份数	进项税额(元)
3月	18	284 412.00	13	282 368.00
4月	2	287 990.00	23	426 300.00
5月	3	145 200.00	15	356 320.00
6月	5	62 300.00	15	302 500.00
合计	54	1 032 418	83	1 622 048

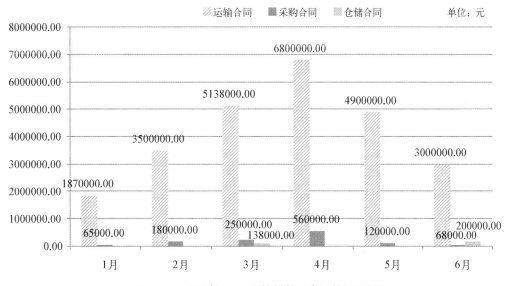

图 3-1-2　2017 年 1—6 月杭州长运合同签订明细图

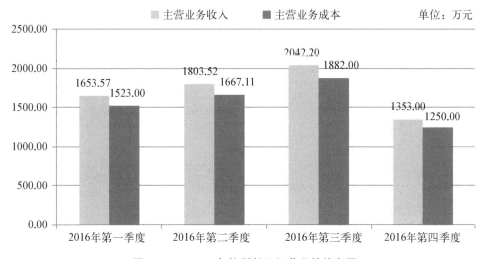

图 3-1-3　2016 年杭州长运经营业绩信息图

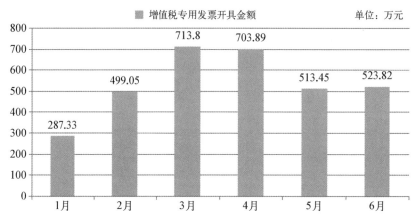

图 3-1-4 2017 年 1—6 月发票开具情况图

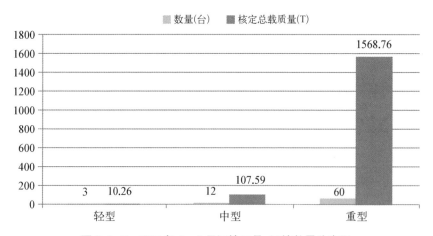

图 3-1-5 2017 年 1—6 月运输工具、运输数量分布图

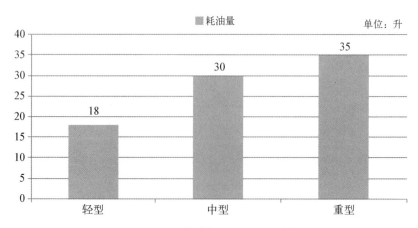

图 3-1-6 2017 年杭州长运百公里耗油量明细图

（3）公路货物运输业务流程。

运输公司的经营运作由公司各职能部门分工进行。由业务部门进行运输业务承接及实施营运，由财务部门进行款项催收及款项结算与发票开具，安全保卫部门进行交通安全管理，办公室或机械维护部门进行运输工具领用及维护。具体运作流程图如图3-1-7所示。

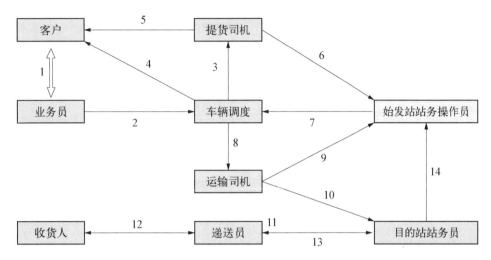

图3-1-7　公路运输企业业务运作流程图

从杭州长运的营运情况看，其经营形式主要有以下四种：

一是自运业务。这是指纳税人利用自有车辆为客户提供运输服务，从而取得营业收入，这也是最简明的运输经营形式。

二是联运业务。这是指纳税人向货主统揽一项运输业务，利用自备车辆承运一段路程，然后转给其他公司（个人），纳税人向货主统一收取运费，联运合作方将发票开具给该纳税人，纳税人再将运费支付给联运合作方。

三是货运代理业。这是指纳税人自身不参与货物运输，而是向货主统揽一项运输业务，然后直接发包给有运输能力的公司（个人），从中赚取差价。

四是物流相关业务。这是指在提供运输劳务的同时，还提供货物仓储、挑选整理等劳务。

（4）其他情况。

① 所有业务均发生在黄河以南，其申报营业收入都是南部地区取得收入。

② 公司中型车、重型车为母公司与某大型央企签订的常年合同，其运营情况基本为满负荷运转，运输目的地为黄河以南的外省，属于长途。重型车主要运送钢材，中型车主要运输电器及化工产品等，小型车为市内短途运输，运营情况较差。

3. 财务报表

相关财务报表见表3-1-3至表3-1-6。

表 3-1-3　2017 年二季度企业资产负债表

纳税人识别号：913301097384125000　　税款所属期：2017 年 6 月　　会企 01 表
编制单位：杭州长运货运有限公司　　填表日期：2017 年 6 月 30 日　　单位：元

资产	行次	期末余额	年初余额	负债和所有者权益（或股东权益）	行次	期末余额	年初余额
流动资产：	1			流动负债：	34		
货币资金	2	3 864 293.16	5 421 420.00	短期借款	35	300 000.00	300 000.00
交易性金融资产	3	—	—	交易性金融负债	36	—	—
应收票据	4			应付票据	37		
应收账款	5	3 500 000.00	890 000.00	应付账款	38	2 850 000.00	1 514 425.96
预付款项	6	4 850 000.00	2 890 000.00	预收款项	39	3 234 646.00	1 750 000.00
应收利息	7	—	—	应付职工薪酬	40	963 000.00	625 000.00
应收股利	8	—	—	应交税费	41	185 080.60	183 200.00
其他应收款	9	580 000.00		应付利息	42		
存货	10	105 300.00	65 320.00	应付股利	43		
一年内到期的非流动资产	11	—	—	其他应付款	44	3 540 770.00	3 145 000.00
其他流动资产	12	—	—	一年内到期的非流动负债	45	320 000.00	1 356 000.00
流动资产合计	13	12 899 593.16	9 266 740.00	其他流动负债	46	—	—
非流动资产：	14			流动负债合计	47	11 393 496.60	8 873 625.96
可供出售金融资产	15	—	—	非流动负债：	48		
持有至到期投资	16	—	—	长期借款	49	500 000.00	500 000.00
长期应收款	17	—	—	应付债券	50	—	—
长期股权投资	18			长期应付款	51		
投资性房地产	19			专项应付款	52		
固定资产净额	20	18 397 600.48	18 318 080.00	预计负债	53		
在建工程	21			递延所得税负债	54		
工程物资	22	—	—	其他非流动负债	55	—	—
固定资产清理	23	—	—	非流动负债合计	56	500 000.00	500 000.00
生产性生物资产	24	—	—	负债合计	57	11 893 496.60	9 373 625.96
油气资产	25	—	—	所有者权益（或股东权益）：	58		

续　表

资　产	行次	期末余额	年初余额	负债和所有者权益（或股东权益）	行次	期末余额	年初余额
无形资产	26	—	—	实收资本（或股本）	59	10 000 000.00	10 000 000.00
开发支出	27			资本公积	60	—	—
商誉	28			减：库存股	61		
长期待摊费用	29			盈余公积	62	821 119.40	821 119.40
递延所得税资产	30			未分配利润	63	8 582 577.64	7 390 074.64
其他非流动资产	31			所有者权益（或股东权益）合计	64	19 403 697.04	18 211 194.04
非流动资产合计	32	18 397 600.48	18 318 080.00		65		
资产总计	33	31 297 193.64	27 584 820.00	负债和所有者权益（或股东权益）合计	66	31 297 193.64	27 584 820.00

表 3-1-4　2017 年一季度企业资产负债表

纳税人识别号：913301097384125000　　　税款所属期：2017 年 3 月　　　会企 01 表
编制单位：杭州长运货运有限公司　　　填表日期：2017 年 3 月 31 日　　　单位：元

资　产	行次	期末余额	年初余额	负债和所有者权益（或股东权益）	行次	期末余额	年初余额
流动资产：	1			**流动负债：**	34		
货币资金	2	2 414 294.12	5 421 420.00	短期借款	35	300 000.00	300 000.00
交易性金融资产	3	—	—	交易性金融负债	36	—	—
应收票据	4	—	—	应付票据	37		
应收账款	5	1 500 000.00	890 000.00	应付账款	38	1 250 000.00	1 514 425.96
预付款项	6	3 850 000.00	2 890 000.00	预收款项	39	2 874 380.00	1 750 000.00
应收利息	7			应付职工薪酬	40	523 000.00	625 000.00
应收股利	8			应交税费	41	115 080.60	183 200.00
其他应收款	9	400 000.00		应付利息	42		
存货	10	125 300.00	65 320.00	应付股利	43		
一年内到期的非流动资产	11			其他应付款	44	4 140 770.00	3 145 000.00
其他流动资产	12			一年内到期的非流动负债	45	320 000.00	1 356 000.00
流动资产合计	13	8 289 594.12	9 266 740.00	其他流动负债	46	—	—

续 表

资　产	行次	期末余额	年初余额	负债和所有者权益（或股东权益）	行次	期末余额	年初余额
非流动资产：	14			**流动负债合计**	47	9 523 230.60	8 873 625.96
可供出售金融资产	15	—	—	**非流动负债：**	48		
持有至到期投资	16	—	—	长期借款	49	500 000.00	500 000.00
长期应收款	17	—	—	应付债券	50	—	—
长期股权投资	18	—	—	长期应付款	51	—	—
投资性房地产	19	—	—	专项应付款	52	—	—
固定资产	20	20 397 600.00	18 318 080.00	预计负债	53	—	—
在建工程	21	—	—	递延所得税负债	54		
工程物资	22	—	—	其他非流动负债	55		
固定资产清理	23	—	—	**非流动负债合计**	56	500 000.00	500 000.00
生产性生物资产	24	—	—	**负债合计**	57	10 023 230.60	9 373 625.96
油气资产	25	—	—	**所有者权益（或股东权益）：**	58		
无形资产	26	—	—	实收资本（或股本）	59	10 000 000.00	10 000 000.00
开发支出	27	—	—	资本公积	60	—	—
商誉	28	—	—	减：库存股	61	—	—
长期待摊费用	29	—	—	盈余公积	62	821 119.40	821 119.40
递延所得税资产	30	—	—	未分配利润	63	7 842 844.12	7 390 074.64
其他非流动资产	31	—	—	**所有者权益（或股东权益）合计**	64	18 663 963.52	18 211 194.04
非流动资产合计	32	20 397 600.00	18 318 080.00		65		
资产总计	33	28 687 194.12	27 584 820.00	**负债和所有者权益（或股东权益）合计**	66	28 687 194.12	27 584 820.00

表 3-1-5　2017 年第二季度企业利润表

纳税人识别号：913301097384125000　　　税款所属期：2017 年 7 月　　　会企 02 表
编制单位：杭州长运货运有限公司　　　填表日期：2017 年 7 月 31 日　　　单位：元

项　目	行　次	本期金额	本年累计
一、营业收入	1	5 238 200.00	32 857 400.00
减：营业成本	2	4 930 945.53	30 930 100.00

续 表

项　目	行　次	本期金额	本年累计
税金及附加	3	8 928.00	196 320.00
销售费用	4	41 560.20	260 000.00
管理费用	5	58 507.96	367 000.00
财务费用	6	−30.52	1 520.00
资产减值损失	7	—	—
加：公允价值变动收益（损失以"－"号填列）	8	—	—
投资收益（损失以"－"号填列）	9	—	—
其中：对联营企业和合营企业的投资收益	10	—	—
二、营业利润（亏损以"－"号填列）	11	198 288.83	1 437 460.00
加：营业外收入	12	—	350 000.00
减：营业外支出	13	—	15 000.00
其中：非流动资产处置损失	14	—	—
三、利润总额（亏损总额以"－"号填列）	15	198 288.83	1 437 460.00
减：所得税费用	16	49 572.21	280 615.00
四、净利润（净亏损以"－"号填列）	17	148 716.62	1 156 845.00
五、每股收益：	18	—	—
（一）基本每股收益	19	—	—
（二）稀释每股收益	20	—	—

表 3-1-6　2017 年第一季度企业利润表

纳税人识别号：913301097384125000　　税款所属期：2017 年 4 月　　　　会企 02 表
编制单位：杭州长运货运有限公司　　　　填表日期：2017 年 4 月 30 日　　单位：元

项　目	行　次	本期金额
一、营业收入	1	7 138 000.00
减：营业成本	2	6 930 945.53
税金及附加	3	7 368.00
销售费用	4	40 560.20

续　表

项　　目	行　次	本期金额
管理费用	5	65 507.96
财务费用	6	1 520.00
资产减值损失	7	—
加：公允价值变动收益（损失以"－"号填列）	8	—
投资收益（损失以"－"号填列）	9	—
其中：对联营企业和合营企业的投资收益	10	—
二、营业利润（亏损以"－"号填列）	11	92 098.31
加：营业外收入	12	—
减：营业外支出	13	—
其中：非流动资产处置损失	14	—
三、利润总额（亏损总额以"－"号填列）	15	92 098.31
减：所得税费用	16	23 024.58
四、净利润（净亏损以"－"号填列）	17	69 073.73
五、每股收益：	18	
（一）基本每股收益	19	
（二）稀释每股收益	20	

4. 数据对比

相关数据对比见图 3-1-8 至图 3-1-12。

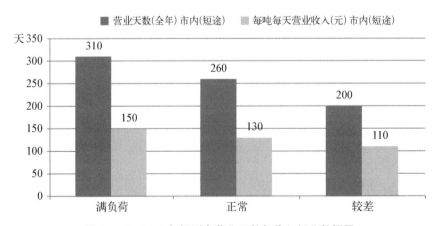

图 3-1-8　2017 年轻型车营业天数与收入行业数据图

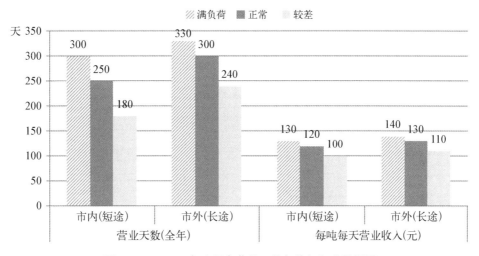

图 3-1-9　2017 年中型车营业天数与收入行业数据图

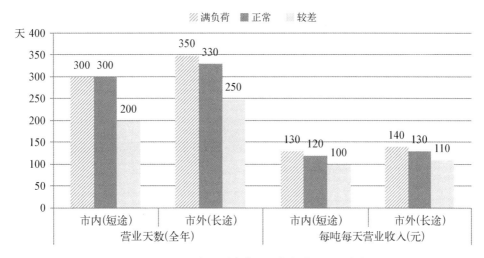

图 3-1-10　2017 年重型车营业天数与收入行业数据图

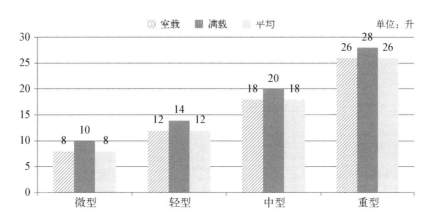

图 3-1-11　2017 年行业百公里最低耗油量参考图

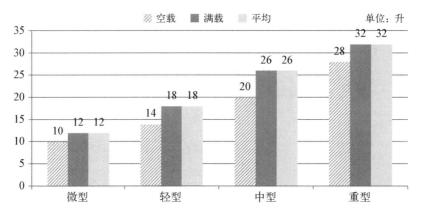

图 3-1-12　2017 年行业百公里最高耗油量参考图

5. 其他资料

(1) 预警值。增值税税负率、营业收入、主营业务利润率偏离度：异常范围[10%，20%)、预警值范围[20%，∞)；增值税税负率、主营业务利润率标准可以参考 2016 年度行业平均值。

(2) 行业增值税一般纳税人平均税负为 1.72%。

(3) 风险判断标准。

预警区间无指标项目满足：无风险；

一个指标项目满足：低风险；

两个指标项目满足：中风险；

三个及以上项目满足：高风险。

6. 纳税申报表

相关纳税申报表见表 3-1-7 至表 3-1-10。

表 3-1-7　2017 年 6 月增值税纳税申报表

增值税纳税申报表
（一般纳税人适用）

根据国家税收法律法规及增值税相关规定制定本表。纳税人不论有无销售额，均应按税务机关核定的纳税期限填写本表，并向当地税务机关申报。

税款所属时间：2017 年 6 月 1 日至 2017 年 6 月 30 日　　　　填表日期：2017 年 7 月 10 日

金额单位：元

纳税人识别号	913301097384125000		所属行业			
纳税人名称	杭州长运货物有限公司	法定代表人姓名		注册地址		生产经营地址
开户银行及账号		登记注册类型			电话号码	

续 表

项　目		栏　次	一般项目		即征即退项目	
			本月数	本年累计	本月数	本年累计
销售额	（一）按适用税率计税销售额	1	5 208 200.00	32 827 400.00	—	—
	其中：应税货物销售额	2	—	—	—	—
	应税劳务销售额	3	5 208 200.00	32 827 400.00	—	—
	纳税检查调整的销售额	4	—	—	—	—
	（二）按简易办法计税销售额	5	30 000.00	30 000.00	—	—
	其中：纳税检查调整的销售额	6	—	—	—	—
	（三）免、抵、退办法出口销售额	7	—	—	—	—
	（四）免税销售额	8	—	—	—	—
	其中：免税货物销售额	9	—	—	—	—
	免税劳务销售额	10	—	—	—	—
税款计算	销项税额	11	468 738.00	2 957 168.00	—	—
	进项税额	12	402 108.00	2 654 466.00	—	—
	上期留抵税额	13	—	—	—	—
	进项税额转出	14	6 270.00	6 270.00	—	—
	免、抵、退应退税额	15	—	—	—	—
	按适用税率计算的纳税检查应补缴税额	16	—	—	—	—
	应抵扣税额合计	17＝12＋13－14－15＋16	395 838.00	—	—	—
	实际抵扣税额	18（如17＜11，则为17，否则为11）	395 838.00	—	—	—
	应纳税额	19＝11－18	72 900.00	308 970.00	—	—
	期末留抵税额	20＝17－18	—	—	—	—
	简易计税办法计算的应纳税额	21	1 500.00	1 500.00	—	—
	按简易计税办法计算的纳税检查应补缴税额	22	—	—	—	—
	应纳税额减征额	23	—	2 100.00	—	—
	应纳税额合计	24＝19＋21－23	74 400.00	308 370.00	—	—
税款缴纳	期初未缴税额（多缴为负数）	25	37 500.00	308 370.00	—	—
	实收出口开具专用缴款书退税额	26	—	—	—	—

续 表

项　　目		栏　次	一般项目		即征即退项目	
			本月数	本年累计	本月数	本年累计
税款缴纳	本期已缴税额	27＝28＋29＋30＋31	37 500.00	233 970.00	—	—
	① 分次预缴税额	28	—	—	—	—
	② 出口开具专用缴款书预缴税额	29	—	—	—	—
	③ 本期缴纳上期应纳税额	30	37 500.00	233 970.00	—	—
	④ 本期缴纳欠缴税额	31	—	—	—	—
	期末未缴税额（多缴为负数）	32＝24＋25＋26－27	74 400.00	74 400.00	—	—
	其中：欠缴税额（≥0）	33＝25＋26－27				
	本期应补(退)税额	34＝24－28－29	74 400.00			
	即征即退实际退税额	35	—	—	—	—
	期初未缴查补税额	36	—	—	—	—
	本期入库查补税额	37	—	—	—	—
	期末未缴查补税额	38＝16＋22＋36－37				
授权声明	如果你已委托代理人申报，请填写下列资料： 为代理一切税务事宜，现授权 （地址）　　　为本纳税人的代理申报人，任何与本申报表有关的往来文件，都可寄予此人。	申报人申明	本纳税申报表是根据国家税收法律法规及相关规定填报的，我确定它是真实的、可靠的、完整的。 声明人签字：			

主管税务机关：　　　　　　接收人：　　　　　　接收日期：

表 3-1-8　2017 年 3 月增值税纳税申报表

增值税纳税申报表
（一般纳税人适用）

根据国家税收法律法规及增值税相关规定制定本表。纳税人不论有无销售额，均应按税务机关核定的纳税期限填写本表，并向当地税务机关申报。

税款所属时间：2017 年 3 月 1 日至 2017 年 3 月 31 日　　　　　填表日期：2017 年 4 月 7 日
　　　　　　　　　　　　　　　　　　　　　　　　　　　　　　金额单位：元

纳税人识别号	913301097384125000			所属行业		
纳税人名称	杭州长运货物有限公司	法定代表人姓名		注册地址		生产经营地址
开户银行及账号		登记注册类型		电话号码		

续　表

项　　目		栏　次	一般项目		即征即退项目	
			本月数	本年累计	本月数	本年累计
销售额	（一）按适用税率计税销售额	1	7 138 000.00	15 535 700.00	—	—
	其中：应税货物销售额	2	—	—	—	—
	应税劳务销售额	3	7 138 000.00	15 535 700.00	—	—
	纳税检查调整的销售额	4	—	—	—	—
	（二）按简易办法计税销售额	5	—	—	—	—
	其中：纳税检查调整的销售额	6	—	—	—	—
	（三）免、抵、退办法出口销售额	7	—	—	—	—
	（四）免税销售额	8	—	—	—	—
	其中：免税货物销售额	9	—	—	—	—
	免税劳务销售额	10	—	—	—	—
税款计算	销项税额	11	516 040.00	1 242 856.00	—	—
	进项税额	12	454 640.00	1 073 856.00	—	—
	上期留抵税额	13	—	—	—	—
	进项税额转出	14	—	—	—	—
	免、抵、退应退税额	15	—	—	—	—
	按适用税率计算的纳税检查应补缴税额	16	—	—	—	—
	应抵扣税额合计	17＝12＋13－14－15＋16	454 640.00	1 073 856.00	—	—
	实际抵扣税额	18（如 17＜11，则为 17，否则为 11）	454 640.00	1 073 856.00	—	—
	应纳税额	19＝11－18	61 400.00	169 000.00	—	—
	期末留抵税额	20＝17－18	—	—	—	—
	简易计税办法计算的应纳税额	21	—	—	—	—
	按简易计税办法计算的纳税检查应补缴税额	22	—	—	—	—
	应纳税额减征额	23	—	2 100.00	—	—
	应纳税额合计	24＝19＋21－23	61 400.00	166 900.00	—	—
税款缴纳	期初未缴税额（多缴为负数）	25	70 400.00	—	—	—

续 表

项　目		栏　次	一般项目		即征即退项目	
			本月数	本年累计	本月数	本年累计
税款缴纳	实收出口开具专用缴款书退税额	26	—	—	—	—
	本期已缴税额	27＝28＋29＋30＋31	70 400.00	105 500.00	—	—
	① 分次预缴税额	28	—	—	—	—
	② 出口开具专用缴款书预缴税额	29	—	—	—	—
	③ 本期缴纳上期应纳税额	30	70 400.00	105 500.00	—	—
	④ 本期缴纳欠缴税额	31	—	—	—	—
	期末未缴税额（多缴为负数）	32＝24＋25＋26－27	61 400.00	61 400.00	—	—
	其中：欠缴税额（≥0）	33＝25＋26－27	—	—	—	—
	本期应补（退）税额	34＝24－28－29	61 400.00		—	—
	即征即退实际退税额	35	—	—	—	—
	期初未缴查补税额	36	—	—	—	—
	本期入库查补税额	37	—	—	—	—
	期末未缴查补税额	38＝16＋22＋36－37	—	—	—	—
授权声明	如果你已委托代理人申报，请填写下列资料： 为代理一切税务事宜，现授权 （地址）　　　　为本纳税人的代理申报人，任何与本申报表有关的往来文件，都可寄予此人。		申报人申明	本纳税申报表是根据国家税收法律法规及相关规定填报的，我确定它是真实的、可靠的、完整的。 声明人签字：		

主管税务机关：　　　　　　　　接收人：　　　　　　　　接收日期：

表 3-1-9　2017 年 6 月印花税纳税申报表

印花税纳税申报（报告）表

税款所属期间：2017 年 6 月 1 日至 2017 年 6 月 30 日　　　填表日期：2017 年 7 月 5 日　　　金额单位：元
纳税人识别号：913301097384125000

纳税人信息	名称	杭州长运货运有限公司	单位个人	
	登记注册类型		所属行业	
	身份证件类型		身份证件号码	
	联系方式			

续 表

应税凭证名称	计税金额或件数	核定征收		适用税率	本期应纳税额	本期已缴税额	本期减免税额		本期应补(退)税额
		核定依据	核定比例				减免性质代码	减免额	
资金账簿	0	0	0%	0.05‰	0	0	*	0	0
货物运输合同	3 200 000	0	0%	0.05%	1 600	0	*	0	1 600
购销合同	680 000	0	0%	0.03%	204	0	*	0	204
其他营业账簿	0	0	0%	5	0	0	*	0	0
合计	*	*	*	*	1 804	0	*	0	1 804
以下由纳税人填写：									
纳税人声明	此纳税申报表是根据《中华人民共和国印花税暂行条例》和国家有关税收规定填报的，是真实的、可靠的、完整的。								
纳税人签章		代理人签章				代理人身份证号			

表 3-1-10　2017 年 3 月印花税纳税申报表

印花税纳税申报(报告)表

税款所属期间：2017 年 3 月 1 日至 2017 年 3 月 31 日　　　填表日期：2017 年 4 月 5 日　　　金额单位：元

纳税人识别号：913301097384125000

纳税人信息	名称	杭州长运货运有限公司	单位个人	
	登记注册类型		所属行业	
	身份证件类型		身份证件号码	
	联系方式			

应税凭证名称	计税金额或件数	核定征收		适用税率	本期应纳税额	本期已缴税额	本期减免税额		本期应补(退)税额
		核定依据	核定比例				减免性质代码	减免额	
资金账簿	0	0	0%	0.05‰	0	0	*	0	0
货物运输合同	5 138 000	0	0%	0.05%	2 569	0	*	0	2 569
购销合同	250 000	0	0%	0.03%	75	0	*	0	75
其他营业账簿	0	0	0%	5	0	0	*	0	0
合计	*	*	*	*	2 644	0	*	0	2 644
以下由纳税人填写：									
纳税人声明	此纳税申报表是根据《中华人民共和国印花税暂行条例》和国家有关税收规定填报的，是真实的、可靠的、完整的。								
纳税人签章		代理人签章				代理人身份证号			

（二）案头分析

1. 案头说明

2017年5月杭州长运取得一张过桥票，名称为"山西省非税收入专用收据"，联次为车辆通行费收据联，有财政部门的发票监制章，票面记载了"总限重、总轴重、车道、收费员、车型"等详细信息，出站口明确表示为"太原"。发票从票面来看要素齐全，初步判断为真票。

2. 风险点判断和结论

【税收风险点】

- ☑ 企业可能存在虚抵进项税额
- ☐ 企业可能存在乱用税收优惠政策
- ☑ 企业可能存在虚增过路费、过桥票及耗油成本
- ☑ 企业可能存在乱用印花税税率脱逃税款
- ☑ 企业可能存在加油票抵减收入
- ☐ 企业可能存在采购发票不能按时认证
- ☐ 企业可能长期低于成本价运营
- ☑ 企业可能存在虚增联运业务
- ☑ 企业可能存在少计收入
- ☑ 企业可能存在少报印花税
- ☐ 企业可能存在违规作废发票
- ☑ 企业可能存在少报增值税
- ☐ 企业可能存在开具红字增值税普通发票冲销收入、偷逃税款
- ☐ 企业可能存在虚增人工成本
- ☑ 企业可能存在虚列、乱列费用，虚假经营，虚假会计核算
- ☑ 企业可能存在搭载收入不入账
- ☐ 企业可能存在计提资产减值损失但汇算时未作纳税调整
- ☑ 企业可能存在营业外收入中隐藏应税收入
- ☐ 企业可能存在虚开增值税专用发票
- ☐ 企业可能存在多提折旧或摊销额而未作纳税调整

【参考依据】

（1）根据进项发票分配表，该公司频繁从合肥市德邦物流有限公司处取得进项发票，份数和税额占全部进项税票的近40%，存在虚签合同、虚抵扣进项发票的可能。

（2）公司主营业务在黄河以南，却出现了山西的车辆通行费收据，存在虚增过路费、过桥票的可能。

（3）按照印花税申报表，仓储合同未见申报，可能存在乱用印花税税率的情况。

（4）根据2017年行业百公里最高耗油量参考表，重型车满载、中型车满载和轻型车空载的耗油量分别为32升/公里、26升/公里、14升/公里；同时根据2017年公司百公里耗油量明细表，该公司的油耗明显高于同行业平均最高油耗，说明该公司可能存在虚增油耗或不规范使用运输工具的情况。

(5) 根据进项发票分配表,该公司频繁从合肥市德邦物流有限公司处取得进项税票,份数和税额占全部进项税票的近 40%,存在虚签合同、虚构联运业务的可能。

(6) 2017 年第一季度、第二季度主营业务收入低于 2016 年第一季度、第二季度的主营业务收入额,且公司中型车、重型车为母公司与某大型央企签订的常年合同,其运营情况基本为满负荷运转,存在少计增值税应税收入的可能。

(7) 按照印花税申报表,仓储合同未见申报,可能少报印花税。

(8) 杭州长运增值税税负率低于行业税负率预警值,并且 2017 年增值税税负率低于行业增值税税负率,存在少交增值税税款的可能。

根据 2017 年 6 月企业增值税纳税申报表,杭州长运 2017 年上半年增值税税负率=(本期应纳税额/按适用税率征收货物和劳务销售额)×100%=308 370/32 827 400×100%=0.939%,行业增值税一般纳税人平均税负为 1.72%,显著高于该企业的增值税税负率。

(9) 根据 2016 年经营业绩信息表,该企业 2016 年第一季度、第二季度的主营业务收入为 1 653.57 万元和 1 803.52 万元,合计 3 457.09 万元;根据 2017 年合同签订明细图,该企业 2017 年上半年的合同运输量为 2 520.8 万元。2017 年合同运输量小于去年同期主营业务收入额,可能存在虚列、乱列费用,虚假经营,虚假会计核算的问题。

(10) 根据 2017 年 6 月企业资产负债表,企业 6 月末预付账款金额为 485 万元,而年初金额为 289 万元,期末余额几乎为年初余额的两倍,预付账款金额变动较大,可能搭载收入未入账。

(11) 2017 年该企业营业外收入一季度为 15 万元,而二季度增加了 25 万元。营业外收入金额变动较大,可能存在应税收入隐藏在营业外收入中未申报纳税的情况。

3. 风险特征分析计算

【风险模型、计算公式、指标源】

☐ 营业外收入＜销售收入×1%
☐ 销项税额变动率高于 50%
☐ 运输收入耗用成品油金额正常
☐ 环比营业收入上升,而营业成本下降
☑ 2017 年主营业务成本变动率＞-4.00%
☑ 印花税申报异常
☐ 发票结存份数异常
☑ 2017 年进项税额抵扣异常
☑ 2017 年第二季度增值税税负偏离度高于 20%
☐ 油费占成本百分比环比增长高于 50%
☑ 2017 年预付账款变动率高于 20%
☐ 增值税申报表和利润表的收入异常
☑ 2017 年应付账款变动率高于 20%
☑ 2017 年主营业务收入变动率＜-4.00%
☑ 2017 年测算半年合计运营收入异常
☑ 增值税税负率＜1.73%

☐ 重型车辆百公里耗油量低于同行业
☐ 印花税负担率＜0.03%
☑ 2017年预收账款变动率高于20%
☐ 进项税额变动率于50%

【参考依据】

(1) 2017年主营业务成本同比下降3.04%。

2016年上半年该企业主营业务成本合计为3 190.11万元，根据企业2017年二季度利润表可知，2017年上半年该企业营业成本为3 093.01万元。

主营业务成本变动率＝(本期主营业务成本－基期主营业务成本)/基期主营业务成本×100%
＝(3 093.01－3 190.11)/3 190.11＝－3.04%

(2) 查看印花税申报表及企业合同明细表，判断将仓储合同作为运输合同，乱用印花税税率。

根据2017年合同签订明细图，该公司2017年6月份签订了运输合同300万元、采购合同6.8万元、仓储合同20万元；而2017年6月印花税纳税申报表显示，该企业申报货物运输合同320万元(300＋20)和购销合同6.8万元，该企业将仓储合同作为货物运输合同进行申报，乱用印花税税率。

(3) 取得合肥市德邦物流有限公司进项税抵扣额占比较大，可能存在进项税额抵扣异常。

(4) 2017年第二季度增值税税负率0.811%，2017年第二季度增值税税负偏离52.84%。

根据增值税纳税申报表数据：

第二季度增值税税负率＝(本期应纳税额/按适用税率征收货物和劳务销售额)×100%
＝(308 370－166 900)/(32 827 400－15 535 700)×100%
＝0.811%

2017年第二季度增值税税负偏离＝(0.811%－1.72%)/1.72%＝－0.528

(5) 2017年预付账款变动率为67.82%。根据2017年第二季度企业资产负债表：

2017年预付账款变动率＝(预付账款期末数－预付账款期初数)/预付账款期初数×100%
＝(4 850 000－2 890 000)/2 890 000×100%＝67.82%

(6) 应付账款变动率88.19%。根据2017年第二季度企业资产负债表：

2017年应付账款变动率＝(应付账款期末数－应付账款期初数)/应付账款期初数×100%
＝(2 850 000－1 514 425.96)/1 514 425.96×100%＝88.19%

(7) 2017年主营业务收入同比下降4.96%。2016年上半年该企业主营业务收入合计为3 457.09万元，根据企业2017年第二季度利润表可知2017年上半年该企业营业收入为3 285.74万元。

主营业务收入变动率＝(本期主营业务收入－基期主营业务收入)/基期主营业务收入×100%
＝(3 285.74－3 457.09)/3 457.09×100%＝－4.96%

(8) 根据企业经营情况和行业基础信息,可以测算出 2017 年轻车型半年较差情况下的收入为 11.29 万元,中型车半年满负荷情况下的收入为 248.53 万元,重型车半年满负荷情况下的收入为 3 843.46 万元,合计测算出杭州长运公司 2017 年上半年的运营收入为 4 103.28 万元,大于申报的 3 285.74 万元。

根据 2017 年轻型车营业天数与收入行业数据图;2017 年 1—6 月运输工具、运输数量分布表图:

2017 年轻车型半年较差情况下的收入=200×110×10.26÷2÷10 000=11.29(万元)

根据 2017 年中型车营业天数与收入行业数据图;2017 年 1—6 月运输工具、运输数量分布图:

2017 年中型车半年满负荷情况下的收入=330×140×107.59÷2÷10 000=248.53(万元)

根据 2017 年重型车营业天数与收入行业数据图;2017 年 1—6 月运输工具、运输数量分布图:

2017 年重型车半年满负荷情况下的收入=350×140×1 568.76÷2÷10 000
=3 843.46(万元)

收入合计=11.29+248.53+3 843.46=4 103.28(万元)

根据 2017 年 6 月增值税纳税申报表,该企业本年累计按适用税率计税销售额为 3 285.74 万元。

杭州长运公司 2017 年上半年的合计运营收入 4 103.28 万元,小于申报的销售额 3 285.74 万元。

(9) 根据计算,2017 年增值税税负率约为 0.94%,低于 1.73%。
(10) 预收账款变动率 84.84%。

2017 年预收账款变动率=(预收账款期末数-预收账款期初数)/预收账款期初数×100%
=(3 234 646-1 750 000)/1 750 000×100%=84.84%

4. 风险信息排除确认
【风险判断、验证、排除、确认】
☑ 企业是否存在少报增值税应税收入,还无法确认
☑ 企业是否存在利用联营企业多抵增值税税款,还无法确认
☑ 企业是否存在虚增过桥费等费用,还无法确定
☑ 企业肯定存在少交印花税
☑ 企业是否存在加油票冲减增值税应税收入,还无法确定
☑ 企业是否存在营业外收入中隐藏增值税应税收入,还无法确定
☐ 企业肯定不存在加油票冲减增值税应税收入
☐ 企业肯定不存在虚增过桥费等费用
☐ 企业肯定存在虚增过桥费等费用
☐ 企业是否存在虚开发票还无法判断

☐ 企业肯定不存在少交印花税
☐ 企业肯定存在加油票冲减增值税应税收入
☐ 企业肯定存在利用联营企业多抵增值税税款
☐ 企业肯定存在少报增值税应税收入
☐ 企业肯定不存在虚开发票还无法判断
☐ 企业肯定不存在少报增值税应税收入
☐ 企业肯定不存在利用联营企业多抵增值税税款
☐ 企业是否存在少交印花税,还无法确定
☐ 企业肯定存在虚开发票还无法判断
☐ 企业肯定存在营业外收入中隐藏增值税应税收入
☐ 企业肯定不存在营业外收入中隐藏增值税应税收入

【参考依据】

(1) 通过分析计算,该企业增值税税率偏低,但是否少报增值税应税收入,还无法确定。

(2) 该企业与合肥市德邦物流有限公司比较频繁地签订委托合同,存在虚签合同以及虚增联运业务、少报收入的可能。

(3) 该企业主营运输业务在黄河以南,出现了山西的车辆通行费收据,存在虚增过路费、过桥票的可能。

(4) 根据企业2017年6月合同明细图,仓储合同未进行申报或者用运输合同税率进行错误申报,肯定少交印花税款。

(5) 企业的油耗大于标准值,但是否冲减增值税应税收入,还无法确定。

(6) 2017年该企业营业外收入一季度为15万元,而二季度增加了25万元。企业营业外收入金额较大,可能存在搭载收入不入账,少报收入情况。

5. 风险应对经验策略

(1) 按照前述风险判断、分析、确认结果,对杭州长运有限公司2017年3月和2017年6月纳税遵从情况进行分析,评定其风险等级为高。(等级分为无风险、低风险、中风险、高风险四级)

(2) 请根据前述判断和分析,对该企业的风险情况进行评价和应对。

☑ 检查票注车牌号与结算车牌号比对,确保联运业务的真实性
☑ 检查公司油耗,确定是否有用油票抵顶收入的行为
☑ 逐笔审核营业外收入的实质性质
☑ 核实纳税人实际运能,看其吨运能和月运输收入是否在测算的正常区间
☑ 重点核查其生产经营地、营业方式、运输车辆、从业人员等,综合评析其申报的合理性
☑ 重点核查是否存在虚列进项抵扣税款情况
☐ 核查是否有政府各部门的各种费用性返还
☐ 核查企业的资金流,对企业的现金科目、银行存款和银行对账单进行核对,查看企业资金来源渠道、付款方向业务与对账单是否相符
☐ 检查公司运价,与同行业平均水平对比
☐ 检查人工成本的合理性

- ☐ 检查公司存货采购情况
- ☐ 检查是否存在免税行为
- ☐ 检查公司资金回流情况
- ☑ 重点核查是否存在少报运输收入(特别是回程配载收入)
- ☑ 过桥票、过路票与运输收入途经地点比对
- ☐ 核查是否有税费返还
- ☐ 核实发票开具的真实性
- ☐ 核实企业所申报的不征税收入是否符合税法中不征税收入的确认条件
- ☐ 检查公司工资发放明细

【参考依据】

(1) 该企业与合肥市德邦物流有限公司比较频繁地签订委托合同,检查票注车牌号与结算车牌号比对,确定联运业务申报的真实性。

(2) 由于油耗大于平均水平,需逐笔检查油费购买、使用情况,是否存在虚抵进项税。

(3) 逐笔核实营业外收入,检查是否有增值税应税收入未申报纳税。

(4) 由于该企业实际申报收入低于测算收入,按照企业吨运能,核实企业实际运能。

(5) 企业申报增值税税负率低于同行业增值税税负率,重点检查生产经营、经营方式、运输车辆等,检查申报的合理性。

(6) 2017年进项税额变动率大于销项税额变动率,需逐笔审查每笔进项税额的抵扣情况。

(7) 企业预收账款和预付账款金额较大,变动率大,需要检查预收账款发生的原始凭证,检查业务的真实性,是否有存在收入一直挂往来账,特别是回程配载收入。

(8) 检查过路费、过桥票与运输收入途经地对比,确定费用发生的真实性,如案头说明中的票据。

(三) 案例点评

1. 交通运输业常见问题

(1) 交通运输企业中"找票"抵扣的现象相当普遍,在交通运输业的经营过程中常存在以下问题:

① 成品油抵扣比例高。在正常情况下,运输企业燃油成本应占运输成本的30%～35%,一般不超过40%。

② 成品油进项税发票来源地异常。一些企业长期在异地运输,可加油开具的增值税专用发票却显示在本地;一些企业运输路线在本地,可加油开具的增值税专用发票却显示在外地。

③ 修理费发票比例低,配件发票比例高,配件类型单一,虚构维修车辆,更换配件,进行进项税额抵扣。

(2) 实务中一些交通运输业纳税人同时从事货物运输、港口码头服务、场站服务、货物运输代理、仓储和装卸搬运等物流辅助业务,也有将自有车辆机械设备从事租赁业务,混合销售和兼营比较常见。

因交通运输业涉及税目较多,税率各不同,纳税人可通过不合法的税收筹划来混淆税

率,达到少缴税款。例如:签订虚假的出租车运营服务合同,将实质汽车租赁业务适用税率混淆为出租车运营等。

(3) 道路货物运输业中个人车辆挂靠运输企业的"挂靠经营"也比较常见,挂靠经营中,大多数挂靠人只是将企业承揽的运输业务取得的收入入账,自行承揽的业务不入账。而实际对挂靠户财务不能进行有效的财务核算,造成了企业往往核算混乱,存在少计其他业务收入和营业外收入的风险。

而且有挂靠行为往往存在管理费收入,由于车辆有强制报废规定,所以有固定资产清理收入,经常性维修的有废电瓶、废机油、废轮胎处理收入,部分企业还有大型机械设备租赁收入等。

(4) 现实中运输费用大多不通过银行结算,难以准确核算纳税人营业收入,造成纳税人长期存在账外收入。

2. 杭州长运公司案例点评

本案选择了运输行业中的代表企业为评估对象,在评估分析环节,通过调取企业的基本情况表、财务报表和纳税申报表等有关申报资料和企业备案的相关资料,并向企业详细了解经营情况,利用财务分析、纳税调整,并结合企业自身特点,有针对性地进行纳税评估。通过本案例的评估,进一步进行分析、归纳、总结,以便找准运输行业的纳税评估对象。

风险应对人员以企业的财务报表分析、纳税申报表为基础,运用纳税评估相关指标、结合运输行业特点展开分析,查找企业存在的疑点,经过再次核查,该公司坦承对代理业务按联运业务申报,主要是考虑到联运业务税负比代理低,税务机关又很难发现。收取的部分发票存在不合理、不规范的地方;同时为了达到少缴税款的目的,采取了部分加油票抵顶运费未确认收入的行为,也存在部分配载收入不入账,零星业务少计收入而过路费、过桥票等费用却在税前扣除的情况,该公司表示愿自查补缴相应税款。

通过本案例的评估,分析行业特点,查找存在的税收风险点,利用税负率、毛利率、费用率等筛选指标扫描货运企业税收风险,结合对运输类纳税人经营及纳税情况测算分析,确定纳税评估对象。对重点税源实行精细化、专业化管理,充分发挥纳税评估的作用,加强对道路运输企业的监控管理,对于确定纳税评估对象是具有可操作性和现实意义的。

3. 交通运输行业税收管理建议

(1) 注重基础数据采集,加强备案管理。数据采集是开展纳税评估的关键,税收管理员要全面准确掌握企业日常运营车辆类型和数量,做好备案。

(2) 加强发票管理。严格发票缴销制度,定期比对营业收入申报额与发票缴销额,及时发现税收漏洞。

第二章 建筑行业

一 税收风险描述及防控建议

(一) 取得预收款项未按规定预缴税款

1. 情景再现

某建筑公司在某工程项目中,按照合同约定收到了预收款项共计 1 000 万元。但该公司未按规定及时向税务机关申报缴纳税款,而是将该款项用于支付工程材料款和人工费用。

2. 风险描述

纳税人对政策理解不熟悉,存在对跨市跨省项目纳税义务发生时未在建筑服务发生地预缴税款或者收到预收款时未预缴税款的情形。

3. 防控建议

建筑企业应准确把握政策规定,及时在建筑服务发生地或机构所在地预缴税款,同时要注意:采用不同方法计税的项目预缴增值税时的预征率不同。采取预收款方式提供建筑服务的应在收到预收款时预缴增值税;纳税义务发生时,同一地级市内的项目,不需要在项目所在地预缴税款,直接在机构所在地申报;跨市跨省项目,需要在建筑服务发生地预缴税款;适用一般计税方法计税的项目预征率为2%,适用简易计税方法计税的项目预征率为3%。

4. 政策依据

《国家税务总局关于进一步明确营改增有关征管问题的公告》(国家税务总局公告2017年第11号)第三条和《财政部 税务总局关于建筑服务等营改增试点政策的通知》(财税〔2017〕58号)第三条规定,纳税人提供建筑服务取得预收款,应在收到预收款时,以取得的预收款扣除支付的分包款后的余额,按照规定的预征率预缴增值税。纳税人在同一地级行政区范围内跨县(市、区)提供建筑服务,不适用《纳税人跨县(市、区)提供建筑服务增值税征收管理暂行办法》(国家税务总局公告2016年第17号印发)。

(二) 建筑劳务收入确认不及时

1. 情景再现

建筑公司A与开发商B签订了一份建筑工程合同。根据合同约定,A公司需完成建筑工程,并按照完成的工程量计算收入。然而,A公司在施工过程中未按照完成的工程量确认收入,而是采用了预估的方法,提前确认了部分收入。在工程完工后,A公司才发现实际完成的工程量与预估的工程量存在较大差异,导致未按照合同约定确认收入。

2. 风险描述

未按照纳税年度内完工进度或者完成的工作量确认收入的实现,导致企业在取得建筑劳务收入时未及时确认收入,产生税款滞纳风险。

3. 防控建议

《国家税务总局关于确认企业所得税收入若干问题的通知》(国税函〔2008〕875号)第二条明确规定了对企业确认劳务收入的确认方法、前提条件、时间点。建筑企业应对照规定,判断完工进度,及时确定当期建筑劳务收入,避免产生收入确认滞后的税务风险。

4. 政策依据

《企业所得税法实施条例》第二十三条规定,企业受托加工制造大型机械设备、船舶、飞机等,以及从事建筑、安装、装配工程业务或者提供劳务等,持续时间超过12个月的,按照纳税年度内完工进度或者完成的工作量确认收入的实现。

(三)缺失合法有效的税前扣除凭证

1. 情景再现

某建筑公司在施工过程中,雇用大量合同工和临时工,但未能及时与他们签订用工合同或收集工资发放凭证等合法有效的税前扣除凭证,导致在申报企业所得税时无法进行相应的税前扣除。该公司经过核实,确认与合同工和临时工之间的雇佣关系和支付的工资等费用真实有效,但由于时间限制和凭证缺失,无法在当期企业所得税申报中进行税前扣除。

2. 风险描述

建筑企业工程周期长、通常会大量雇佣合同工和临时工,对一些零散的人工费用、分包费用,部分情况下未能及时取得合法有效的税前扣除凭证,但同时又将相应的支出违规进行税前扣除,容易产生涉税风险。

3. 防控建议

对建筑企业而言,是否能够取得合法有效的税前扣除凭证,直接决定了成本费用支出。因此,企业在业务交易时需注意上游供货商或服务提供商能否及时开具发票,同时在入账时需注意取得发票是否符合规定、票面信息是否与经济业务一致、是否为作废发票等。对依法无须办理税务登记的单位或者从事小额零星经营业务的个人,其支出以税务机关代开的发票或者收款凭证及内部凭证作为税前扣除凭证,收款凭证应载明收款单位名称、个人姓名及身份证号、支出项目、收款金额等相关信息。

4. 政策依据

《企业所得税税前扣除凭证管理办法》(国家税务总局公告2018年第28号)第五条规定,企业发生支出,应取得税前扣除凭证,作为计算企业所得税应纳税所得额时扣除相关支出的依据。同时,该公告第六条规定,企业应在当年度企业所得税法规定的汇算清缴期结束前取得税前扣除凭证。

(四)施工过程中产生扬尘未按规定缴纳环境保护税

1. 情景再现

某建筑公司在城市中心的一个大型商业建筑项目中施工。在施工过程中,由于安全措施不到位,施工现场未能有效控制扬尘的产生,导致周围的空气质量受到影响。当地税务部门收到投诉进行检查时,发现该公司未按规定申报并缴纳环境保护税。税务部门随后对该公司的财务记录进行了详细检查,发现公司已经收到了相关的税务通知,但未予理睬,被税务部门处以罚款。

2. 风险描述

由于环境保护税开征时间不长,建筑企业如果对政策理解不透,可能导致企业忽略环境保护税的申报缴纳,产生少缴税款风险。

3. 防控建议

施工扬尘环境保护税采用抽样测算特征值系数方式核定征收。建筑企业应按月确定工程量,根据实际施工面积计算扬尘排放量,并按季度申报缴纳环境保护税。施工排放扬尘环境保护税应纳税额=(扬尘产生量系数-扬尘排放量削减系数)×建筑面积或施工面积÷一般性粉尘污染当量值×适用税额。其中,一般性粉尘污染当量值为4,广东省确定的适用税额为每污染当量1.8元,扬尘产生量系数及扬尘排放量削减系数参照《广东省环境保护厅关于发布部分行业环境保护税应税污染物排放量抽样测算特征值系数的公告》(粤环发〔2018〕2号)相关规定。

4. 政策依据

施工扬尘是指本地区所有进行建筑工程、市政工程、拆迁工程和道桥施工工程等施工活动过程中产生的对大气造成污染的总悬浮颗粒物、可吸入颗粒物和细颗粒物等粉尘的总称,属于大气污染物中的一般性粉尘,是《中华人民共和国环境保护税法》规定的应税污染物。《广东省税务局环境保护税核定征收管理办法(试行)》(广东省地方税务局公告2018年第4号)规定,施工扬尘采用核定计算方式征收环境保护税。

(五)承租建筑施工设备取得发票的项目税率易出错

1. 情景再现

某建筑公司A与设备租赁公司B签订了建筑施工设备租赁合同,承租施工设备并配备操作人员,约定了租金和相关税费。设备租赁公司B在开具发票时,错误地将税率计算为有形动产租赁服务13%,而实际上应该是建筑服务9%。该公司在收到发票后,未能及时发现税率错误,导致在申报增值税时无法按照正确的税率抵扣进项税额。

2. 风险描述

建筑企业在施工工程承租了施工设备如脚手架、钩机等,若出租方配备了操作人员,应取得税率为9%的增值税发票。如对政策把握不准,企业可能以购进有形动产租赁服务取得税率为 13% 的增值税发票,产生涉税风险。

3. 防控建议

建筑企业在承租建筑施工设备时应注意区分出租方是否配备操作人员的情况,如果出租方负责安装操作应按购进建筑服务取得增值税发票,否则按购进有形动产租赁服务取得增值税发票。

4. 政策依据

按照《财政部 国家税务总局关于明确金融 房地产开发 教育辅助服务等增值税政策的通知》(财税〔2016〕140号)第十六条规定,纳税人将建筑施工设备出租给他人使用并配备操作人员的,按照"建筑服务"缴纳增值税。

(六)以电子形式签订的各类应税凭证未按规定缴纳印花税

1. 情景再现

某建筑公司在业务运营中,为了方便快捷地办理业务,大量采用电子形式签订合同、协议等应税凭证。由于对印花税相关规定了解不足,该公司未意识到这些电子凭证也需要缴纳印花税。税务部门在进行税务检查时,发现了该公司未按规定缴纳印花税的问题,税务部门该公司发出通知,要求其补缴过去一年内的印花税,并支付相应的滞纳金。

2. 风险描述

建筑企业一般规模较大,业务链复杂,签订建筑施工、工程采购、劳务分包等合同较多,加上纸质版合同管理难、效率低,越来越多建筑企业采用电子化的合同,容易忽略电子合同的印花税申报。

3. 防控建议

纳税人在经营过程中签订的电子合同,应及时申报缴纳应税凭证对应的印花税。由于印花税征税范围较广、税目较多,纳税人需要事前准确掌握相关法规条例,避免出现税款滞纳风险。

4. 政策依据

《中华人民共和国印花税暂行条例》(国务院令第11号)第一条规定,在中华人民共和国境内书立、领受本条例所列举凭证的单位和个人,都是印花税的纳税义务人,应当按照本条例规定缴纳印花税。

《财政部国家税务总局关于印花税若干政策的通知》(财税〔2006〕162号)第一条规定,对纳税人以电子形式签订的各类应税凭证按规定征收印花税。

(七)简易计税项目取得增值税专用发票并申报抵扣

1. 情景再现

某建筑公司A主要从事建筑施工和相关业务。2023年4月,A公司为了某项目的施工,向建材公司B采购了一批建材,共计价款100万元,A公司取得建材公司B开具的增值税专用发票。A公司为该项目的建筑施工业务选择了简易计税方法,因此不得抵扣进项税额。然而,由于财务人员的疏忽,A公司在取得增值税专用发票后,错误地将其进行了抵扣。到了2023年7月,税务部门在对A公司进行税务检查时,发现了这一问题。根据《中华人民共和国增值税法》及相关规定,A公司需要补缴已抵扣的增值税税款,并支付相应的滞纳金。同时,由于A公司的行为属于"虚抵进项税额",还可能面临税务部门的行政处罚。

2. 风险描述

建筑企业中的增值税一般纳税人可以就不同的项目,分别依法选择适用一般计税方法或简易计税方法。在企业实际经营过程中,购进的货物、劳务和服务一般用于多个项目,可能存在购进货物、劳务和服务用于简易计税项目取得增值税专用发票并抵扣了增值税进项税额的问题,存在较大的税收风险。

3. 防控建议

对于取得增值税专用发票的简易计税项目,其进项税额不得从销项税额中抵扣,已抵扣的应将对应的增值税进项税额转出,及时纠正税收违规行为。

4. 政策依据

《财政部 国家税务总局关于全面推开营业税改征增值税试点的通知》(财税〔2016〕36号)规定,企业选择简易计税方法的项目进项税额不得从销项税额中抵扣。

(八)发生纳税义务未及时申报缴纳增值税

1. 情景再现

某建筑企业A与某业主B签订了一份建筑工程合同。合同规定,A企业应在完成工程后的一定期限内,向业主B提供税务发票并收取工程款项。然而,由于业主B资金困难,未能按照合同规定的时间支付工程款项。在此情况下,A企业虽然已经按照合同规定完成了建筑工程,但由于业主B未支付款项,因此未能确认收入。此外,由于A企业未收到工程款项,因此也未按合同规定日期确认纳税义务发生的时间,并及时申报缴纳税款。根据税法规定,建筑企业在完成建筑工程并交付给业主后,即使未收到工程款项,也应当按照合同规定日期确认纳税义务发生的时间,并及时申报缴纳税款。因此,A企业的行为已经违反了税法规定。

2. 风险描述

建筑业的增值税纳税义务时间按照开票时间、收款时间和书面合同约定的付款时间孰先的原则确认。有部分建筑企业对政策理解不深,认为不收款就不确认增值税收入,由于业主资金困难未按照合同约定的时间支付工程款等原因,未按合同约定的付款日期确认纳税义务发生的时间,存在较大税收风险。

3. 防控建议

建筑企业应按合同约定的付款时间,到期后及时开具发票,若经双方约定推迟付款时间的,应及时签订补充协议,按新的付款时间确定纳税义务发生时间并开具发票申报纳税,避免带来税款滞纳风险。

4. 政策依据

《财政部 国家税务总局 关于全面推开营业税改征增值税试点的通知》(财税〔2016〕36号)规定,增值税纳税人发生应税行为并收讫销售款项或者取得索取销售款项凭据的当天(书面合同确定的付款日期;未签订书面合同或者书面合同未确定付款日期的,为服务完成的当天);先开具发票的,为开具发票的当天。

(九)取得虚开增值税发票的风险

1. 情景再现

某建筑企业A与某供应商B签订了材料采购合同。合同规定,供应商B应当向A企业提供增值税专用发票。然而,在实际操作中,B供应商为了降低自身的税负,选择不按规定开具增值税专用发票,而是向A企业提供了一张虚开的增值税专用发票。由于A企业未能收到合规的增值税专用发票,因此无法进行正常的增值税进项抵扣。同时,由于A企业未能发现该发票是虚开的,因此在之后的财务审计中被发现,承担了虚开增值税专用发票的风险。

2. 风险描述

建筑企业的上游供应商数量众多,成分比较复杂,部分建筑材料是从农民、个体户或者小规模纳税人处购买,供应商一旦不按规定开具或者到税务机关代开发票,建筑企业就容易产生接受虚开增值税发票的风险,面临补缴企业所得税风险。若企业取得虚开的增值税专用发票,该部分发票将无法抵扣,已抵扣的相应进项税额也需要作转出处理。如被税务机关认定为恶意接受虚开增值税发票,企业及其相关负责人还需承担刑事责任。

3. 防控建议

建筑企业在购进货物或者服务时要提高防范意识,主动采取必要措施严格发票审核,审查取得发票的真实性,确保"资金流""发票流"和"货物或服务流"三流一致。对不符合要求的发票不予接受并要求开票方重新开具,若发现供货方失联或对取得的发票存在疑问,应当暂缓抵扣有关进项税款,必要时可向税务机关求助查证。

4. 政策依据

《中华人民共和国发票管理办法》(国务院令第587号)第二十二条:"开具发票应当按照规定的时限、顺序、栏目,全部联次一次性如实开具,并加盖发票专用章。任何单位和个人不得有下列虚开发票行为:(一)为他人、为自己开具与实际经营业务情况不符的发票;(二)让他人为自己开具与实际经营业务情况不符的发票;(三)介绍他人开具与实际业务情况不符的发票。"

《中华人民共和国增值税暂行条例》(国务院令第538号)第九条:"纳税人购进货物或者应税劳务,取得的增值税扣税凭证不符合法律、行政法规或者国务院税务主管部门有关规定的,其进项税额不得从销项税额中抵扣。"

《国家税务总局关于纳税人取得虚开的增值税专用发票处理问题的通知》(国税发

〔1997〕134号）

（十）兼营与混合销售未分别核算

1. 情景再现

某建筑企业主要从事建筑工程的设计、施工和建筑材料销售等业务。在日常经营中，该企业在承接建筑工程项目时，既提供设计、施工等服务，又销售部分建筑材料。然而，该企业在处理这些业务时，未按照税法规定将兼营和混合销售业务分别核算，导致税务部门在核定税款时出现困难。

2. 风险描述

若建筑企业兼营与混合销售划分不清又未分别核算销售额的，容易导致税率适用错误，产生税收风险。

3. 防控建议

建筑企业在会计处理上应注意分别核算货物的销售收入和建筑安装服务的销售额，正确理解混合销售行为和兼营行为的定义，防范税收风险。

4. 政策依据

《国家税务总局关于进一步明确营改增有关征管问题的公告》（国家税务总局公告2017年第11号）规定，纳税人销售活动板房、机器设备、钢结构件等自产货物的同时提供建筑、安装服务，不属于《营业税改征增值税试点实施办法》（财税〔2016〕36号文件印发）第四十条规定的混合销售，应分别核算货物和建筑服务的销售额，分别适用不同的税率或者征收率。

（十一）跨省项目人员未办理全员全额扣缴

1. 情景再现

某建筑企业承接了一个跨省建筑工程项目，并派遣了一支施工队伍前往项目所在地。该企业未按照税法规定为该施工队伍人员办理全员全额扣缴个人所得税手续，导致税务部门对该施工队伍人员的个人所得税进行了追缴。

2. 风险描述

建筑企业跨省项目若未办理全员全额扣缴申报个人所得税，工程作业所在地税务机关将对该项目核定征收个人所得税。

3. 防控建议

建筑企业应就自身的跨省异地施工项目所支付的工程作业人员工资、薪金所得，向工程作业所在地税务机关办理全员全额扣缴明细申报。

4. 政策依据

《国家税务总局关于建筑安装业跨省异地工程作业人员个人所得税征收管理问题的公

告》(国家税务总局公告2015年第52号)第二条规定,跨省异地施工单位应就其所支付的工程作业人员工资、薪金所得,向工程作业所在地税务机关办理全员全额扣缴明细申报。凡实行全员全额扣缴明细申报的,工程作业所在地税务机关不得核定征收个人所得税。

(十二) 未按规定适用简易计税方法及留存备查资料

1. 情景再现

某建筑企业在进行一项建筑工程时,未按照税法规定适用简易计税方法,同时,该企业也未按规定留存备查资料。由于该企业的计税方法选择不当,导致税务部门在核定税款时出现困难。同时,由于该企业未留存备查资料,导致税务部门无法核实甲企业的计税依据是否准确。

2. 风险描述

建筑工程总承包单位为房屋建筑的地基与基础、主体结构提供工程服务,建设单位自行采购全部或部分钢材、混凝土、砌体材料、预制构件的,适用简易计税方法计税。部分建筑企业对税收政策把握不准,容易错误选择计税方法,应适用简易计税的未适用简易计税。此外,《国家税务总局关于国内旅客运输服务进项税抵扣等增值税征管问题的公告》(国家税务总局公告2019年第31号)规定,自2019年10月1日起,提供建筑服务的一般纳税人按规定适用或选择适用简易计税方法计税的,不再实行备案制,相关证明材料无须向税务机关报送,改为自行留存备查。部分纳税人选择适用简易计税方法的建筑服务,容易忽略留存相关证明材料。

3. 防控建议

在政策允许的范围内,纳税人可根据项目税负和发包方情况,选择适用一般计税方法或者简易计税方法,企业应注意按规定强制适用简易计税情形的不能选择适用一般计税方法。国家税务总局公告2019年第31号公告虽明确建筑企业选择适用简易计税的项目不用再备案,但仍需要将以下证明材料留存备查:

(1) 为建筑工程老项目提供的建筑服务,留存《建筑工程施工许可证》或建筑工程承包合同;

(2) 为甲供工程提供的建筑服务、以清包工方式提供的建筑服务,留存建筑工程承包合同。

4. 政策依据

《财政部 国家税务总局 关于全面推开营业税改征增值税试点的通知》(财税〔2016〕36号)和《财政部 国家税务总局关于建筑服务等营改增试点政策的通知》(财税〔2017〕58号)规定,建筑业一般纳税人以清包工方式提供的建筑服务,以及为甲供工程或建筑工程老项目提供的建筑服务,可选择简易计税方法计税。

二 建筑行业纳税评估指标及评估方法

(一) 行业税负对比分析法

1. 评估模型

行业税负对比分析法是以行业平均税负(实缴地方税费)为基准,通过单个企业税负与行业税负的对比,对税负异常的企业围绕关联指标展开分析,以发现企业税收问题的一种方法。

数据期间均取自评估期。

行业税负指标可设置地方税行业平均综合税负率(包括缴入地税部门的各项税费基金,不包括企业所得税、个人所得税、五项社保费)、企业所得税税负率、个人所得税工资薪金项目平均负担率。

$$地方税费负担率＝实际缴纳地方税费/主营业务(销售)收入×100\%$$

$$企业所得税税负率＝实缴企业所得税额/主营业务(销售)收入×100\%$$

$$个人所得税占营业收入的比例＝实缴的个人所得税/营业收入×100\%$$

$$(个人独资、个人合伙企业使用)$$

2. 应用分析要点

评估期测算企业地方税费负担率、企业所得税税负率、个人所得税工资薪金项目平均负担率、个人所得税占营业收入的比例与地方税行业同期平均综合税负率进行比对,低于标准值可能存在不计或少计营业收入、多列成本费用、扩大税前扣除范围等问题。

税负对比分析法属于综合分析法,影响因素较多,涉及税基的多个方面。因此,用该法发现某个企业税负异常时,应结合其他分析方法进行多角度分析。

3. 标准值参数范围

行业平均综合税负率预警值设为4%;地方税费负担率预警值设为3.5%;企业所得税税负率预警值设为0.15%;个人所得税占营业收入的比例预警值设为0.3%。

4. 数据获取途径

(1) 企业申报表、账簿、凭证。

(2) 评估人员现场测算、询问有关人员。

(3) 同行业标准数据。

(4) 税收综合征管软件数据。

(二) 外部信息核对法

1. 评估模型

外部信息核对法是以征税人和纳税人以外的第三方信息为主要测算评估指标的,因此,它主要适用于某些生产经营指标受主管部门严格考核或控管的企业、对于产品国家有严格质量检验标准的企业、产品品种较为单一的企业等。

数据期间均取自评估期。

(1) 工程耗用人工或材料比例:

$$\frac{评估期已完工工程成本}{} = \frac{评估期完工工程耗用}{人工费(或材料)费} \div \frac{工程耗用人工}{(或材料)比例}$$

$$测算应税营业收入＝评估期已完工工程成本×(1＋成本利润率)÷(1－营业税率)$$

(2) 材料消耗定额：

评估期已完工工程量＝评估期完工工程材料耗用量÷单位工程耗用材料

测算应税营业收入＝评估期已完工工程量×评估期工程单价

问题值＝(测算应税营业收入－企业实际申报应税营业收入)×适用税率

2. 疑点判断及应用要点

如差异较大，说明有可能核算不准确或虚列人工工资，要分析查看工人考勤记录、结算工资记录，看是否虚列工人人数，虚列成本。

该方法主要是通过施工耗用的工资来测算已完工工程量，进而测算其营业额和应纳税额，并与申报信息进行对比分析，查找纳税疑点和线索。

超过5%，说明有可能核算不准确或虚列材料成本，同时要分析账户上列支的工程建设使用的各类主要原材料(如钢材、水泥、木材、沙石料)之间的配比关系，如与工程建设项目实际要投入的原材料之间配比关系差异较大，可能存在虚开材料发票现象。

3. 标准值参数范围

在建筑安装行业，人工费和钢筋、混凝土、地面砖、墙面砖等主要材料的消耗均有定额，其依据是各省、市建设行政管理部门制定印发的《建筑工程量计算规则》《建筑工程消耗量定额》《建筑工程消耗量定额价目表》《建筑工程费用项目组成及计算规则》等文件。

在建筑安装工程成本中，人工费约占15%，材料费约占60%～65%，机械费用、其他直接费用和间接费用约占20%～25%。在材料费中，钢筋的消耗定额可通过查阅发包方向规划部门提交的工程结构施工图中有关项目的配筋图获得，其参考值是七层以下的普通住宅每平方米需钢筋30～35千克，小高层每平方米需钢筋50～60千克。

4. 数据获取途径

(1) 企业申报表、账簿、凭证。

(2) 评估人员现场测算、询问有关人员。

(3) 同行业标准数据。

(4) 税收综合征管软件数据。

三　经典案例

(一) 案例情境

1. 企业基本信息

纳税人名称： 浙江中衡建筑股份有限公司(以下简称"中衡建筑")

统一社会信用代码： 913301097384125000

成立时间： 2004年7月1日

经济性质： 股份有限公司

增值税类型： 一般纳税人

注册地址： 杭州市滨江区南环路 375 号

经营范围： 承担国内外公用、民用房屋建筑工程的施工、安装、咨询；基础设施项目的投资与承建；国内外房地产投资与开发；建筑与基础设施建设的勘察与设计；装饰工程、园林工程的设计与施工；实业投资；承包境内外资工程；进出口业务；建筑材料及其他非金属矿物制品、建筑用金属制品、工具、建筑工程机械和钻探机械的生产与销售。（依法须经批准的项目，经相关部门批准后方可开展经营活动）

中衡建筑的集团总部在杭州，公司适用企业所得税税率 25%，房产税按照高比例减除 30%，城镇土地使用税每平方米 10 元。公司出资人由自然人和法人共同组成。

2. 企业经营情况

（1）企业主要经营方式：

① 工程承包，分别有包工包料、包工半包料、包工不包料；

② 部分无资质的建筑安装企业和个人挂靠，向挂靠方收取分包、挂靠工程价款一定比例的管理费。

（2）企业经营情况（见图 3-2-1 至图 3-2-5）。

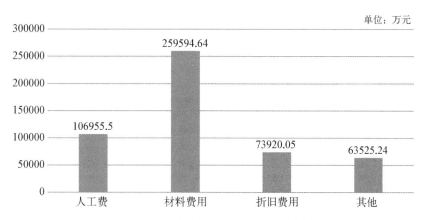

图 3-2-1 2017 年主营业务成本明细图

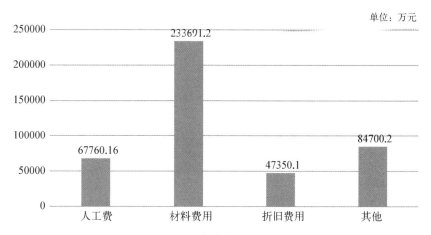

图 3-2-2 2016 年主营业务成本明细图

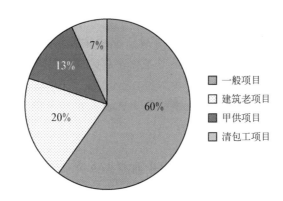

图 3-2-3　2017 年主营业务收入明细图

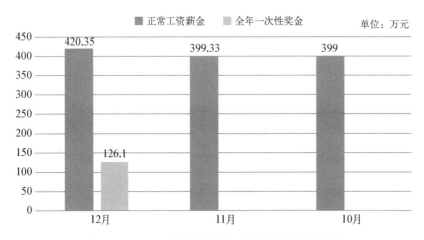

图 3-2-4　2017 年第四季度个人所得税申报明细图

图 3-2-5　2016 年、2017 年营业收入、营业成本明细图

(3) 其他资料。

企业实行集团管理,下属分、子公司的贷款均由集团公司出面,利息费用也均由集团公司承担,不向分公司、子公司收取,其中财务费用中 90% 属于借款利息。

企业办公楼坐落于杭州市滨江区,房产原值8 000万元,其中2017年8月31日将其中一层价值800万元对外出租,每月收取租金2万元,占地40 000平方米。

企业出租大型机械设备,收取租金8 880万元,其中50%配有大型机械设备操作人员,财务人员计算增值税申报税额为880万元。

2017年12月份未分配利润8 000万元转为实收资本。12月份合同明细情况:购销合同金额为27 900 427.00元;加工承揽合同金额为565 368 969.00元;建筑安装工程承包合同金额为452 295 175.20元;财产租赁合同金额为6 436 890.00元。

3. 财务报表

相关财务报表见表3-2-1至表3-2-4。

表 3-2-1 2016 年 12 月利润表

利 润 表

编制单位:杭州中衡建筑股份有限公司　　　　　　2016 年 12 月　　　　　　单位:元

项　　目	本期金额	上期金额
一、营业收入	787 881 000.00	5 252 546 900.00
减:营业成本	658 780 400.00	4 805 574 000.00
税金及附加	15 020 300.00	100 135 600.00
销售费用	2 633 100.00	27 880 300.00
管理费用	14 544 500.00	93 110 900.00
财务费用	6 661 200.00	68 393 500.00
资产减值损失		
加:公允价值变动收益(损失以"-"号填列)		
投资收益(损失以"-"号填列)	-80 000.00	1 800 000.00
其中:对联营企业和合营企业的投资收益		
资产处置收益(损失以"-"号填列)		
其他收益		
二、营业利润(亏损以"-"号填列)	90 161 500.00	159 252 600.00
加:营业外收入	1 006 000.00	2 708 800.00
减:营业外支出	223 100.00	3 487 800.00
三、利润总额(亏损总额以"-"号填列)	90 944 400.00	158 473 600.00
减:所得税费用	22 736 100.00	39 618 400.00

续 表

项　目	本期金额	上期金额
四、净利润（净亏损以"－"号填列）	68 208 300.00	118 855 200.00
（一）持续经营净利润（净亏损以"－"号填列）		
（二）终止经营净利润（净亏损以"－"号填列）		
五、其他综合收益的税后净额		
（一）以后不能重分类进损益的其他综合收益		
（二）以后将重分类进损益的其他综合收益		
六、综合收益总额		
七、每股收益：		
（一）基本每股收益		
（二）稀释每股收益		

表3-2-2　2017年12月利润表

利　润　表

编制单位：杭州中衡建筑股份有限公司　　　　　2017年12月　　　　　会企02表
　　　　　　　　　　　　　　　　　　　　　　　　　　　　　　　　　单位：元

项　目	本期金额	上期金额
一、营业收入	942 281 600.00	5 889 267 600.00
减：营业成本	843 311 200.00	5 470 695 300.00
税金及附加	7 915 100.00	89 469 700.00
销售费用	2 336 000.00	35 606 800.00
管理费用	17 440 000.00	109 009 500.00
研发费用		
财务费用	11 820 800.00	73 886 800.00
其中：利息费用		
利息收入		
资产减值损失		
加：其他收益		
投资收益（损失以"－"号填列）	380 000.00	2 000 000.00

续　表

项　　目	本期金额	上期金额
其中：对联营企业和合营企业的投资收益		
公允价值变动收益（损失以"－"号填列）		
资产处置收益（损失以"－"号填列）		
二、营业利润（亏损以"－"号填列）	59 838 500.00	112 599 500.00
加：营业外收入	384 000.00	2 400 000.00
减：营业外支出	1 008 000.00	6 300 000.00
三、利润总额（亏损总额以"－"号填列）	59 214 500.00	108 699 500.00
减：所得税费用	14 803 600.00	27 174 900.00
四、净利润（净亏损以"－"号填列）	44 410 900.00	81 524 600.00
（一）持续经营净利润（净亏损以"－"号填列）		
（二）终止经营净利润（净亏损以"－"号填列）		
五、其他综合收益的税后净额		
（一）不能重分类进损益的其他综合收益		
1. 重新计量设定受益计划变动额		
2. 权益法下不能转损益的其他综合收益		
……		
（二）将重分类进损益的其他综合收益		
1. 权益法下可转损益的其他综合收益		
2. 可供出售金融资产公允价值变动损益		
3. 持有至到期投资重分类为可供出售金融资产损益		
4. 现金流量套期损益的有效部分		
5. 外币财务报表折算差额		
……		
六、综合收益总额		
七、每股收益：		
（一）基本每股收益		
（二）稀释每股收益		

表 3-2-3　2016 年 12 月资产负债表

编制单位：杭州中衡建筑股份有限公司　　　　　　　2016 年　　　　　　　　　　　　单位：元

资　产	期末余额	年初余额	负债和所有者权益（或股东权益）	期末余额	年初余额
流动资产：			**流动负债：**		
货币资金	320 860 400.00	216 409 800.00	短期借款	52 318 800.00	25 602 900.00
以公允价值计量且其变动计入当期损益的金融资产	1 126 800.00	1 130 200.00	以公允价值计量且其变动计入当期损益的金融负债		
衍生金融资产			衍生金融负债		
应收票据	8 848 600.00	6 731 300.00	应付票据	19 173 300.00	14 218 200.00
应收账款	138 649 300.00	125 556 900.00	应付账款	382 419 600.00	350 001 000.00
预付款项	30 917 500.00	27 464 800.00	预收款项	120 226 900.00	114 519 500.00
应收利息	94 800.00	324 900.00	应付职工薪酬	7 157 700.00	5 867 400.00
应收股利	39 500.00	6 800.00	应交税费	31 480 000.00	30 244 600.00
其他应收款	49 402 400.00	44 176 900.00	应付利息	2 408 200.00	2 489 000.00
存货	417 454 800.00	387 589 400.00	应付股利	12 905 100.00	13 423 900.00
持有待售资产			其他应付款	42 081 800.00	40 408 400.00
一年内到期的非流动资产	41 310 400.00	33 850 900.00	持有待售负债		
其他流动资产	24 339 600.00	8 468 700.00	一年内到期的非流动负债	45 653 500.00	39 317 300.00
流动资产合计	1 033 044 100.00	851 710 600.00	其他流动负债	10 404 500.00	7 239 800.00
非流动资产：			**流动负债合计**	726 229 400.00	643 332 000.00
可供出售金融资产	10 371 100.00	5 848 900.00	**非流动负债：**		
持有至到期投资			长期借款	123 666 800.00	103 324 800.00
长期应收款	137 399 500.00	125 376 400.00	应付债券	11 232 400.00	11 172 400.00
长期股权投资	33 476 500.00	26 326 000.00	长期应付款	14 465 200.00	13 570 700.00
投资性房地产			其中：优先股		

续 表

资　产	期末余额	年初余额	负债和所有者权益（或股东权益）	期末余额	年初余额
固定资产	190 673 000.00	174 443 400.00	永续债		
在建工程	11 274 800.00	10 136 800.00	长期应付款		
工程物资			专项应付款	95 400.00	51 600.00
固定资产清理	500 000.00		预计负债		
生产性生物资产			递延收益		
油气资产			递延所得税负债	5 024 900.00	1 208 500.00
无形资产	12 122 100.00	8 913 000.00	其他非流动负债	7 838 100.00	7 935 400.00
开发支出			**非流动负债合计**	162 322 800.00	137 263 400.00
商誉	2 243 000.00	2 126 000.00	**负债合计**	888 552 200.00	780 595 400.00
长期待摊费用	328 700.00	388 800.00	所有者权益（或股东权益）：		
递延所得税资产	8 791 700.00	7 137 300.00	实收资本（或股本）	30 000 000.00	30 000 000.00
其他非流动资产	1 038 000.00	1 143 300.00	其他权益工具		
非流动资产合计	408 218 400.00	361 839 900.00	其中：优先股		
			永续债		
			资本公积	24 426 000.00	23 526 000.00
			减：库存股	45 155 500.00	33 270 000.00
			其他综合收益		
			盈余公积		
			未分配利润	453 128 800.00	346 159 100.00
			所有者权益（或股东权益）合计	552 710 300.00	432 955 100.00
资产总计	1 441 262 500.00	1 213 550 500.00	**负债和所有者权益（或股东权益）总计**	1 441 262 500.00	1 213 550 500.00

表 3-2-4　2017 年 12 月资产负债表

资 产 负 债 表

编制单位：杭州中衡建筑股份有限公司　　　　　2017 年　　　　　会企 01 表　单位：元

资产	期末余额	年初余额	负债和所有者权益（或股东权益）	期末余额	年初余额
流动资产：			**流动负债：**		
货币资金	234 025 700.00	320 860 400.00	短期借款	43 340 800.00	52 318 800.00
以公允价值计量且其变动计入当期损益的金融资产		1 126 800.00	以公允价值计量且其变动计入当期损益的金融负债		
衍生金融资产			衍生金融负债		
应收票据及应收账款	165 580 500.00	147 497 900.00	应付票据及应付账款	463 045 700.00	401 592 900.00
预付款项	39 671 000.00	30 917 500.00	预收款项	154 554 100.00	120 226 900.00
其他应收款	52 687 300.00	49 536 700.00	应付职工薪酬	9 162 700.00	7 157 700.00
存货	589 282 400.00	417 454 800.00	应交税费	30 105 800.00	31 480 000.00
持有待售资产			其他应付款	67 157 600.00	57 395 100.00
一年内到期的非流动资产	45 820 900.00	41 310 400.00	持有待售负债		
其他流动资产	34 581 400.00	24 339 600.00	一年内到期的非流动负债	38 817 000.00	45 653 500.00
流动资产合计	1 161 649 200.00	1 033 044 100.00	其他流动负债	15 117 700.00	10 404 500.00
非流动资产：			**流动负债合计**	821 301 400.00	726 229 400.00
可供出售金融资产	11 411 600.00	10 371 100.00	**非流动负债：**		
持有至到期投资			长期借款	141 829 200.00	123 666 800.00
长期应收款	191 065 700.00	137 399 500.00	应付债券	9 708 300.00	11 232 400.00
长期股权投资	41 187 000.00	33 476 500.00	其中：优先股		
投资性房地产			永续债		
固定资产	201 255 200.00	191 173 000.00	长期应付款	16 151 400.00	14 560 600.00
在建工程	11 164 100.00	11 274 800.00	预计负债		
生产性生物资产			递延收益		
油气资产			递延所得税负债	5 493 700.00	5 024 900.00
无形资产	11 213 600.00	12 122 100.00	其他非流动负债	12 490 000.00	7 838 100.00

续 表

资　产	期末余额	年初余额	负债和所有者权益（或股东权益）	期末余额	年初余额
开发支出			非流动负债合计	185 672 600.00	162 322 800.00
商誉	2 142 300.00	2 243 000.00	负债合计	1 006 974 000.00	888 552 200.00
长期待摊费用		328 700.00	所有者权益（或股东权益）：		
递延所得税资产	9 304 600.00	8 791 700.00	实收资本（或股本）	110 000 000.00	30 000 000.00
其他非流动资产	977 000.00	1 038 000.00	其他权益工具		
非流动资产合计	479 721 100.00	408 218 400.00	其中：优先股		
			永续债		
			资本公积	24 587 400.00	24 426 000.00
			减：库存股		
			其他综合收益		
			盈余公积	53 308 000.00	45 155 500.00
			未分配利润	446 500 900.00	453 128 800.00
			所有者权益（或股东权益）合计	634 396 300.00	552 710 300.00
资产总计	1 641 370 300.00	1 441 262 500.00	负债和所有者权益（或股东权益）总计	1 641 370 300.00	1 441 262 500.00

4. 数据对比

相关数据对比见表 3-2-5。

表 3-2-5　同地区同现行企业分析指标情况表

序号	指标项目	正常区间	预警区间
1	增值税一般纳税人税负偏离度	[0，20%]	(20%，+∞)
2	增值税发票用量变动率	[0，50%)	[50%，+∞)
3	建筑业主营业务成本中人员工资占比	[0，18%]	(18%，+∞)
4	固定资产折旧变动率	[0，20%]	(20%，+∞)
5	增值税税负率	[3.5%，5%]	[0，3.5%)∪(5%，+∞)

> **注**：行业增值税一般纳税人平均税负率为4.25%，按上述指标项目对纳税对象进行评估、预警。区间无指标项目满足为无风险条件，一个指标项目满足为低风险条件，两个指标项目满足为中风险条件，三个及以上指标项目满足为高风险条件。

5. 纳税申报表

相关纳税申报表见表3-2-6至表3-2-10。

表3-2-6 2017年7—12月城镇土地使用税纳税申报表

城镇土地使用税纳税申报表（汇总版）

申报日期：2018年1月10日　　　　　　　　　　　　税款所属期：2017年7月至2017年12月
纳税人识别号（统一社会信用代码）：　　　　　　　　金额单位：元至角分；面积单位：平方米

纳税人信息	名称	浙江中衡建筑股份有限公司			纳税人分类				
	登记注册类型	股份有限公司			所属行业	建筑业			
	身份证件类型	身份证　　护照　　其他			身份证件号码				
	联系人	周莉			联系方式	13124235667			
申报纳税信息	土地等级	税额标准	土地总面积	所属期起	所属期止	本期应纳税额	本期减免税额	本期已缴税额	本期应补（退）税额
	土地二等级	10元	40 000	2017.07	2017.12	200 000.00			200 000.00
	合　计					200 000.00			200 000.00

纳税人声明：我（单位）已知悉本事项相关政策和管理要求。此表填报的内容是真实、完整、可靠的，提交的资料真实、合法、有效。如有虚假内容，愿承担法律责任。
　　　　　　　　　　　　　　　　　　　　　　　　　纳税人（签章）　　　　　　年　月　日

表3-2-7 2017年7—12月房产税纳税申报表

房产税纳税申报表（汇总版）

申报日期：2018年1月10日　　　　　　　　　　　　税款所属期：2017年7月至2017年12月
纳税人识别号（统一社会信用代码）：913301097384125000　　金额单位：元至角分

纳税人信息	名称	浙江中衡建筑股份有限公司	纳税人分类	
	登记注册类型	股份有限责任公司	所属行业	建筑业
	身份证件类型	身份证　　护照　　其他	身份证件号码	
	联系人		联系方式	

续 表

（一）从价计征房产税											
序号	房产原值	其中：出租房产原值	计税比例	税率	所属期起	所属期止	本期应纳税额	本期减免税额	本期增值税小规模纳税人减征额	本期已缴税额	本期应补（退）税额
1	80 000 000	8 000 000	70%	1.20%	2017.07	2017.12	302 400				302 400
2	8 000 000		70%	1.20%	2017.07	2017.07	5 600				5 600
3											
合计	*	*	*	*	*	*	308 000				308 000
（二）从租计征房产税											
序号	本期申报租金收入	税率	本期应纳税额	本期减免税额	本期增值税小规模纳税人减征额	本期已缴税额	本期应补（退）税额				
1	100 000	12%	12 000				12 000				
2											
3											
合计	100 000	*	12 000				12 000				

声明：此表是根据国家税收法律法规及相关规定填写的，本人（单位）对填报内容（及附带资料）的真实性、可靠性、完整性负责。

纳税人（签章）：　　　　　年　月　日

经办人： 经办人身份证号： 代理机构签章： 代理机构统一社会信用代码：	受理人： 受理税务机关（章）： 受理日期：　　年　月　日

表 3-2-8　2016 年 12 月增值纳税申报表

增值税及附加税费申报表

（一般纳税人适用）

根据国家税收法律法规及增值税相关规定制定本表。纳税人不论有无销售额，均应按税务机关核定的纳税期限填写本表，并向当地税务机关申报。

税款所属时间：2016 年 12 月 01 日至 2016 年 12 月 31 日　　　　填表日期：2017 年 1 月 10 日

金额单位：元（列至角分）

纳税人识别号（统一社会信用代码）：913301097384125000　　　所属行业：

纳税人名称：杭州中衡建筑股份有限公司		法定代表人姓名	注册地址	生产经营地址
开户银行及账号		登记注册类型	电话号码	

续 表

项　目		栏　次	一般项目		即征即退项目	
			本月数	本年累计	本月数	本年累计
销售额	(一)按适用税率计税销售额	1	590 910 753.74	3 939 410 200.00		
	其中：应税货物销售额	2		65 341 000.00		
	应税劳务销售额	3				
	纳税检查调整的销售额	4				
	(二)按简易办法计税销售额	5	196 970 246.26	1 313 136 700.00		
	其中：纳税检查调整的销售额	6				
	(三)免、抵、退办法出口销售额	7			—	—
	(四)免税销售额	8			—	—
	其中：免税货物销售额	9			—	—
	免税劳务销售额	10			—	—
税款计算	销项税额	11	73 863 844.22	492 426 275.00		
	进项税额	12	52 700 380.48	351 336 331.40		
	上期留抵税额	13				—
	进项税额转出	14	765 898.99	5 106 000.00		
	免、抵、退应退税额	15			—	—
	按适用税率计算的纳税检查应补缴税额	16				
	应抵扣税额合计	17＝12＋13－14－15＋16	51 934 481.49		—	
	实际抵扣税额	18(如17＜11,则为17,否则为11)	51 934 481.49	346 230 331.40		
	应纳税额	19＝11－18	21 929 362.73	146 195 943.60		
	期末留抵税额	20＝17－18				—
	简易计税办法计算的应纳税额	21	5 909 107.39	39 394 101.00		
	按简易计税办法计算的纳税检查应补缴税额	22			—	—
	应纳税额减征额	23	1 450.00	3 450.20		
	应纳税额合计	24＝19＋21－23	27 837 020.12	185 586 594.40		

续 表

项 目		栏 次	一般项目		即征即退项目	
			本月数	本年累计	本月数	本年累计
税款缴纳	期初未缴税额(多缴为负数)	25	19 485 914.20	19 485 914.20		
	实收出口开具专用缴款书退税额	26			—	—
	本期已缴税额	27=28+29+30+31	22 269 616.20	19 485 914.20		
	① 分次预缴税额	28	2 783 702.00	—		
	② 出口开具专用缴款书预缴税额	29		—		
	③ 本期缴纳上期应纳税额	30	19 485 914.20	19 485 914.20		
	④ 本期缴纳欠缴税额	31				
	期末未缴税额(多缴为负数)	32=24+25+26-27	25 053 318.12	25 053 318.12		
	其中:欠缴税额(≥0)	33=25+26-27			—	—
	本期应补(退)税额	34=24-28-29	25 053 318.12			
	即征即退实际退税额	35				
	期初未缴查补税额	36			—	—
	本期入库查补税额	37				
	期末未缴查补税额	38=16+22+36-37				
授权声明	如果你已委托代理人申报,请填写下列资料: 为代理一切税务事宜,现授权 (地址) 为本纳税人的代理申报人,任何与本申报表有关的往来文件,都可寄予此人。		申报人申明	本纳税申报表是根据国家税收法律法规及相关规定填报的,我确定它是真实的、可靠的、完整的。 声明人签字		
税务机关		接收人		接收日期		

表 3-2-9 2017 年 12 月增值税纳税申报表

增值税及附加税费申报表
(一般纳税人适用)

根据国家税收法律法规及增值税相关规定制定本表。纳税人不论有无销售额,均应按税务机关核定的纳税期限填写本表,并向当地税务机关申报。

税款所属时间:2017 年 12 月 01 日至 2017 年 12 月 31 日

填表日期:2018 年 1 月 10 日
金额单位:元(列至角分)

纳税人识别号(统一社会信用代码):913301097384125000

所属行业:

纳税人名称:杭州中衡建筑股份有限公司	法定代表人姓名	注册地址	生产经营地址
开户银行及账号	登记注册类型		电话号码

续 表

项　目		栏　次	一般项目		即征即退项目	
			本月数	本年累计	本月数	本年累计
销售额	（一）按适用税率计税销售额	1	614 442 823.06	3 840 272 600.00		
	其中：应税货物销售额	2		567 800 006.00		
	应税劳务销售额	3	327 838 776.94	2 048 995 000.00		
	纳税检查调整的销售额	4				
	（二）按简易办法计税销售额	5				
	其中：纳税检查调整的销售额	6				
	（三）免、抵、退办法出口销售额	7			—	—
	（四）免税销售额	8			—	—
	其中：免税货物销售额	9			—	—
	免税劳务销售额	10			—	—
税款计算	销项税额	11	67 588 710.54	422 429 986.00		
	进项税额	12	63 240 967.04	395 256 554.00		
	上期留抵税额	13	677 439.13	4 234 000.00		—
	进项税额转出	14				
	免、抵、退应退税额	15			—	—
	按适用税率计算的纳税检查应补缴税额	16				
	应抵扣税额合计	17＝12＋13－14－15＋16	62 563 527.91	—		
	实际抵扣税额	18（如17＜11，则为17，否则为11）	62 563 527.91	391 022 554.00		
	应纳税额	19＝11－18	5 025 182.63	31 407 432.00		
	期末留抵税额	20＝17－18				—
	简易计税办法计算的应纳税额	21	9 835 163.31	61 469 850.00		
	按简易计税办法计算的纳税检查应补缴税额	22			—	—
	应纳税额减征额	23	9 800.00	13 250.00		
	应纳税额合计	24＝19＋21－23	14 850 545.94	92 864 032.00		

续 表

项　目		栏　次	一般项目		即征即退项目	
			本月数	本年累计	本月数	本年累计
税款缴纳	期初未缴税额（多缴为负数）	25	10 395 381.50	10 395 381.50		
	实收出口开具专用缴款书退税额	26			—	—
	本期已缴税额	27＝28＋29＋30＋31	11 286 414.25	10 395 381.50		
	① 分次预缴税额	28	891 032.75	—		
	② 出口开具专用缴款书预缴税额	29				
	③ 本期缴纳上期应纳税额	30	10 395 381.50	10 395 381.50		
	④ 本期缴纳欠缴税额	31				
	期末未缴税额（多缴为负数）	32＝24＋25＋26－27	13 959 513.19	13 959 513.19		
	其中：欠缴税额（≥0）	33＝25＋26－27	13 959 513.19	—		
	本期应补（退）税额	34＝24－28－29				
	即征即退实际退税额	35	—			
	期初未缴查补税额	36			—	—
	本期入库查补税额	37				
	期末未缴查补税额	38＝16＋22＋36－37			—	—
授权声明	如果你已委托代理人申报，请填写下列资料：为代理一切税务事宜，现授权　　　　（地址）　　　　　为本纳税人的代理申报人，任何与本申报表有关的往来文件，都可寄予此人。		申报人申明	本纳税申报表是根据国家税收法律法规及相关规定填报的，我确定它是真实的、可靠的、完整的。声明人签字		
税务机关		接收人	接收日期			

表 3-2-10　2017 年 12 月份印花税纳税申报表

印花税纳税申报（报告）表

税款所属期间：2017 年 12 月 1 日至 2017 年 12 月 31 日　填表日期：2018 年 1 月 10 日　金额单位：元至角
纳税人识别号：913301097384125000

纳税人信息	名称	杭州中衡筑股份有限公司	单位个人	
	登记注册类型	股份有限公司	所属行业	建筑业
	身份证件类型		身份证件号码	
	联系方式			

续 表

应税凭证名称	计税金额或件数	核定征收		适用税率	本期应纳税额	本期已缴税额	本期减免税额		本期应补(退)税额
		核定依据	核定比例				减免性质代码	减免额	
建筑安装工程承包合同	452 295 175.2	0	0%	0.03%	135 688.55	0	*	0	135 688.55
加工承揽合同	565 368 969.00	0	0%	0.05%	282 684.48	0	*	0	282 684.48
购销合同	27 900 427.00	0	0%	0.03%	8 370.13	0	*	0	8 370.13
财产租赁合同	6 436 890.00	0	0%	0.10%	6 436.89	0	*	0	6 436.89
合计	*	*	*	*	433 180.05	0	*	0	433 180.05
以下由纳税人填写:									
纳税人声明	此纳税申报表是根据《中华人民共和国印花税暂行条例》和国家有关税收规定填报的,是真实的、可靠的、完整的。								
纳税人签章			代理人签章			代理人身份证号			

(二) 案头分析

1. 案头说明

(1) 2017 年 11 月增值税发票开具 398 份,2017 年 12 月份增值税发票开具 650 份,2016 年 12 月增值税发票开具 430 份发票。

(2) 2017 年 3 月 1 日,公司向银行借款 8 000 万元,贷款利率 15%,借款用于子公司资金周转。

(3) 2017 年甲项目工程施工合同金额 13 088 万元,该项目完工进度 90%,发票开具并累计确认增值税计税金额 10 470.40 万元。

(4) 2017 年企业原材料 2 400.58 万元,用于简易征收项目,购入时都已经取得增值税专用发票并于当期抵扣,并且将净值 800 万元的固定资产用于简易征收项目和一般征收项目。

其他资料:

增值税一般纳税人税负偏离度=增值税一般纳税人税负-行业增值税一般纳税人平均税负/行业增值税一般纳税人平均税负

主营业务成本同步增长系数=主营业务成本变动率/主营业务收入变动率

---

2. 风险点判断和结论

通过案头分析,你认为该企业可能存在哪些税收风险点?

☐ 企业可能存在虚假报销宣传费

- ☑ 企业可能存在进项税额未足额转出
- ☑ 企业可能存在虚增成本
- ☑ 企业可能存在少缴个人所得税
- ☐ 企业可能存在虚假享受优惠政策
- ☐ 企业可能存在虚开差额发票
- ☑ 企业可能存在增值税应税收入未按完工进度确认
- ☐ 企业可能存在税收优惠未备案事项
- ☐ 企业可能存在异地施工预缴手续不齐全
- ☑ 企业可能存在少报印花税
- ☐ 企业可能存在少缴城镇土地使用税
- ☐ 企业可能存在虚抵进项税额
- ☐ 企业可能存在异地施工增值税应税收入未计税
- ☑ 企业可能存在增值税税率适用混淆
- ☐ 企业可能存在价外费用未确认增值税应税收入
- ☑ 企业可能存在虚开发票
- ☐ 企业可能存在虚领增值税发票
- ☐ 企业可能存在会计收入与增值税申报应税收入不等
- ☑ 企业可能存在利息未视同销售
- ☑ 企业可能存在少缴房产税
- ☐ 企业可能存在挂靠应税收入未计增值税

【参考依据】

(1) 根据案头说明，企业 2017 年购入原材料 2 400.58 万元，购入时都已经取得增值税专用发票并于当期抵扣，后用于简易征收项目。同时将净值 800 万元的固定资产用于简易征收项目和一般征收项目。企业可能存在进项税额未足额转出。

(2) 根据 2016 年主营业务成本明细表；2017 年主营业务成本明细表；2016 年和 2017 年营业收入、营业成本明细表：

2017 年人工成本占主营业务成本比率 = 106 955.5 ÷ 503 995.43 × 100% = 21.22%

2016 年人工成本占主营业务成本比率 = 67 760.16 ÷ 433 501.66 × 100% = 15.63%

人工成本占主营业务成本比率变动率 = (21.22% − 15.63%) ÷ 15.63% × 100% = 35.76%

2017 年固定资产折旧占主营业务成本比率 = 73 920.05 ÷ 503 995.43 × 100% = 14.67%

2016 年固定资产折旧占主营业务成本比率 47 350.1 ÷ 433 501.66 × 100% = 10.92%

固定资产折旧占主营业务成本比率变动率 = (14.67% − 10.92%) ÷ 10.92% × 100%
　　　　　　　　　　　　　　　　　 = 34.34%

通过计算，企业人工成本、固定资产折旧占比变化较大，企业可能存在虚增成本。

(3) 根据企业经营情况说明，企业 2017 年 12 月份未分配利润 8 000 万元转为实收资本。同时对于股东来说，则视同分配利润，个人股东需缴纳 20% 个人所得税。企业可能存在少缴个人所得税。

(4) 根据合同金额和完工进度应确认的销售收入＝13 088/(1＋11％)×90％＝10 611.89万元,而发票开具并累计确认增值税计税金额仅为 10 470.40 万元,与企业完工进度跟确认收入不一致,可能存在增值税应税收入未按完工进度确认收入。

(5) 根据房产税纳税申报表分配利润 8 000 万元转为实收资本,2017 年 12 月份印花税纳税申报表未显示"资金账簿"项目的印花税申报,可能存在少报印花税。

(6) 根据企业基础信息,企业对外出租设备 50％配操作人员属建筑服务,增值税税率 11％,50％单独出租设备属动产租赁,增值税税率 17％,可能存在增值税税率适用混淆。

(7) 根据案头说明,2017 年 12 月增值税发票开具量远大于 2017 年 11 月增值税发票开具量及 2016 年 12 月增值税发票开具量,企业可能存在虚开发票。

(8) 根据企业基础资料,企业实行集团管理,下属分、子公司的贷款均由集团公司出面,利息费用也由集团公司承担,可能存在应税利息未视同销售。

(9) 根据企业经营情况说明,2017 年 8 月 31 日企业将其中一层价值 800 万元的房产对外出租。据国家税务总局《税务公报》(2003 年 07 期),"出租、出借房产,自交付出租、出借房产之次月起计征房产税和城镇土地使用税。"核查 2017 年 7—12 月房产税纳税申报表,出租的价值 800 万元的房产 7 月、8 月两个月均应从价计征房产税,而企业却将该房产仅 7 月份从价计征房产税,8—12 月五个月均按照从租计征房产税,8 月份存在应从价而从租计征的情况,混淆税率,存在少缴房产税的问题。

3. 风险特征分析计算

可帮助判断的风险模型、计算公式、指标来源、特殊信息有哪些？

- ☑ 2017 年主营业务成本同步增长系数高于 110％
- ☑ 2017 年预付账款变动率高于 20％
- ☐ 2017 年存货周转率变慢
- ☑ 2017 年印花税未足额准确申报
- ☑ 2017 年主营业务成本中人员工资占比高于 18％
- ☐ 企业资产收益率低于 10.72％
- ☑ 2017 年房产税未足额准确申报
- ☐ 2017 年总资产周转率低于 200％
- ☐ 2017 年城镇土地使用税未足额准确申报
- ☐ 2016 年增值税税负率异常
- ☐ 2017 年应收账款与主营业务收入同比增长系数高于 110％
- ☑ 2017 年增值税发票用量变动率高于 50％
- ☐ 其他应收款变动率高于 20％
- ☑ 2017 年预收账款变动率高于 20％
- ☑ 2017 年个人所得税未足额准确申报
- ☐ 进项税额变动率高于 15％
- ☑ 2017 年增值税一般纳税人税负偏离度高于 20％
- ☑ 2017 年固定资产折旧变动率高于 50％

☐ 2017年增值税发票用量变动率高于50%
☐ 2017年增值税一般纳税人滞留票情况异常

【参考依据】

(1) 主营业务成本变动率为16.26%,主营业务收入变动率为14.73%,主营业务成本同步增长系数110.37%。根据2016年、2017年营业收入、营业成本明细表:

主营业务成本变动率=(本期主营业务成本-基期主营业务成本)/基期主营业务成本×100%
=(503 995.43-433 501.66)/433 501.66×100%=16.26%

主营业务收入变动率=(本期主营业务收入-基期主营业务收入)/基期主营业务收入×100%
=(512 248.73-446 466.48)/446 466.48×100%=14.73%

(2) 2017年预付账款变动率为28.31%。

预付账款变动率=(本期末预付账款-基期末预付账款)/基期末预付账款×100%
=(39 671 000-30 917 500)/30 917 500×100%=28.31%

(3) 从印花税申报表、企业经营情况基础资料,可以看出未分配利润转实收资本,财务人员未进行申报印花税,确认印花税申报异常。

(4) 2017年人员工资占比主营业务成本为21.22%,2016年人员工资占比主营业务成本为15.63%。

(5) 企业2017年8月31日将价值800万元的房产对外出租,根据《房产税暂行条例》规定,出租出借房产用于经营的,纳税义务发生时间未交付次月。因而该部分房产7月和8月应从价计征,9~12月应从租计征房产税。

8月份应从价计征房产税=8 000 000×70%×12%×1÷12=5 600(元)

房产税申报表显示该层房产企业7月份从价计税,而8月份从租计税,确认2017年房产税申报异常。

共少申报:5 600-2 400=3 200(元)

(6) 2017年12月份增值税发票用量环比变动率为63.32%,增值税发票用量同比变动率为51.16%。

2017年12月份增值税发票用量环比变动率=(650-398)/398×100%=63.32%

2017年12月份增值税发票用量同比变动率=(650-430)/430×100%=51.16%

(7) 预收账款变动率为28.55%。

预收账款变动率=(本期末预收账款-基期末预收账款)/基期末预收账款×100%
=(154 554 100-120 226 900)/120 226 900×100%=28.55%

(8) 从2017年第四季度个人所得税申报明细表,可以看出未分配利润转实收资本未对个人股东的"利息,股息、红利所得"进行代扣代缴个人所得税,确认个人所得税申报异常。

(9) 2017年增值税税负率1.58%,增值税一般纳税人税负偏离度62.82%。

根据表3-2-9,2017年12月增值税纳税申报表,

2017年增值税税负率＝(本期应纳税额/按适用税率征收货物和劳务销售额)×100%
＝92 864 032÷(3 840 272 600＋2 048 995 000)×100%＝1.58%

> 注：该公式的计算口径，"本期应纳税额"为增值税纳税申报表(一般纳税人适用)第24栏，"按适用税率征收货物和劳务销售额"为其第1栏和第5栏合计数。

增值税一般纳税人税负偏离度＝增值税一般纳税人税负－行业增值税一般纳税人平均税负/行业增值税一般纳税人平均税负

＝(1.58%－4.25%)÷4.25%＝62.82%

(10) 2017年主营业务成本中折旧费用变动率＝73 920.05－47 350.10/47 350.10×100%＝56.11%。

4. 风险信息排除确认

请通过上述资料对税收风险进行判断、验证、排除、确认。

- ☑ 企业肯定存在增值税税率适用混淆
- ☐ 企业是否存在少报印花税，还无法确定
- ☐ 企业肯定存在少报城镇土地使用税
- ☐ 企业肯定存在进项税额未足额转出
- ☐ 企业肯定不存在少报印花税
- ☑ 企业是否存在虚开增值税发票，还无法确定
- ☑ 企业是否存在虚增营业成本，还无法确定
- ☐ 企业是否存在少报城镇土地使用税，还无法确定
- ☑ 企业肯定不存在少报城镇土地使用税
- ☐ 企业是否存在少报房产税，还无法确定
- ☐ 企业肯定不存在虚开增值税发票
- ☑ 企业肯定存在少报印花税
- ☑ 企业肯定存在少报个人所得税
- ☐ 企业肯定不存在少报房产税
- ☐ 企业肯定不存在利息收入未确认增值税应税收入
- ☐ 企业肯定不存在虚增营业成本
- ☐ 企业肯定存在虚开增值税发票
- ☐ 企业是否存在少报个人所得税，还无法确定
- ☑ 企业是否存在进项税额未足额转出，还无法确定
- ☑ 企业肯定存在利息收入未确认增值税应税收入
- ☐ 企业是否存在利息收入未确认增值税应税收入，还无法确认企业肯定不存在少报个人所得税
- ☑ 企业肯定存在少报房产税

□ 企业是否存在增值税税率适用混淆,还无法确认
　　□ 企业肯定不存在进项税额未足额转出
　　□ 企业肯定存在虚增营业成本
　　□ 企业肯定不存在增值税税率适用混淆

【参考依据】

（1）根据企业基础资料及增值税申报表,企业出租机械设备50%不配置操作人员,增值税税率应该是17%（按经济业务发生当时适用增值税率计算）,但是根据增值税申报表,都是按照11%（按经济业务发生当时适用）税率计算,企业可能存在增值税税率适用混淆。

（2）根据案头说明,企业2017年12月份增值税发票用量环比、同比变化都比较大,但是不足以说明企业肯定存在虚开增值税发票,所以企业是否存在虚开增值税发票还需进一步核实。

（3）根据企业利润表营业成本变动率大于营业收入变动率,并且人工成本、折旧额占比比较大,但是不足以说明企业肯定存在虚增成本,所以企业是否存在虚增成本还需进一步核实。

（4）城镇土地使用税申报表及企业基础资料,可以判断企业肯定不存在少报城镇土地使用税。

（5）根据资产负债表及企业基础资料,企业有将未分配利润转为实收资本,需要缴纳印花税,根据印花税申报表,企业肯定存在少报印花税。

（6）根据资产负债表及企业基础资料,企业有将未分配利润转为实收资本,需要代扣代缴个人所得税,根据个人所得税申报表,企业肯定存在少报个人所得税。

（7）根据案头说明进项税转出额少于增值税申报表进项税额转出,但不足说明企业肯定存在进项税额少转出,所以企业是否存在进项税额少转出还需要进一步核查。

（8）根据企业基本资料,企业实行集团管理,下属分、子公司的贷款均由集团公司出面,利息费用也均由集团公司承担,不向分、子公司收取,不属于统借统贷,发生的贷款利息需要视同销售,所以肯定存在应税利息未计税。

（9）根据房产税申报表及企业基础资料,分析计算,可以判定企业肯定存在少报房产税。

5. 风险应对经验策略

（1）按照前述风险判断、分析、确认结果,对中衡建筑2017年和2016年纳税遵从情况进行分析,评定其风险等级为高。

（2）请根据前述判断和分析,对该企业的风险情况进行评价和应对。
　　□ 核查企业房产证,购买发票,房产使用情况,确认需要补缴的房产税
　　□ 核查企业实际占用土地面积,确认是否少缴城镇土地使用税
　　☑ 核查企业增值税申报项目、计税依据、税率,确认需要补缴的税款
　　☑ 核查企业固定资产折旧计提方式,固定资产增加明细,确认是否存在虚增折旧费用
　　☑ 核查企业贷款明细表、资金使用情况,确认需要补交的税款
　　☑ 核查建设工程承包合同、银行往来记录,审核纳税人是否按税法规定的时点确认纳税义务发生时间

☑ 核查企业工资发放方式,资金流出明细情况,确认是否存在虚增人工成本

☑ 核查预收账款明细账,确认是否有长期挂账未收回的款项

☐ 核查企业费用报销情况,确认企业是否存在多报费用

☐ 核查分包合同、分包发票及"工程价款结算账单",核实"应付账款"等账户核算内容,确认营业额是否为工程的全部承包额减去付给分包人的价款后的余额

☑ 核查企业员工工资实际发放数是否跟个人所得税申报计税依据一致,其他需要申报个人所得税项目是否都代扣代缴,确认是否存在少报个人所得税的情况

☑ 先发出税务约谈通知书,约谈财务负责人对问题进行解释

☑ 核查企业原材料使用情况、固定资产使用情况,确认是否存在进项税额未足额转出

☐ 核查企业贷款明细表、资金使用情况,确认是否存在应税利息收入未计税

☐ 核查工程承包合同、外经证和完税凭证,确认外出施工项目是否超出6个月仍未缴纳增值税

☑ 核查企业房产证,购买发票,房产使用情况,确认是否存在少缴房产税

☐ 核查在建工程明细情况,确认是否存在已办理竣工手续或已使用

☐ 确定少缴税款后,要求企业进行补缴税款,无须加收滞纳金

☐ 检查企业关联方交易情况,确认低价转让的行为

☑ 核查企业增值税发票开具明细、工程合同签订明细、资金流入明细,确认是否存在虚开发票

☐ 核查企业存货购入明细情况,确认是否存在存货账面成本长期挂账,未及时确认应税收入的情况

【参考依据】

(1) 检查增值税申报项目、计税依据、税率,确认是否存在租赁应税收入乱用增值税税率。

(2) 根据企业基础信息,固定资产折旧费用变化比较大,需要核实企业固定资产折旧计提方式,固定资产明细,确认是否虚增折旧费用。

(3) 根据企业基础信息资料,企业实行集团式管理,借款统一有公司借,无偿提供分子公司使用,不属于统借统贷,需要核查银行转账记录,确认提供分子公司资金使用额,进行视同销售。

(4) 根据案头分析,可以看出企业增值税申报以票控税,需要检查建设工程承包合同、银行往来记录、完工进度,确认纳税人是否存在没有按照税法规定的试点确认纳税义务发生时间。

(5) 根据企业基础信息,企业人工成本占比异常,需要核实企业工资发放方式,资金流出情况,确认是否存在虚增人工成本。

(6) 预收账款变动幅度大,检查预收账款明细账,资金往来明细,特别要关注长期挂账的,确认是否存在应税收入未按时计税。

(7) 根据企业基础信息,企业人工成本占比异常,未分配利润转实收资本,未申报个人所得税,需要核实员工实际发放与个人所得税申报数计算一致和其他项目是否都代扣代缴。

(8) 根据《纳税评估管理办法(试行)》规定,可以对纳税人发出约谈通知书,税务约谈的

对象主要是企业财务会计人员。

（9）从目前资料中还不能判断进项税额未足额转出，需要检查企业用于简易计税的项目的进项税额是否都已经按照税法规定转出。

（10）房产申报异常，需要全面核实企业房产证、购买发票、房产使用情况，分别计算从价、从租房产税，确认是否存在少缴房产税。

（11）根据案头资料，2017年发票开具用量变化较大，需要核实企业增值税发票开具明细、工程合同签订明细、资金流入明细，确认是否存在虚开增值税发票。

（三）案例点评

1. 建筑行业税收风险控制点

（1）未按规定确认工程价款，隐匿收入或延迟申报纳税。依据税收制度与财务会计制度，建筑企业应根据合同约定，按照工程实际进度或当期实际完成的工作量结转收入，而建筑企业普遍存在着以实际收到款项目开具发票结转收入的现象，造成了当期收入不实，影响了工程收入及时、准确地核算。

（2）异地施工不计收入。部分建筑企业异地从事建筑施工，其异地工程取得的收入不入账，产生这种现象的原因：一是个别地区税收管理不规范，建筑企业无外出经营活动管理证明，税务机关也给其开具建筑业发票；二是建筑企业获得其他企业的转包工程，尤其是外地的工程，分包人以总承包人的名义进行施工，总承包人虽然代扣了分包企业的流转税，但是分包企业取得的分包工程收入不记账，部分建筑企业利用这种方式偷、逃企业所得税。

（3）未按规定申报工程价款以外取得的各项收入。其他收入主要有两项：一是向挂靠、承包单位或其他建筑企业，有偿出租公司的机械设备，收取的租赁费；二是向挂靠、承包单位按照工程造价的一定比例收取的管理费。这两项收入均应缴纳营业税。

（4）虚列工程成本。建筑企业常虚列人工、材料费用来虚增工程成本。建筑企业施工成本中主要包括两项：一是人工费。建筑工程需要耗用大量的临时人工，主要来源为农民工，建筑企业以工资表的形式列支此项费用，因为人员多而复杂，且不固定，税务机关不易准确核实人工费的实际发生额。二是建筑材料。建筑企业耗用的材料数量大、种类多，另外砖、石子、沙子等建筑材料主要来源地为农村，普遍存在发票取得不规范的现象。

2. 浙江中衡建筑股份有限公司案例点评

本案例选择了建筑行业中的代表为评估对象，在评估分析环节，通过调取企业的基本情况表、财务报表和纳税申报表等有关申报资料和企业备案的相关资料，并向企业了解各种经营信息，利用财务分析、纳税调整结合企业自身特点，有针对性地进行纳税评估。通过本案例的评估，进一步进行分析、归纳、总结，以便找准建筑行业的纳税评估对象。

风险应对人员以企业的财务报表分析、纳税申报表为基础，运用纳税评估相关指标、结合建筑行业特点展开分析，查找企业存在的疑点，经过再次核查，企业承认财务人员不清楚房产税纳税义务发生时间，算错房产税，并且在未分配利润转实收资本时，未及时代扣代缴个人所得税。该公司表示愿自查补缴相应税款。

一周后,企业完成了自查,并提供了举证材料。承认全年应计未计销售收入 1 432 265.71 元(含税),主动补提销项税金 208 106.98 元,调增进项税转出税额 53 689.13 元,补缴增值税 154 417.85 元,补缴房产税 5 600 元房产税;代扣代缴个人所得税 1 600 万元;补缴印花税 4 万元;并按规定调整了账目。经深入企业核查,结果与企业自查结果基本吻合。

第三章 白酒行业

一 税收风险描述及防控建议

(一) 购进农产品业务不实或单价不实导致少缴税款的风险

1. 情景再现

某白酒生产企业2013—2015年在购进农产品业务中,有以下情形:

(1) 在向农业生产者收购粮食时,将购进的高粱、小麦等主要农产品的装卸费计入农产品收购开票价格中,造成平均单价偏高;

(2) 向小规模纳税人购头农产品时,未取得对方开具的发票,自己开具收购发票,违反发票管理规定,多抵扣增值税以及少缴企业所得税。

2. 风险描述

(1) 白酒生产企业购进的主要农产品高粱、小麦等的单价差异过大,可能存在农产品价格不实的风险。

(2) 白酒生产企业在向农业生产者收购农产品时可以自行填开收购发票,企业可能存在高开收购单价,或者将装卸费计入农产品收购价格,造成在计算核定农产品进项税额时,多计算农产品进项税额的风险。

(3) 部分白酒生产企业在日常的农产品采购业务中,会向小规模纳税人(个体工商户)或者一般纳税人购买农产品,不能取得卖方开具的发票或者对方不愿开具发票,于是便自己开具收购发票,或让他人为自己开具《增值税专用发票》用于计算抵扣进项税额的风险,同时存在少缴企业所得税的风险。

3. 防控建议

(1) 企业根据网上全国各地农产品指导价格,核对采购部门购买的农产品价格是否偏高。

(2) 过磅单、入库单和支付凭据等相关原始凭证记载的信息是否与取得的《增值税专用发票》内容一致,票流、资金流、货物流是否一致。

(3) 向农业生产者以外的单位和个人收购农产品,应当向销售方索取发票作为扣税或列支成本的有效凭证。

(4) 装卸费、搬运费等杂费不得计入农产品的收购价格中,可单独向提供应税服务方索取发票。

4. 政策依据

《中华人民共和国增值税暂行条例》(国务院令第538号)第九条。

《中华人民共和国企业所得税法》第八条。

《中华人民共和国企业所得税法实施条例》(国务院令第512号)第二十七条。

《国家税务总局关于纳税人虚开增值税专用发票征补税款问题的公告》(国家税务总局公告2012年第33号)。

《国家税务总局关于纳税人取得虚开的增值税专用发票处理问题的通知》(国税发〔1997〕134号)。

《中华人民共和国发票管理办法》(国务院令第587号)第二十条、第二十二条。

《财政部 国家税务总局关于在部分行业试行农产品增值税额核定扣除办法的通知》(财税〔2012〕38号)。

《国家税务总局关于修订〈增值税专用发票使用规定〉的通知》(国税发〔2006〕156号)第十一条、第十二条。

(二)农产品单耗扣除率未及时调整导致少缴纳税款的风险

1. 情景再现

某白酒生产企业,自2012年7月1日核定农产品单耗数量后,因改进生产工艺,单耗率较之前有降低,未及时向税务机关申请重新核定,导致多抵扣进项税额,从而少缴增值税。

2. 风险描述

白酒生产企业自2012年7月1日核定农产品单耗数量后,企业没有根据实际产出情况对单耗数量进行调整,存在农产品单耗数量未及时调整,多抵扣进项税额,从而少缴增值税的风险。

3. 防控建议

企业因生产工艺改进或其他条件发生变化导致农产品单耗数量变化的,应根据实际情况向税务机关申请调整。

4. 政策依据

《财政部 国家税务总局关于在部分行业试行农产品增值税额核定扣除办法的通知》(财税〔2012〕38号)附件:《农产品增值税进项税额核定扣除试点实施办法》第四条。

(三)将外购酒及酒精生产的产品作为基数计算允许抵扣农产品进项税额的风险

1. 情景再现

某白酒生产企业在计算当期允许抵扣农产品进项税额时,将外购酒及酒精生产的产品作为计算基数,导致多抵扣进项税额。

2. 风险描述

白酒生产企业将外购的酒及酒精生产的产品销售后,计入当期自产产品销售数量,在计算当期允许抵扣农产品进项税额时多抵扣进项税额。

3. 防控建议

如有外购酒精或酒进行生产白酒的,应将其外购酒精(酒)生产出来的酒与企业发酵生产出来的酒分开核算。核对《农产品核定扣除增值税进项税额计算表(汇总表)》和《投入产出法核定农产品增值税进项税额计算表》,在计算当期允许抵扣农产品增值税进项税额时,自查当期销售货物数量中是否含有外购酒精生产的白酒。

4. 政策依据

《财政部 国家税务总局关于在部分行业试行农产品增值税额核定扣除办法的通知》(财税〔2012〕38号)附件:《农产品增值税进项税额核定扣除试点实施办法》第四条。

(四)将外购货物和应税服务用于集体福利、个人消费等抵扣进项税额的风险

1. 情景再现

某白酒生产企业,2015年厂区职工宿舍外购水、电抵扣进项税额,在2016年税务检查中补缴税款并加收滞纳金。

2. 风险描述

白酒生产企业将已抵扣进项税额的外购货物(如劳保用品、低值易耗品、包装物、水、电力、天然气、煤炭)和接受应税服务用于集体福利、个人消费等,未作进项税额转出,存在少缴增值税的风险。

3. 防控建议

将"材料分配单""领料单"与相对应的劳保用品、低值易耗品、包装物、水、电力、天然气、煤炭和接受应税服务的用途进行核对,对用于集体福利、个人消费的,作进项税额转出。

4. 政策依据

《中华人民共和国增值税暂行条例》(国务院令第538号)第十条第(一)项、第(二)项。

(五)研发费用加计扣除不符合税法规定,存在少缴企业所得税的风险

1. 情景再现

某白酒生产企业,2015年年度企业所得税纳税申报研发费用加计扣除26万元。经税务机关核实后发现,企业将非直接从事研发人员3人的工资计入研发人员工资基数,导致多加计扣除研发费用12万元。

2. 风险描述

白酒企业在企业所得税汇算清缴时,研发费用加计扣除可能存在以下风险:
(1)将未直接从事研发活动的人员工资薪金及社保费用列入加计扣除范围;
(2)账务上不能准确划分日常生产经营和用于研究开发的机器设备、原材料;
(3)未设立研发支出辅助账,未对研发费用进行单独归集与核算。

3. 防控建议

企业应按研发项目设置辅助账,准确归集核算当年可加计扣除的各项研发费用实际发生额。对研发费用和生产经营费用应分别核算,准确、合理归集各项费用支出。在年度申报研发费用加计扣除附表时,对非直接从事研发活动人员人工费用作纳税调整。

4. 政策依据

《财政部 国家税务总局关于完善研究开发费用税前加计扣除政策的通知》(财税〔2015〕119号)。

《国家税务总局关于企业研究开发费用税前加计扣除政策有关问题的公告》(国家税务总局公告2015年第97号)。

(六)残疾人员工资加计扣除不符合税法规定,存在少缴企业所得税的风险

1. 情景再现

某白酒生产企业,2016年年度企业所得税纳税申报残疾人员工资加计扣除18万元。经税务机关核实后发现,企业将不符合残疾人条件的2人计入残疾人实际发放工资基数,导致多列支残疾人员工资9万元进行加计扣除。

2. 风险描述

企业在残疾人工资加计扣除申报时,存在以下风险:

(1) 未履行残疾人工资加计扣除税收优惠备案手续;

(2) 将不符合残疾人条件的员工计入残疾人实际发放工资基数进行加计扣除。

3. 防控建议

在企业所得税年度申报时,应按规定履行残疾人工资加计扣除备案手续,提供残疾人证明、劳动合同或服务协议、为残疾人缴纳的社会保险证明、残疾人工资银行支付证明等,不得将不符合规定的人员工资混入残疾人员工资进行所得税加计扣除。

4. 政策依据

《财政部 国家税务总局关于安置残疾人员就业有关企业所得税优惠政策问题的通知》(财税〔2009〕70号)。

(七)未按照规定申报核定消费税最低计税价格,存在少缴税款的风险

1. 情景再现

某白酒生产企业,自2009年起,新设立了独立核算的第三级销售公司。2016年,税务机关检查时发现,该企业申报核定的消费税最低计税价格是按照第二级销售公司对外销售价格的60%来计算的,而最终一级对外销售单位是第三级销售公司。因此,需按照第三级销售公司的对外销售价格的60%申报核定消费税最低计税价格。

2. 风险描述

（1）白酒生产企业销售给关联销售单位的白酒，消费税计税价格低于最终一级销售公司对外销售价格70%以下的，未向税务机关申报核定消费税最低计税价格。

（2）企业在向税务机关申报核定消费税最低计税价格时，未按最终一级销售单位对外销售价格来计算申报。

3. 防控建议

白酒集团企业应按税法规定的关联关系确定最终一级销售公司，财务核算时应查看其每种规格产品的单价，与白酒生产企业销售价格进行对比，生产企业价格低于最终对外价格的70%的，应按规定向税务机关申报核定消费税最低计税价格。

4. 政策依据

《国家税务总局关于加强白酒消费税征收管理的通知》（国税函〔2009〕380号）第八条、第九条、第十条。

《国家税务总局关于进一步加强白酒消费税征收管理工作的通知》（税总函〔2017〕144号）第二条、第三条。

（八）将包装物和白酒分离，导致未计或少计税款的风险

1. 情景再现

税务机关在检查某白酒生产企业时发现，该企业在销售白酒给关联销售公司时，将酒和包装物分别核算并分别开具发票，并只按照酒的销售价格计算缴纳消费税。

2. 风险描述

白酒生产企业为了降低应纳税款，可能存在不按正常的生产程序和有关包装物核算管理规定进行会计成本核算和销售核算，将包装物价值从销售额中分离出来，分别开具两张发票，且包装物价值不计消费税或将包装过程转移到销售公司，另行核算，降低消费税计税依据。

3. 防控建议

酒类企业应严格按会计准则和税法进行财务核算处理，不应将灌装、包装过程转移到销售环节少缴税款。尤其应加强"包装物"科目的账务处理规范。

4. 政策依据

《中华人民共和国消费税暂行条例》（国务院令第539号）第六条。

《中华人民共和国消费税暂行条例实施细则》（财政部　国家税务总局第51号令）第十四条。

（九）受托加工或包装（贴牌）业务收取的加工费、包装收入未计收入，存在少缴税款的风险

1. 情景再现

税务机关检查某白酒生产企业时，发现员工加班费支出异常，通过原始凭证的检查发现,加班费为受托加工业务发放,而企业账上并未反映有受托加工业务。通过外调检查发现,该企业当年承担受托加工业务并收取加工费169万元,在实际账务处理时未作收入,导致少缴税款。

2. 风险描述

白酒生产企业受托加工业务,收取一定的加工费用,或将收取的加工费用以加班费的名义直接发放给包装生产车间的工人或者包装车间设立小金库,年底以绩效考核或者以奖金形式发放,收取的加工费未申报缴纳增值税、企业所得税,未代收代缴消费税。

3. 防控建议

企业财务应关注与相关单位签订的合同,有受托加工或包装(贴牌)业务的,应按规定核算收入,计算应纳税款。

4. 政策依据

《中华人民共和国增值税暂行条例》(国务院令第538号)第一条。
《中华人民共和国消费税暂行条例》(国务院令第539号)第四条。

(十)酒糟销售未按规定申报纳税的风险

1. 情景再现

某白酒生产企业,2015年全年销售酒糟260万元,未按照规定作进项税额转出。

2. 风险描述

(1)白酒生产企业销售副产品酒糟,未计收入。
(2)销售酒糟符合免税条件的,未计算分摊应转出的进项税额。

3. 防控建议

企业应如实核算副产品酒糟的销售收入,对符合免税条件的酒糟,计算进项税额转出。

4. 政策依据

《中华人民共和国增值税暂行条例》(国务院令第538号)第六条、第十条第(一)项。
《中华人民共和国增值税暂行条例实施细则》(财政部 国家税务总局第50号令)第二十七条。

(十一)价外费用少计或未计收入,存在少申报或未申报税款的风险

1. 情景再现

某白酒销售企业,向经销商销售白酒,按年向经销商收取300万元的品牌使用费。税务机关检查时,按价外费用补缴了税款。

2. 风险描述

白酒企业销售白酒时向购买方收取的品牌使用费、手续费、补贴、基金、集资费、返还利润、奖励费、违约金、滞纳金、延期付款利息、赔偿金、代收款项、代垫款项、包装费、包装物租金、储备费、优质费、运输装卸费以及其他各种性质的价外收费少计或不计收入,从而少申报增值税。

3. 防控建议

企业应加强对各类性质的价外费用的核算管理,应将收取的各种价外费用并入销售收入,按规定申报缴纳增值税。

4. 政策依据

《中华人民共和国增值税暂行条例》(国务院令第 538 号)第六条。
《中华人民共和国增值税暂行条例实施细则》(财政部 国家税务总局第 50 号令)第十二条。
《中华人民共和国企业所得税法》第六条。

(十二)营业费用重复列支或未实际支付少缴企业所得税的风险

1. 情景再现

税务机关对某白酒销售公司检查中发现,一是计提了较大数额的市场开发费,在汇缴清缴期前未实际支付,未作纳税调整;二是列支了大额的广告费和业务宣传费用,经查相关合同,该费用应由总部、生产企业、销售公司和经销商按合同约定比例分摊,该公司未作纳税调整。

2. 风险描述

(1)白酒销售企业在列支广告费、业务宣传费、管理费用时,将应由总部、生产企业和经销商共同分摊的费用,在本企业重复列支,未作纳税调整,少缴企业所得税。

(2)白酒销售企业计提市场开发费等费用未实际支付,在企业所得税汇算清缴时未作纳税调整,少缴企业所得税。

3. 防控建议

(1)企业应根据与总部或经销商签订的合同协议上约定的比例分摊成本费用,不得将超过约定比例的成本费用在本企业重复列支。

(2)企业计提的市场开发费等各类费用,未实际支付的,在汇算清缴时应作纳税调整。

4. 政策依据

《中华人民共和国企业所得税法》第八条。
《中华人民共和国企业所得税法实施条例》(国务院令第 512 号)第二十八条。

(十三)未准确划分业务宣传费、业务招待费和会议费,存在少缴企业所得税的风险

1. 情景再现

税务人员纳税评估某白酒销售企业,发现该企业 2016 年管理费用、销售费用中的会议

费占比高达 30% 以上,经审核原始凭证发现,大部分不符合会议费的条件。

2. 风险描述

白酒企业在经营过程中,发生的与生产经营活动有关的业务招待费支出,按照发生额的 60% 扣除,但最高不得超过当年销售(营业)收入的 5‰。发生的符合条件的广告费和业务宣传费支出,不超过当年销售(营业)收入 15% 的部分,准予扣除。由于以上两种费用在企业所得税申报时都有扣除限制,企业可能将这两种费用混入会议费,少缴企业所得税。

3. 防控建议

(1) 在企业所得税汇算清缴时,应严格区分会议费和业务宣传费、业务招待费,并按规定计算业务宣传费和业务招待费的扣除限额。

(2) 企业举办大型会议时,应按规定保存大额会议费的原始凭证,如会议预算、会议通知、审批人员、会议签到单,应做到真实完整。

4. 政策依据

《中华人民共和国企业所得税法实施条例》(国务院令第 512 号)第四十三条、第四十四条。

(十四)未按规定确认收入,存在少缴纳税款的风险

1. 情景再现

2016 年,国税稽查局接到举报,该辖区某白酒企业销售白酒存在账外经营的情况。稽查人员通过内查外调,发现该企业存在将已实现的销售收入计入往来账户、延迟或隐匿销售收入的行为,作出了补税处罚的决定。

2. 风险描述

白酒生产企业延迟或隐匿销售收入的风险集中体现在三个方面:一是未如实申报销售收入,白酒生产企业利用部分酒产品需要窖藏、产销在一定时段内不能直接反映对应关系的特征,隐匿瞒报酒类产品的产、销数量,侵蚀从量计征消费税的税基,导致消费税流失;二是销售白酒产品不开票,未计收入;三是白酒企业销售货物,通常是先款后货,有大量的预收账款,存在发出商品未按规定申报纳税,将已实现的销售收入长期计入往来账户延迟或隐匿收入。

3. 防控建议

企业财务销售账,应与出库记录、销售数据等相关原始记录一致。

4. 政策依据

《中华人民共和国增值税暂行条例》(国务院令第 538 号)第一条。

《中华人民共和国增值税暂行条例实施细则》(财政部 国家税务总局第 50 号令)第三十八条第四款。

《中华人民共和国消费税暂行条例》(国务院令 539 号)第一条。

《中华人民共和国企业所得税法》第六条。

（十五）自产、委托加工或外购的白酒发生视同销售行为，存在未缴纳税款的风险

1. 情景再现

税务机关在检查中发现，某白酒生产企业在应付福利费中列支职工节日发放酒每人 2 瓶，账上直接作库存商品出库处理，未计算税款。

2. 风险描述

白酒企业的视同销售行为主要有以下两个方面：

（1）将自产、委托加工或购买的白酒无偿赠送他人。白酒企业对经销商的赠酒可能不满足买赠行为条件，应视同销售计算缴纳税款。

（2）将自产、委托加工的白酒用于发放职工福利和个人消费，未视同销售计算缴纳税款。

3. 防控建议

企业应熟练掌握税法规定的视同销售行为，关注库存商品流向，在发生视同销售行为时，应严格按会计和税法的规定作财务处理并计算缴纳税款。

4. 政策依据

《中华人民共和国增值税暂行条例实施细则》（财政部 国家税务总局第 50 号令）第四条。

《中华人民共和国消费税暂行条例实施细则》（财政部 国家税务总局第 51 号令）第六条第二款。

《中华人民共和国企业所得税法实施条例》（国务院令第 512 号）第二十五条。

（十六）销售新产品或产品价格连续发生变化，未核定或重新核定最低计税价格，存在少缴消费税的风险

1. 情景再现

税务机关核查某大型白酒企业，发现 2010—2016 年某品牌产品价格已上涨了 42%，仍按照 2009 年核定的最低计税价格计算缴纳消费税，责成补缴税款。

2. 风险描述

（1）白酒企业每年都有各类新品种酒、定制酒或特供酒，其消费税计税价格在低于销售单位对外销售价格（不含增值税）70% 以下时，未及时按规定报送税务机关核定消费税最低计税价格。

（2）已核定最低计税价格的白酒，其销售单位对外销售价格持续上涨或下降时间达到 3 个月以上、累计上涨或下降在 20%（含）以上的，未按规定报送税务机关重新核定最低计税价格。

3. 防控建议

企业应关注生产企业和其关联销售单位的销售收入明细账，将所有产品单价进行比对，是否存在低于最终销售单位对外销售价格 70% 的产品，再将这部分产品与税务机关已核定

的最低计税价格名单进行比对,查看是否存在新产品或价格变化超过20%的产品未重新核定计税价格的情况。

4. 政策依据

《国家税务总局关于加强白酒消费税征收管理的通知》(国税函〔2009〕380号)第八条第二款、第十条。

(十七)将粮食白酒按其他酒申报,存在少缴消费税的风险

1. 情景再现

某白酒集团下设两个白酒生产企业,其中一个生产"其他酒",申报适用消费税税率10%。经调查核实,"其他酒"实际是二次利用酒糟发酵、但加入了粮食酿造而成的白酒,酒精度数为39度以上,应适用20%税率加从量0.5元/500克计征消费税。

2. 风险描述

酒类产品按原料划分,适用不同消费税税率。白酒生产企业对白酒品种界定不清,易将高税率的采用低税率计税,少缴消费税。

3. 防控建议

企业同时生产白酒和其他酒,应分别核算,严格按所用原料确定适用税率,申报缴纳消费税。

4. 政策依据

《国家税务总局关于消费税若干征税问题的通知》(国税发〔1997〕084号)第三条。

《国家税务总局关于配制酒消费税适用税率问题的公告》(国家税务总局公告2011年第53号)。

(十八)委托加工产品收回后加价销售后未补交消费税的风险

1. 情景再现

某白酒生产企业,2015年因产品供不应求,委托辖区内另一酒厂将基酒加工为成品酒,收回后加价20%对外销售。企业认为受托方已代收代缴消费税,收回后销售不用再缴纳消费税,未申报加价部分税款。税务机关根据税法规定,责成其补缴高于收回价格部分的消费税。

2. 风险描述

企业委托加工收回的应税消费品,以高于受托方的计税价格出售的,未按照规定申报缴纳高于收回价格部分的消费税。

3. 防控建议

企业财务部门应比对委托加工收回产品的收回价格与销售价格,如果存在加价销售行为,应就加价部分申报缴纳消费税。

4. 政策依据

《财政部 国家税务总局关于〈中华人民共和国消费税暂行条例实施细则〉有关条款解释的通知》(财法〔2012〕8号)。

(十九)将部分加工、包装业务在关联销售企业核算,存在少缴纳消费税的风险

1. 情景再现

2016年,税务机关在风险管理时,发现某白酒销售公司账上列有关联生产企业生产用固定资产、计提折旧,同年购进了较大数量的白酒包装材料,抵扣了增值税进项税额。经查,该销售公司列支的固定资产和包装材料实际由关联生产企业使用,目的为降低生产企业的消费税税基。税务机关责成生产企业补缴税款并作账务调整。

2. 风险描述

白酒生产企业为降低消费税税基,采用降低生产公司生产成本的方法,将包装物和生产环节使用的固定资产在关联销售公司列支、计提折旧、抵扣进项税额,存在生产企业少缴消费税,关联销售公司多抵扣进项税额、多列支企业所得税成本费用的风险。

3. 防控建议

白酒集团企业在税收筹划中,不得采用不合理的税收筹划方式,将加工包装业务核算到销售企业,或将应在生产企业列支的材料、固定资产在销售企业列支。

4. 政策依据

《中华人民共和国企业所得税法》第十条第八款。
《中华人民共和国增值税暂行条例》(国务院令第538号)第九条。
《国家税务总局关于消费税若干征税问题的通知》(国税发〔1997〕84号)第二条第二款。

(二十)因管理不善或违反法律法规造成非正常损失的存货未按规定转出进项税额的风险

1. 情景再现

某白酒生产企业,2015年包装物发生被盗损失14万元,未作进项税额转出处理,税务机关检查时作补税、加收滞纳金的处理决定。

2. 风险描述

(1) 企业发生存货盘亏、毁损和报废损失等,因管理不善或违反法律法规而造成的非正常损失,应作进项税额转出。

(2) 企业发生存货盘亏、毁损和报废损失等,正常损失的,应作所得税清单申报;非正常损失的,应作所得税专项申报,企业可能存在未按规定进行所得税清单申报或专项申报,或应专项申报作所得税清单申报。

3. 防控建议

企业存货盘亏、报废、毁损、变质等，应有残值情况说明及内部有关责任认定、责任人赔偿说明和内部核批文件；并区分存货损失是否属于人为管理不善或违反法律法规而造成的，其进项税额是否应作转出；因非正常原因，导致发生的损失是否按资产损失管理办法进行所得税税前扣除申报。

4. 政策依据

《中华人民共和国增值税暂行条例》（国务院令第538号）第十条。
《财政部 国家税务总局关于企业资产损失税前扣除政策的通知》（财税〔2009〕057号）。
《企业资产损失所得税税前扣除管理办法》（国家税务总局公告2011年第25号）。

（二十一）白酒企业将视同销售的基酒作为正常损耗，存在少缴纳消费税的风险

1. 情景再现

税务机关对某白酒生产企业进行风险评估时发现，原酒损耗率达到了8%，通过比对其他酒厂，发现损耗率明显偏高，核查结果是企业将部分原酒进行销售和无偿赠送他人，作为损耗处理，未按规定计税。

2. 风险描述

企业在原酒储存过程中，原酒损耗率异常，可能存在将已销售原酒计入基酒损耗，少计销售收入。

3. 防控建议

酒类生产企业的原酒损耗率一般在3%~5%左右，企业财务部门如果发现损耗率超标准，应及时和生产部门沟通，掌握真实情况，提取有关原始凭据，不得将账外销售酒通过增加损耗率的形式来核算。

4. 政策依据

《中华人民共和国增值税暂行条例》（国务院令第538号）第一条。
《中华人民共和国消费税暂行条例》（国务院令第539号）第四条。

（二十二）因管理不善或违反法律法规发生的固定资产非正常损失，存在少缴纳税款的风险

1. 情景再现

白酒企业2016年固定资产非正常损失256万元，该固定资产是2014年购置的，已抵扣增值税进项税额，企业未作进项税额转出处理。

2. 风险描述

企业取得的不动产等固定资产因管理不善造成被盗、丢失、霉烂变质，以及因违反法律法规造成货物或者不动产被依法没收、销毁、拆除的情形，可能存在未将其进项税额转出的风险。

3. 防控建议

企业发生固定资产损失时,应有内部有关责任认定和核销资料,对损失金额较大的,应有专业技术鉴定报告或法定资质中介机构出具的专项报告书等,财务部门应对固定资产处置情况进行跟踪监控,发生非正常损失,应作进项税额转出。对非正常损失应按规定进行所得税专项申报。

4. 政策依据

《中华人民共和国增值税暂行条例》(国务院令第538号)第十条。

《中华人民共和国增值税暂行条例实施细则》(财政部 国家税务总局第50号令)第二十四条。

《关于全面推开营业税改征增值税试点的通知》附件1《营业税改征增值税试点实施办法》第二十七条、第二十八条。

《财政部 国家税务总局关于企业资产损失税前扣除政策的通知》(财税〔2009〕57号)。

《国家税务总局关于发布〈企业资产损失所得税税前扣除管理办法〉的公告》(国家税务总局公告2011年第25号)。

(二十三)取得不动产或发生不动产在建工程进项税额未正确抵扣的风险

1. 情景再现

某白酒生产企业,2016年10月进行制曲大楼的大修缮(添置中央空调、采暖等设备),发生修缮工程费450万元,取得增值税专用发票的次月抵扣了增值税。税务机关在风险核查时发现,修缮的费用支出超过了该制曲大楼原值的50%,企业未按规定分两年从销项税额中抵扣。税务机关责成企业按照第一年60%的抵扣比例、第二年40%的抵扣比例重新计算应抵扣进项税,并补缴了税款。

2. 风险描述

(1)白酒企业在2016年5月1日后取得并在会计处理上按固定资产核算的不动产,以及2016年5月1日后发生的不动产在建工程,进项税额未按规定分2年从销项税额中抵扣。

(2)白酒企业在2016年5月1日后购进货物和设计服务、建筑服务,用于改建、扩建、修缮、装饰不动产并增加不动产原值超过50%的,进项税额未按规定分2年从销项税额中抵扣。

(3)白酒企业将用于不动产实体的购进货物除建筑装饰材料外的给排水、采暖、卫生、通风、照明、通信、煤气、消防、中央空调、电梯、电气、智能化楼宇设备及配套设施的进项税额一次全额抵扣。

(4)白酒企业采取预付款方式购买不动产,付款日期在2016年5月1日前,按照营业税纳税义务发生时间规定,销售方需要缴纳营业税,白酒企业可能存在不应抵扣进项税额而抵扣进项税额。

(5)2016年5月1日前,企业有可能将用于不动产、在建工程的中央空调和电梯等外购货物进行进项税额认证抵扣。

3. 防控建议

企业应对 2016 年 5 月 1 日以前和以后新增的不动产和不动产在建工程根据在建合同、原始资料进行准确划分,按规定申报抵扣进项税额。

4. 政策依据

《财政部 国家税务总局关于全面推开营业税改征增值税试点的通知》(财税〔2016〕36 号)。

《不动产进项税额分期抵扣暂行办法》(国家税务总局 2016 年 15 号公告)。

(二十四) 将符合资本化条件的固定资产改建和大修理支出,一次性在企业所得税税前扣除的风险

1. 情景再现

某白酒生产企业,2015 年发生窖池改造支出 120 万元,其中材料 110 万元,贷款利息 10 万元,企业一次性作为成本费用列支。税务机关检查时提出,该窖池改造支出符合资本化条件,应予以资本化,不予一次性扣除。

2. 风险描述

白酒企业固定资产改建和大修理支出符合应资本化条件的,不能在税前一次性扣除。

3. 防控建议

(1) 企业应结合《固定资产分类与代码》中列明的项目,对固定资产进行管理核算。对大修理中的具体明细项目和金额,与被修理固定资产的原始价值进行比对,看是否达到资本化条件。

(2) 企业将当年的借款用于符合资本化条件的固定资产大修理支出时,应将借款费用资本化。

4. 政策依据

《中华人民共和国企业所得税法实施条例》(国务院令第 512 号)第二十八条。

(二十五) 处置使用过的固定资产未计销项税额的风险

1. 情景再现

2015 年公车改革时,某大型国有白酒生产企业处置使用过的高档轿车一批,取得收入 260 万元,未计提增值税销项税额。

2. 风险描述

处置使用过的固定资产属于销售货物的行为,应当计算缴纳增值税。

3. 防控建议

企业销售使用过的固定资产,应按规定计算增值税。企业应区分 2008 年 12 月 31 日以前和以后购进或者自制的固定资产,按照不同的适用税率计算增值税。

4. 政策依据

《关于全国实施增值税转型改革若干问题的通知》(财税〔2008〕170号)。

《关于一般纳税人销售自己使用过的固定资产增值税有关问题的公告》(国家税务总局公告2012年第1号)。

《国家税务总局公告关于简并增值税征收率有关问题的公告》(2014年第36号)。

二 白酒行业纳税评估指标及评估方法

(一) 出酒率法

1. 评估模型

评估期企业出酒率＝评估期原酒生产量÷评估期酿酒用粮领用量

$$\text{评估期酿酒用粮领用量} = \text{期初库存原料粮} + \text{本期购进原料粮} - \text{期末库存原料粮} - \text{本期制曲用粮}$$

问题值＝(行业出酒率参考值－评估期企业出酒率)×评估期酿酒用粮领用量

2. 应用分析要点

(1) 疑点判断。

① 如果出酒率低于预警值,应着重分析审核粮食购进及期末库存变动情况,是否有利用收购发票虚抵进项税额的情形;如果粮食购进抵扣情况正常,应当着重分析审核基础酒产量,是否有少计产量从而少申报销售量的情形。

② 在粮食购进正常的情况下,本期基础酒产量,与按理论出酒率和投粮量计算的产量进行比对,如果前者大于后者差异过大,应分析审核本期基础酒领用量、期末库存是否属实,是否有少计基础酒产量从而少计领用量的情形。

③ 本期成品酒的领用量小于账面领用量,在基础酒期末库存量真实可信的情况下,可以断定少计成品酒产量,从而存在少申报销售量的问题。

如果领用量与账面领用量相等或基本一致,应进一步审核基础酒期末库存量,是否存在领用不下库存,有意隐瞒成品酒产量问题。

④ 在进行上述①～③步分析,确定成品酒本期入库量后,着重分析成品酒期末库存的真实性。

成品酒期末库存量的分析,可按照成品酒仓库面积、吨酒占用面积计算数量,计算仓库所能容纳的成品量,与账面成品量进行比较。如果可能容纳量大于账面库存量,则存在虚拟库存,少报销售量。

(2) 应用要点。

① 应用本方法的重点在于核实粮食的购进及使用情况,从而确定抵扣凭证的真实性以及测算出产品销售量的正确性。

② 在计算出酒率时,要注意白酒的出酒率受多种因素影响,主要是温度、酸度、水分、淀粉的含量。一般情况下,大曲酒出酒率低于35%,小曲酒出酒率低于53%,为异常情况。

③ 在应用本方法时,要注意测算分析和实地核查相结合。对测算分析的结果,必须深入调查,从企业仓库保管、库存明细账目、生产车间记录、粮食检验记录等多方印证、分析。

④ 对仓储面积,除数据采集外,还应深入企业实际测算。

3. 标准值参数范围(具体运用要结合本地实际)

(1) 基础酒出酒率

① 大曲酒:以 60.5 度基础酒计算,出酒率介于 35%～42%;

② 小曲酒:以 57.5 度基础酒计算,出酒率介于 53%～60%。

(2) 主要度数白酒密度如表 3-3-1 所示。

表 3-3-1 主要度数白酒密度表

度 数	密 度	度 数	密 度	度 数	密 度
29 度	0.963 20	44 度	0.941 32	59 度	0.911 38
30 度	0.962 21	45 度	0.939 54	60 度	0.909 16
31 度	0.960 95	46 度	0.937 73	61 度	0.906 91
32 度	0.959 66	47 度	0.935 88	62 度	0.904 63
33 度	0.958 34	48 度	0.934 00	63 度	0.902 32
34 度	0.956 98	49 度	0.932 00	64 度	0.899 99
35 度	0.955 59	50 度	0.930 14	65 度	0.897 64
36 度	0.954 15	51 度	0.928 16	66 度	0.895 26
37 度	0.952 69	52 度	0.926 16	67 度	0.892 86
38 度	0.951 18	53 度	0.924 12	68 度	0.890 45
39 度	0.949 63	54 度	0.922 06	69 度	0.887 99
40 度	0.948 05	55 度	0.919 96	70 度	0.885 51
41 度	0.946 42	56 度	0.917 84	71 度	0.883 02
42 度	0.944 76	57 度	0.915 70	72 度	0.880 51
43 度	0.943 06	58 度	0.913 53		

(3) 主要度数白酒的主要加浆系数如表 3-3-2 所示。

表 3-3-2 主要度数白酒的主要加浆系数表

目标度数	加浆系数	目标度数	加浆系数	目标度数	加浆系数
28 度	1.295 5	30 度	1.136 9	32 度	0.998 1
29 度	1.213 4	31 度	1.065 6	33 度	0.934 9

续 表

目标度数	加浆系数	目标度数	加浆系数	目标度数	加浆系数
34 度	0.875 5	43 度	0.461 2	52 度	0.186 9
35 度	0.819 1	44 度	0.425 6	53 度	0.161 2
36 度	0.766	45 度	0.391 3	54 度	0.137 8
37 度	0.715 8	46 度	0.358 2	55 度	0.114 7
38 度	0.667 9	47 度	0.326 7	56 度	0.092 2
39 度	0.622 6	48 度	0.296 6	57 度	0.070 4
40 度	0.579 3	49 度	0.267 5	58 度	0.049 5
41 度	0.538 2	50 度	0.239 5	59 度	0.029 2
42 度	0.498 7	51 度	0.212 6		

加浆系数＝目标度数白酒重量÷基础酒重量－1

(4) 成品仓容面积。普通 1×6 包装箱(375 mm×255 mm×350 mm)，每 2 000 瓶酒按最高叠放层数(10 层)堆放，占据仓容面积 3.184 3 平方米。

4. 数据来源

(1) 从企业财务账和生产报表采集的基础酒入库量和粮食领用量，可以计算出白酒产品出酒率。

(2) 通过企业以及生产报表采集。按不同度数归集，将成品酒体积按相应的密度换算重量。

(3) 从企业账面数据和库容说明书采集成品酒仓库面积。

(二) 用耗用酒精定额法

1. 评估模型

评估期耗用酒精量＝期初酒精库存量＋本期购进量－期末酒精库存量

评估期产成品产量＝评估期耗用酒精量×勾兑成品酒比例

$$测算应税销售收入 = \left(期初库存产品数量 + 评估期产品数量 - 期末库存产品数量\right) \times 评估期产品销售单价$$

问题值＝(测算应税销售收入－企业实际申报应税销售收入)×适用税率

2. 应用分析要点

本评估办法适用于以勾兑白酒为主的酒厂，此方法与税负分析法结合应用，分析评估期企业酒精的投入、产出情况与白酒的产出情况是否相吻合,测算评估期产品产量与账列白酒产量的差异,从而查找出企业可能隐匿的白酒产量和虚抵的进项税额等问题。

评估期测算的销售量、销售收入与企业申报数不符的,可能存在隐瞒销售数量、销售收入问题,应进一步分析评估。

3. 标准值参数范围(见表3-3-3,具体运用要结合本地实际)

表3-3-3　酒精勾兑成品酒比例(最高值)预警参考

品　种	1吨酒精勾兑成品酒吨数
38度	2.58吨
46度	2.06吨
50度	1.90吨

4. 数据来源

从企业财务账或者生产记录上可采集白酒的产量和酒精投入量。

(三) 粮食投入测算法

1. 评估模型

$$粮食投入量 = 窖池总容积 \times 200 \times 365 \div 发酵周期$$

2. 应用分析要点

自酿白酒生产企业必须将原粮投入酒池进行发酵,每个酒窖池填装原粮数量和出酒周期大体固定,那么根据酒窖池数量、每一酒窖池投粮数量和出酒区间,大致估算企业原酒生产能力,从而评估企业是否存在少申报产销量的情况。应用本方法的关键在于确定窖池容积和发酵周期,应到生产车间实地勘察,首先确定每口窖池的容积,再计算窖池总容积;同时结合查看车间生产记录,以确定每口窖池的发酵期。计算的粮食投入量,是理论计算的最大投入量,如果纳税账面投入量大于本投入量,则存在虚拟粮食购进、虚抵进项税额问题。

3. 标准值参数范围(具体运用要结合本地实际)

(1) 投料比。

粮食与糠壳、曲药的混合物在窖池中发酵。窖池大小一般介于18~30立方米。每立方米可容纳粮食200斤左右,糠壳按粮食重量的32%~45%配合,曲药按粮食重量的22%~30%配合。

(2) 发酵期。

大曲酒发酵期为60~90天;小曲酒发酵期为7天左右。

4. 数据来源

直接通过企业原材料、辅助材料购销存记录可获得粮食等投入量;窖池的容积可通过企业的资产备查簿或行业数据确定,发酵期可直接到生产车间实地勘测结合查看生产记录。

(四)包装物耗用测算法

1. 评估模型

$$测算应税销售收入=\left(\text{期初库存产品数量}+\text{评估期产品数量}-\text{期末库存产品数量}\right)\times\text{评估期产品销售单价}$$

评估期产品数量＝评估期包装物耗用量÷单位产品耗用包装物定额

评估期包装物耗用量＝包装物期初库存＋包装物当期购进数量－包装物期末库存

问题值＝(测算应税销售收入－企业实际申报应税销售收入)×适用税率(征收率)

2. 应用分析要点

此方法主要适用于评估企业成品酒的产销数量,根据不同容积的酒瓶数量测算出总容量,然后根据"质量＝体积×密度"这一恒等式进行相应的换算,最后与当期申报的应税销售收入进行比对,以发现产销数量问题。如果企业有销售散装酒的情形,则比对时应剔除该因素的影响。若评估期测算的销售量、销售收入与企业申报数不符,可能存在隐瞒销售数量、销售收入问题,应进一步分析评估。

3. 标准值参数范围(见表 3-3-4,具体运用要结合本地实际)

表 3-3-4　包装物损耗率参数

指标包装物名称	损耗率参照值
瓶	5%
商标	2%
瓶盖	2%

4. 采集要点

包装物的购入、领用数据来源于企业现金账、银行存款账、应付往来账、包装物账的核算记录、保管账的实际库存数量,应向企业财务人员、保管员分别采集。

三　典型案例

(一)案例情境

1. 企业基本信息

纳税人名称: 衢州老窖酒业有限公司(简称"衢州老窖")

成立时间：2002年12月20日
注册资本：壹万贰仟玖佰玖拾玖万元整
经营范围：白酒、玻璃制品生产、销售
统一社会信用代码：913301097384125999

2. 企业经营情况

（1）企业主要经营产品

衢州老窖属于现代新品型自酿白酒企业，主要产品是多次档、多口味、多度数系列不同粮食白酒，以玉米和高粱为主要原材料，稻壳为辅料，副产品为酒糟。

2003年1月1日，衢州老窖经所属税务机关认定成为增值税一般纳税人。

衢州老窖尚未取得自营进出口权，国税管辖税种为增值税和消费税，企业所得税由地税管辖。

（2）公司经营情况

2018年3月衢州老窖实现销售收入39 961 494.67元，销售成本24 536 357.73元，申报缴纳增值税税额2 571 437.19元，申报缴纳消费税税额9 113 575.34元；

2018年4月衢州老窖实现销售收入47 641 704.15元，销售成本30 964 551.07元，申报缴纳增值税税额2 351 158.79元，申报缴纳消费税税额10 772 707.76元。

（3）其他资料

衢州老窖老厂区占地面积13 000平方米，现有职工580余人，现有制酒车间6个，3 000余条窖池，制曲车间1栋、酒库5栋、办公楼1栋、包装车间及成品包材库1栋，建设有14条灌装生产线，以及配电房、污水处理设备、水池等相应配套的基础硬件设施，投资规模与年产量在同行业中处于中偏上水平，属大中型白酒生产企业。目前衢州老窖正在建设新厂区，新厂区按照规划建设完工后，将新增窖池1 500多条，8条灌装生产线。

2009年12月31日，集团公司投资设立全资子公司——衢州老窖酒业销售有限公司（简称"销售公司"），销售公司负责衢州老窖产品对外销售业务。

3. 财务报表

相关财务报表见表3-3-5至表3-3-8。

表3-3-5　2018年3月资产负债表

编制单位：衢州老窖酒业有限公司　　　　日期：2018年3月31日　　　　单位：元

资　产	行次	期末余额	年初余额	负债和所有者权益（或股东权益）	行次	期末余额	年初余额
流动资产：	1			流动负债：	34		
货币资金	2	60 266 627.81	47 992 186.39	短期借款	35	0.00	0.00
交易性金融资产	3	0.00	0.00	交易性金融负债	36	0.00	0.00
应收票据	4	1 865 759.00	3 567 173.50	应付票据	37	0.00	0.00

续　表

资　产	行次	期末余额	年初余额	负债和所有者权益（或股东权益）	行次	期末余额	年初余额
应收账款	5	2 059 750.88	5 436 089.21	应付账款	38	122 896 028.56	98 666 511.63
预付款项	6	17 719 218.48	21 569 005.71	预收款项	39	68 178 785.90	73 710 903.61
应收利息	7	0.00	0.00	应付职工薪酬	40	4 228 724.12	7 135 917.46
应收股利	8	0.00	0.00	应交税费	41	14 821 165.77	18 309 317.08
其他应收款	9	5 993 555.00	4 568 906.61	应付利息	42	0.00	0.00
存货	10	122 567 174.68	95 419 438.10	应付股利	43	0.00	0.00
一年内到期的非流动资产	11	0.00	0.00	其他应付款	44	20 877 651.23	17 556 348.87
其他流动资产	12	0.00	0.00	一年内到期的非流动负债	45	0.00	0.00
流动资产合计	13	210 472 085.85	178 552 799.52	其他流动负债	46	0.00	0.00
非流动资产：	14			流动负债合计	47	231 002 355.58	215 378 998.65
可供出售金融资产	15	0.00	0.00	非流动负债：	48		
持有至到期投资	16	0.00	0.00	长期借款	49	0.00	0.00
长期应收款	17	0.00	0.00	应付债券	50	0.00	0.00
长期股权投资	18	0.00	0.00	长期应付款	51	0.00	0.00
投资性房地产	19	0.00	0.00	专项应付款	52	0.00	0.00
固定资产	20	149 931 779.63	162 389 046.15	预计负债	53	0.00	0.00
在建工程	21	32 731 042.70	16 759 172.21	递延所得税负债	54	0.00	0.00
工程物资	22	0.00	0.00	其他非流动负债	55	0.00	0.00
固定资产清理	23	6 213 797.06	4 796 137.60	非流动负债合计	56	0.00	0.00
生产性生物资产	24	0.00	0.00	负债合计	57	231 002 355.58	215 378 998.65
油气资产	25	0.00	0.00	所有者权益（或股东权益）：	58		
无形资产	26	83 060 904.00	90 562 174.23	实收资本（或股本）	59	129 990 000.00	129 990 000.00
开发支出	27	0.00	0.00	资本公积	60	26 790 543.00	26 790 543.00
商誉	28	0.00	0.00	减：库存股	61	0.00	0.00
长期待摊费用	29	0.00	0.00	盈余公积	62	65 741 355.80	65 741 355.80
递延所得税资产	30	7 599 101.31	8 617 943.60	未分配利润	63	36 484 456.17	23 776 375.86

续 表

资　产	行次	期末余额	年初余额	负债和所有者权益（或股东权益）	行次	期末余额	年初余额
其他非流动资产	31	0.00	0.00	所有者权益（或股东权益）合计	64	259 006 354.97	246 298 274.66
非流动资产合计	32	279 536 624.70	283 124 473.79		65		
资产总计	33	490 008 710.55	461 677 273.31	负债和所有者权益（或股东权益）合计	66	490 008 710.55	461 677 273.31

表 3-3-6　2018 年 3 月利润表

编制单位：衢州老窖酒业有限公司　　　　　填表日期：2018 年 3 月　　　　　单位：元

项　目	行次	本期金额	本年累计
一、营业收入	1	39 961 494.67	366 653 452
减：营业成本	2	24 536 357.73	225 827 219.6
税金及附加	3	10 531 682.85	94 565 715.65
销售费用	4	799 229.89	7 153 069.01
管理费用	5	1 962 040.49	19 312 364.41
财务费用	6	−211 795.92	−1 406 163.28
资产减值损失	7	482 899.99	3 336 099.91
加：公允价值变动收益（损失以"−"号填列）	8	0	0
投资收益（损失以"−"号填列）	9	0	0
其中：对联营企业和合营企业的投资收益	10	0	0
二、营业利润（亏损以"−"号填列）	11	1 861 079.64	17 865 146.76
加：营业外收入	12	215 435.78	1 473 762.1
减：营业外支出	13	154 726.98	2 394 801.78
其中：非流动资产处置损失	14	0	0
三、利润总额（亏损总额以"−"号填列）	15	1 921 788.44	16 944 107.08
减：所得税费用	16	480 447.11	4 236 026.77
四、净利润（净亏损以"−"号填列）	17	1 441 341.33	12 708 080.31
五、每股收益：	18		
（一）基本每股收益	19	0	0
（二）稀释每股收益	20	0	0

表 3-3-7　2018 年 4 月资产负债表

编制单位：衢州老窖酒业有限公司　　　　日期：2018 年 4 月 30 日　　　　单位：元

资　产	行次	期末余额	年初余额	负债和所有者权益（或股东权益）	行次	期末余额	年初余额
流动资产：	1			**流动负债：**	34		
货币资金	2	65 345 178.13	47 992 186.39	短期借款	35	0.00	0.00
交易性金融资产	3	0.00	0.00	交易性金融负债	36	0.00	0.00
应收票据	4	2 387 198.50	3 567 173.50	应付票据	37	0.00	0.00
应收账款	5	3 287 198.12	5 436 089.21	应付账款	38	108 699 979.21	98 666 511.63
预付款项	6	19 748 231.08	21 569 005.71	预收款项	39	66 916 382.09	73 710 903.61
应收利息	7	0.00	0.00	应付职工薪酬	40	4 371 980.30	7 135 917.46
应收股利	8	0.00	0.00	应交税费	41	15 286 003.13	18 309 317.08
其他应收款	9	5 345 901.00	4 568 906.61	应付利息	42	0.00	0.00
存货	10	116 487 128.65	95 419 438.10	应付股利	43	0.00	0.00
一年内到期的非流动资产	11	0.00	0.00	其他应付款	44	32 910 830.27	17 556 348.87
其他流动资产	12	0.00	0.00	一年内到期的非流动负债	45	0.00	0.00
流动资产合计	13	212 600 835.48	178 552 799.52	其他流动负债	46	0.00	0.00
非流动资产：	14			**流动负债合计**	47	228 185 175.00	215 378 998.65
可供出售金融资产	15	0.00	0.00	**非流动负债：**	48		
持有至到期投资	16			长期借款	49	0.00	0.00
长期应收款	17			应付债券	50	0.00	0.00
长期股权投资	18	0.00	0.00	长期应付款	51	0.00	0.00
投资性房地产	19	0.00	0.00	专项应付款	52	0.00	0.00
固定资产	20	148 136 981.40	162 389 046.15	预计负债	53	0.00	0.00
在建工程	21	32 731 042.70	16 759 172.21	递延所得税负债	54	0.00	0.00
工程物资	22	0.00	0.00	其他非流动负债	55	0.00	0.00
固定资产清理	23	5 367 148.67	4 796 137.60	**非流动负债合计**	56	0.00	0.00
生产性生物资产	24	0.00	0.00	**负债合计**	57	228 185 175.00	215 378 998.65
油气资产	25	0.00	0.00	**所有者权益（或股东权益）：**	58		
无形资产	26	82 230 461.72	90 562 174.23	实收资本（或股本）	59	129 990 000.00	129 990 000.00

续　表

资　产	行次	期末余额	年初余额	负债和所有者权益（或股东权益）	行次	期末余额	年初余额
开发支出	27	0.00	0.00	资本公积	60	26 790 543.00	26 790 543.00
商誉	28	0.00	0.00	减：库存股	61	0.00	0.00
长期待摊费用	29	0.00	0.00	盈余公积	62	65 741 355.80	65 741 355.80
递延所得税资产	30	7 156 723.69	8 617 943.60	未分配利润	63	37 516 119.86	23 776 375.86
其他非流动资产	31	0.00	0.00	所有者权益（或股东权益）合计	64	260 038 018.66	246 298 274.66
非流动资产合计	32	275 622 358.18	283 124 473.79		65		
资产总计	33	488 223 193.66	461 677 273.31	负债和所有者权益（或股东权益）合计	66	488 223 193.66	461 677 273.31

表 3-3-8　2018 年 4 月利润表

编制单位：衢州老窖酒业有限公司　　　　　　　填表日：2018 年 5 月 07 日　　　　　　　单位：元

项　目	行次	本期金额	本年累计
一、营业收入	1	47 641 704.15	414 295 156.2
减：营业成本	2	30 964 551.07	256 791 770.6
税金及附加	3	12 341 473.12	106 907 188.8
销售费用	4	857 550.67	8 010 619.68
管理费用	5	2 305 894.64	21 618 259.05
财务费用	6	−252 501.03	−1 658 664.31
资产减值损失	7	235 502.39	3 571 602.3
加：公允价值变动收益（损失以"−"号填列）	8	0	0
投资收益（损失以"−"号填列）	9	0	0
其中：对联营企业和合营企业的投资收益	10	0	0
二、营业利润（亏损以"−"号填列）	11	1 189 233.29	19 054 380.05
加：营业外收入	12	337 998.14	1 811 760.24
减：营业外支出	13	151 679.84	2 546 481.62
其中：非流动资产处置损失	14	0	0
三、利润总额（亏损总额以"−"号填列）	15	1 375 551.59	18 319 658.67
减：所得税费用	16	343 887.9	4 579 914.67

续 表

项　目	行次	本期金额	本年累计
四、净利润(净亏损以"－"号填列)	17	1 031 663.69	13 739 744
五、每股收益：	18		
(一)基本每股收益	19	0	0
(二)稀释每股收益	20	0	0

4. 数据对比表

同地区同规模行业企业分析指标情况如表3-3-9所示。

表3-3-9　同地区同规模行业企业分析指标情况表

序号	指　标　项　目	正常区间	预警区间
1	生产企业消费税计税价格与销售单位对外销售价格占比	70%～90%	70%以下
2	白酒行业主副产品产量比例	1∶2.5～1∶3	1∶3以下
3	免税收入销售额与应税货物销售额占比	0.3%～1%	0.3%以下
4	白酒生产企业原料出酒率	33%～45%	33%以下
5	白酒生产企业增值税税负率	5.5%～6.8%	5.5%以下
6	白酒生产企业销售毛利率	40%～70%	40%以下

注：按上述指标项目对纳税对象进行评估，预警区间无指标项目满足：无风险，一个指标项目满足：低风险，两个指标项目满足：中风险，三个及以上项目满足：高风险。

5. 纳税申报表

相关纳税申报表见表3-3-10至表3-3-13。

表3-3-10　2018年3月增值税纳税申报表(一般纳税人适用)

根据国家税收法律法规及增值税相关规定制定本表。纳税人不论有无销售额，均应按税务机关核定的纳税期限填写本表，并向当地税务机关申报。

税款所属时间：2018年3月1日至2018年3月31日　　　　　　　　填表日期：2018年4月10日
　　　　　　　　　　　　　　　　　　　　　　　　　　　　　　金额单位：元

纳税人名称	衢州老窖酒业有限公司	法定代表人姓名		注册地址		生产经营地址	
开户银行及账号		登记注册类型		电话号码			

续 表

项　目		栏 次	一般项目		即征即退项目	
			本月数	本年累计	本月数	本年累计
销售额	（一）按适用税率计税销售额	1	39 936 126.69	366 435 140.2	0	0
	其中：应税货物销售额	2	39 936 126.69	366 435 140.2	0	0
	应税劳务销售额	3	0	0	0	0
	纳税检查调整的销售额	4	0	0	0	0
	（二）按简易办法计税销售额	5	0	0	0	0
	其中：纳税检查调整的销售额	6	0	0	0	0
	（三）免、抵、退办法出口销售额	7	0	0	—	—
	（四）免税销售额	8	25 367.98	218 311.82	—	—
	其中：免税货物销售额	9	25 367.98	218 311.82	—	—
	免税劳务销售额	10	0	0	—	—
税款计算	销项税额	11	6 789 141.54	62 293 973.83	0	0
	进项税额	12	4 236 639.14	38 561 452.23	0	0
	上期留抵税额	13	0	0	0	0
	进项税额转出	14	18 934.79	110 413.11	0	0
	免、抵、退应退税额	15	0	0	—	—
	按适用税率计算的纳税检查应补缴税额	16	0	0	—	—
	应抵扣税额合计	17＝12＋13－14－15＋16	4 217 704.35	—	0	—
	实际抵扣税额	18（如17＜11,则为17,否则为11）	4 217 704.35	38 451 039.12	0	0
	应纳税额	19＝11－18	2 571 437.19	23 842 934.71	0	0
	期末留抵税额	20＝17－18	0	0	0	0
	简易计税办法计算的应纳税额	21	0	0	0	0
	按简易计税办法计算的纳税检查应补缴税额	22	0	0	—	—
	应纳税额减征额	23	0	0	0	0
	应纳税额合计	24＝19＋21－23	2 571 437.19	23 842 934.71	0	0
税款缴纳	期初未缴税额（多缴为负数）	25	2 875 973.07	27 883 757.63	0	0
	实收出口开具专用缴款书退税额	26	0	0	—	—
	本期已缴税额	27＝28＋29＋30＋31	2 875 973.07	27 883 757.63	0	0

续　表

项　　目		栏　次	一般项目		即征即退项目	
			本月数	本年累计	本月数	本年累计
税款缴纳	① 分次预缴税额	28	0	—	0	—
	② 出口开具专用缴款书预缴税额	29	0	—	—	—
	③ 本期缴纳上期应纳税额	30	2 875 973.07	27 883 757.63	0	0
	④ 本期缴纳欠缴税额	31	0	0	0	0
	期末未缴税额(多缴为负数)	32＝24＋25＋26－27	2 571 437.19	2 571 437.19	0	0
	其中：欠缴税额(≥0)	33＝25＋26－27	0	—	0	—
	本期应补(退)税额	34＝24－28－29	2 571 437.19	—	0	—
	即征即退实际退税额	35	—	—	0	0
	期初未缴查补税额	36	0	0	—	—
	本期入库查补税额	37	0	0	—	—
	期末未缴查补税额	38＝16＋22＋36－37	0	0	—	—
授权声明	如果你已委托代理人申报,请填写下列资料：为代理一切税务事宜,现授权（下略）	申报人申明	本纳税申报表是根据国家税收法律法规及相关规定填报的,我确定它是真实的、可靠的、完整的。声明人签字：			

主管税务机关：　　　　　　　　接收人：　　　　　　　　接收日期：

表 3-3-11　2018 年 3 月酒类消费税纳税申报表

纳税人名称(公章)：衢州老窖酒业有限公司　　　　纳税人识别号：913301097384125999
填表日期：2018 年 4 月 10 日　　　　　　　　　　金额单位：元

项　目 应税消费品名称	适用税率 定额税率	适用税率 比例税率	销售数量	销售额	应纳税额
粮食白酒	0.5 元/斤	20%	2 252 700	39 936 126.69	9 113 575.34
薯类白酒	0.5 元/斤	20%			0
啤酒	250 元/吨	—			0
啤酒	220 元/吨	—			0
黄酒	240 元/吨	—			0
其他酒	—	10%			0
					0

续 表

项　目	适用税率		销售数量	销售额	应纳税额
应税消费品名称	定额税率	比例税率			
					0
					0
合计	—	—	—	—	9 113 575.34

	声　明
	此纳税申报表是根据国家税收法律的规定填报的,我确定它是真实的、可靠的、完整的。
本期准予抵减税额： 0	经办人(签章)：
本期减(免)税额： 0	财务负责人(签章)：
期初未缴税额： 9 361 093.28	联系电话：
本期缴纳前期应纳税额： 9 361 093.28	(如果你已委托代理人申报,请填写)
	授权声明
	为代理一切税务事宜,现授权
本期预缴税额： 0	(地址)为
本期应补(退)税额： 9 113 575.34	本纳税人的代理申报人,任何与本申报表有关的往来文件,都可寄予此人。
期末未缴税额： 9 113 575.34	授权人签章：

以下由税务机关填写
受理人(签章)：　　　　　受理日期：　年　月　日　　　　　受理税务机关(章)：

表 3-3-12　2018 年 4 月增值税纳税申报表(一般纳税人适用)

根据国家税收法律法规及增值税相关规定制定本表。纳税人不论有无销售额,均应按税务机关核定的纳税期限填写本表,并向当地税务机关申报。

税款所属时间：2018 年 4 月 1 日至 2018 年 4 月 30 日　　　　填表日期：2018 年 5 月 7 日
金额单位：元

纳税人识别号：913301097384125999		所属行业：白酒制造业	
纳税人名称：衢州老窖酒业有限公司	法定代表人姓名	注册地址	生产经营地址
开户银行及账号	登记注册类型	电话号码	

续 表

项　目		栏　次	一般项目		即征即退项目	
			本月数	本年累计	本月数	本年累计
销售额	（一）按适用税率计税销售额	1	47 619 538.8	414 054 679	0	0
	其中：应税货物销售额	2	47 619 538.8	414 054 679	0	0
	应税劳务销售额	3	0	0	0	0
	纳税检查调整的销售额	4	0	0	0	0
	（二）按简易办法计税销售额	5	0	0	0	0
	其中：纳税检查调整的销售额	6	0	0	0	0
	（三）免、抵、退办法出口销售额	7	0	0	—	—
	（四）免税销售额	8	22 165.35	240 477.17	—	—
	其中：免税货物销售额	9	22 165.35	240 477.17	—	—
	免税劳务销售额	10	0	0	—	—
税款计算	销项税额	11	8 095 321.6	70 389 295.43	0	0
	进项税额	12	5 815 657.77	44 377 110	0	0
	上期留抵税额	13	0	0	0	0
	进项税额转出	14	71 494.96	181 908.07	0	0
	免、抵、退应退税额	15	0	0	—	—
	按适用税率计算的纳税检查应补缴税额	16	0	0	0	0
	应抵扣税额合计	17=12+13－14－15+16	5 744 162.81	—	0	0
	实际抵扣税额	18（如17＜11,则为17,否则为11）	5 744 162.81	44 195 201.93	0	0
	应纳税额	19=11－18	2 351 158.79	26 194 093.5	0	0
	期末留抵税额	20=17－18	0	0	—	—
	简易计税办法计算的应纳税额	21	0	0	0	0
	按简易计税办法计算的纳税检查应补缴税额	22	0	0	—	—
	应纳税额减征额	23	0	0	0	0
	应纳税额合计	24=19+21－23	2 351 158.79	26 194 093.5	0	0
税款缴纳	期初未缴税额（多缴为负数）	25	2 571 437.19	30 455 194.82	0	0
	实收出口开具专用缴款书退税额	26	0	0	—	—
	本期已缴税额	27=28+29+30+31	2 571 437.19	30 455 194.82	0	0

续 表

项　目		栏　次	一般项目		即征即退项目	
			本月数	本年累计	本月数	本年累计
税款缴纳	① 分次预缴税额	28	0	—	0	—
	② 出口开具专用缴款书预缴税额	29	0	—	—	—
	③ 本期缴纳上期应纳税额	30	2 571 437.19	30 455 194.82	0	0
	④ 本期缴纳欠缴税额	31	0	0	0	0
	期末未缴税额(多缴为负数)	32＝24＋25＋26－27	2 351 158.79	2 351 158.79	0	0
	其中：欠缴税额(≥0)	33＝25＋26－27	0	—	0	—
	本期应补(退)税额	34＝24－28－29	2 351 158.79	—	0	—
	即征即退实际退税额	35	—	—	0	—
	期初未缴查补税额	36	0	0	—	—
	本期入库查补税额	37	0	0	—	—
	期末未缴查补税额	38＝16＋22＋36－37	0	0	—	—
授权声明	如果你已委托代理人申报，请填写下列资料： 为代理一切税务事宜，现授权 （下略）	申报人申明	本纳税申报表是根据国家税收法律法规及相关规定填报的，我确定它是真实的、可靠的、完整的。 声明人签字：			

主管税务机关：　　　　　　　　接收人：　　　　　　　　接收日期：

表 3-3-13　2018 年 4 月酒类消费税纳税申报表

纳税人名称(公章)：衢州老窖酒业有限公司　　　　纳税人识别号：913301097384125000
填表日期：2018 年 5 月 7 日　　　　　　　　　　金额单位：元

项　目	适用税率		销售数量	销售额	应纳税额
应税消费品名称	定额税率	比例税率			
粮食白酒	0.5 元/斤	20%	2 497 600	47 619 538.8	10 772 707.76
薯类白酒	0.5 元/斤	20%			0
啤酒	250 元/吨	—			0
啤酒	220 元/吨	—			0
黄酒	240 元/吨	—			0
其他酒	—	10%			0
					0

续 表

项　　目	适用税率		销售数量	销售额	应纳税额
应税消费品名称	定额税率	比例税率			
合计	—	—	—	—	10 772 707.766
			声明		10 772 707.7
本期准予抵减税额：	0		此纳税申报表是根据国家税收法律的规定填报的,我确定它是真实的、可靠的、完整的。		
			经办人(签章)：		
本期减(免)税额：	0		财务负责人(签章)：		
期初未缴税额：	9 113 575.34		联系电话：		
本期缴纳前期应纳税额：	9 113 575.34		(如果你已委托代理人申报,请填写)		
			授权声明		
			为代理一切税务事宜,现授权		
本期预缴税额：	0		(地址)为		
本期应补(退)税额：	10 772 707.76		本纳税人的代理申报人,任何与本申报表有关的往来文件,都可寄予此人。		
期末未缴税额：	10 772 707.76		授权人签章：		

以下由税务机关填写
受理人(签章)：　　　　受理日期：　年　月　日　　　　受理税务机关(章)：

(二)案头分析

1. 案头说明

主管税务局发现疑点如下：

(1)销售公司负责百花村产品对外销售业务,经查询双方销售合同及结算记录,百花村所有产品与销售公司结算价为销售公司零售价的50%。

(2)2023年4月,原材料因管理不善而霉烂变质,给公司造成113万元原材料损失,责任人员按公司规定予以处罚,并在全公司通报批评。

(3)根据产品生产工艺流程,经查询生产车间生产记录,百花村在酿酒过程中产生的酒糟等副产品与行业平均水平相当。

(4)2023年3月,公司对客户的包装物押金和自制信誉保证金进行了一一核查,确认未退还的信誉保证金为违约金和罚款,包装物押金余额为包装物毁损不予退还金额,同时,公司按标准另行收取后续产品的包装物押金和自制信誉保证金,4月份已收到该款项。

(5) 检查人员抽查了两批次白酒生产记录单,其中:第一批次原酒入库数量 23 156 千克,原材料领用量 62 157 千克;第二批次原酒入库数量 25 718 千克,原材料领用量 68 742 千克。

(6) 假定百花村所生产主副产品对外销售比例一致。

2. 风险点判断和结论

通过案头分析,你认为该企业可能存在哪些税收风险点?

☑ 企业可能存在少报增值税应税销售额
☑ 企业可能存在少报增值税免税销售额
☑ 企业可能存在少报消费税应税销售额
☑ 企业可能存在增值税税负率异常
☐ 可能存在投入产出比率异常问题
☑ 可能存在关联交易降低消费税税基
☐ 企业可能存在长期低于成本价销售
☐ 企业可能存在虚开发票
☐ 企业可能存在将应税收入开为零税率,偷逃增值税
☑ 企业可能存在非正常流动资产损失未进行进项转出
☐ 企业可能存在平销冲量行为
☐ 企业可能存在低于进价销售商品
☐ 企业可能存在进项发票不能及时取得
☑ 企业可能存在销售毛利率异常
☐ 企业可能存在增值税与消费税收入配比异常
☑ 企业可能存在增值税免税产品相应进项税额未全额转出
☑ 企业可能存在进项税额与销项税额配比变动异常
☐ 企业可能存在多提折旧
☑ 企业可能存在营业外收入中隐藏应税收入

【参考依据】

(1) 根据案头说明(4),未退还的信誉保证金为违约金和罚款,包装物押金余额为包装物毁损不予退还金额,该两项金额符合收入确认条件后未按规定少报增值税。

(2) 根据案头说明(4),未退还的信誉保证金为违约金和罚款,包装物押金余额为包装物毁损不予退还金额,该两项金额符合收入确认条件后未按规定少报消费税。

(3) 免税收入销售额与应税货物销售额配比低于 0.3%,处于预警区间。存在少报增值税免税收入。根据表 3-3-10,2018 年 3 月免税收入销售额与应税货物销售额配比=(25 367.98/39 936 126.69)×100%=0.06%;根据表 3-3-12,2018 年 4 月免税收入销售额与应税货物销售额配比=(22 165.35/47 619 538.8)×100%=0.05%。

(4) 百花村 2018 年 4 月增值税税负率低于 5.5%,处于预警区间。

增值税税负率=(本期应纳税额/按适用税率征税货物及劳务销售额)×100%

根据表 3-3-12,2018 年 4 月增值税税负率=(4 463 777.24/47 619 538.8)×100%=0.937%。

(5) 根据案头说明(1),销售公司负责百花村产品对外销售业务,与销售公司结算价为

销售公司零售价的50%,从再销售价格看,该结算价明显偏低。考虑白酒消费税只在生产环节征收,流通环节不征收,白酒企业先成立白酒销售公司,然后生产企业低价销售给销售公司,有故意降低消费税税基少缴消费税的意图。

(6) 根据案头说明(2),因管理不善造成原材料损失113万元,相应进项税额需要转出。

(7) 白酒企业销售毛利率低于40%,处于预警区间。

根据表3-3-6,3月销售毛利率=(主营业务收入−主营业务成本)/主营业务收入×100%=(39 961 494.67−24 536 357.73)/39 961 494.67×100%=38.6%。

根据表3-3-8,4月销售毛利率=(主营业务收入−主营业务成本)/主营业务收入×100%=(47 641 704.15−30 964 551.07)/47 641 704.15×100%=35.0%。

(8) 免税收入销售额与应税货物销售额配比低于0.3%,处于预警区间。存在免税收入销售额与应税货物销售额配比偏低,可能导致免税收入对应的需进项税额转出税额偏低。

(9) 进项税额增长率37.27%远大于销项税额增长率19.24%。

根据表3-3-10和表3-3-12,3月销项税额增长率=(当期销项税额−上一期销项税额)/上一期销项税额=(6 190 540.05−5 191 696.48)/5 191 696.48×100%=19.24%。

$$4月进项税额增长率=(当期进项税额−上一期进项税额)/上一期进项税额$$
$$=(5\ 815\ 657.77−4\ 236\ 639.14)/4\ 236\ 639.14×100\%$$
$$=37.27\%$$

(10) 2018年3月和4月营业外收入变动比较大,可能存在应税收入未申报纳税。

3. 风险特征分析计算

可供判断的风险模型、计算公式、指标源、特殊信息有哪些?
- ☐ 利润表中长期存在:主营业务成本>主营业务收入
- ☐ 农产品收购企业农产品抵扣异常(农产品抵扣额/总进项>98%)
- ☐ 运费抵扣进项税额>销售收入×20%
- ☐ 成品油抵扣税额>总进项税额×10%
- ☐ 虚开零税率供下游企业虚抵成本
- ☑ 销售收入与应纳增值税税额呈反向变动
- ☐ 销售收入与应纳消费税税额呈反向变动
- ☑ 企业其他应付款变动率>30%
- ☑ 生产企业消费税计税价格<销售单位对外销售价格×70%
- ☑ 白酒生产企业销售毛利率<40%
- ☑ 企业增值税进项税额转出金额偏低
- ☑ 增值税进项税额增长率/增值税销项税额增长率>1
- ☐ 增值税进项税额增长率/增值税销项税额增长率<1
- ☑ 企业3月份增值税税负率6.44%
- ☐ 增值税应税收入/消费税应税收入<1
- ☑ 白酒生产企业增值税税负率<5.5%
- ☐ 白酒生产企业投入产出率<33%

□ 营业外收入增长率＞1.56
□ 免税货物销售额/应税货物销售额＞0.3%

【参考依据】

(1) 销售收入与应纳增值税税额呈反向变动。根据表3-3-10,2018年3月增值税应税收入39 936 126.69元,应纳增值税税额2 571 437.19元;根据表3-3-12,2018年4月增值税应税收入47 619 538.8元,应纳增值税税额2 351 158.79元,相比2018年3月,增值税应税收入增加但应纳增值税税额减少。

(2) 企业其他应付款变动率＞30%。其他应付款变动率较大,查实企业取得价外费用、违约金等款项经查实符合收入确认条件未及时确认,长期在其他应付款等往来科目挂账。

根据表3-3-5和表3-3-7,年初其他应付款为17 556 348.87元,2018年3月期末余额为20 877 651.23元,2018年4月期末余额为32 910 830.27元,相较2018年3月,其他应付款变动率为(32 910 830.27－20 877 651.23)/20 877 651.23×100%＝57.64%。

(3) 生产企业消费税计税价格＜销售单位对外销售价格×70%。百花村与销售公司按销售公司零售价50%结算,需核定其消费税最低计税价格。

(4) 销售毛利率低于40%。根据表3-3-6,2018年3月份销售毛利率＝(主营业务收入－主营业务成本)/主营业务收入×100%＝(39 961 494.67－24 536 357.73)/39 961 494.67×100%＝38.6%;根据表3-3-8,2018年4月销售毛利率＝(主营业务收入－主营业务成本)/主营业务收入×100%＝(47 641 704.15－30 964 551.07)/47 641 704.15×100%＝35.0%。

(5) 企业增值税进项税额转出金额偏低。2018年4月因管理不善造成原材料损失113万元,增值税申报表中进项税额转出金额偏低。113万元原材料损失对应的进项税额转出金额＝1 130 000/(1＋13%)×13%＝100 000元,根据表3-3-12,2018年4月进项税额转出71 494.96元,明显偏低。

(6) 增值税进项税额增长率/增值税销项税额增长率＞1,根据表3-3-10和表3-3-12,销项税额增长率＝(当期销项税额－上一期销项税额)/上一期销项税额＝(8 095 321.6－6 789 141.54)/6 789 141.54×100%＝19.24%;进项税额增长率＝(当期进项税额－上一期进项税额)/上一期进项税额＝(5 815 657.77－4 236 639.14)/4 236 639.14×100%＝37.27%。

增值税进项税额增长率/增值税销项税额增长率＝37.27%/19.24%＝1.94＞1

(7) 企业3月份增值税税负率2.44%。根据表3-3-10,2018年3月份应纳增值税税额2 571 437.19元,应税货物及劳务销售额39 936 126.69元,因不涉及产品直接出口,本期增值税税负率＝973 922.13/3 993 612 619×100%＝2.44%。

增值税税负率＝(本期应纳税额/按适用税率征税货物及劳务销售额)×100%

(8) 白酒生产企业增值税税负率＜5.5%。根据表3-3-12,2018年4月应纳增值税税额446 377.24元,应税货物及劳务销售额47 619 538.8元,因不涉及产品直接出口,本期增值税税负率＝446 377.24/47 619 538.8×100%＝0.937%,处于预警区间。

(9) 白酒生产企业投入产出率＞33%。根据案头说明(5),第一批次原酒入库数量23 156千克,原材料领用量62 157千克,投入产出率为37.25%(＝23 156/62 157×100%);第二批次原酒入库数量 25 718 千克,原材料领用量 68 742 千克,投入产出率为 37.41%(=25 718/68 742×100%)。

(10) 营业外收入增长率<1.56。根据表 3-3-6 和表 3-3-8,营业外收入增长率=(337 998.14-215 435.78)/215 435.78×100%=56.90%<1.56。

(11) 免税货物销售额/应税货物销售额<0.3%。2018 年 3 月和 4 月免税收入销售额与应税货物销售额占比分别为 0.06% 和 0.05%,处于预警区间。

根据表 3-3-10,2018 年 3 月免税收入销售额与应税货物销售额配比=(25 367.98/39 936 126.69)×100%=0.06%;根据表 3-3-12,2018 年 4 月免税收入销售额与应税货物销售额配比=(22 165.35/47 619 538.8)×100%=0.05%。

4. 风险信息排除确认

通过上述资料可对税收风险进行判断、验证、排除、确认。

☑ 企业肯定存在少报增值税免税销售额
☐ 企业肯定不存在少报增值税免税销售额
☑ 企业肯定存在少报消费税应税销售额
☐ 企业肯定不存在少报消费税应税销售额
☑ 企业肯定存在增值税税负率偏低
☐ 企业肯定不存在增值税税负率异常
☑ 企业肯定存在收取价外费用少确认收入
☐ 企业肯定不存在收取价外费用少确认收入
☑ 企业肯定存在关联交易降低消费税税基
☐ 企业肯定不存在关联交易降低消费税税基
☑ 企业肯定存在非正常流动资产损失未进行进项转出
☐ 企业肯定不存在非正常流动资产损失未进行进项转出
☐ 企业肯定存在投入产出比率异常
☐ 企业肯定存在在营业外收入中隐藏应税收入
☐ 企业肯定存在虚抵农产品原材料进项税额
☐ 企业肯定不存在虚抵农产品原材料进项税额
☐ 企业肯定存在虚开发票
☐ 企业肯定不存在虚开发票
☐ 企业肯定不存在在营业外收入中隐藏应税收入

【参考依据】

(1) 根据案头说明(3),百花村在酿酒过程中产生的酒糟等副产品与行业平均水平相当,纳税申报免税收入销售额占应税销售额比例偏低[结合风险特征分析参考依据(11),2018 年 3 月为 0.06%,2018 年 4 月为 0.05%],低于 0.3%,处于预警区间,且企业存在收取价外费用少确认收入的问题,该比例偏低只能是增值税免税收入销售额偏低造成,所以企业肯定存在少报增值税免税销售额。

(2) 根据案头说明(4),企业取得价外费用、违约金等款项经查实符合收入确认条件未及时确认,结合风险特征分析参考依据(2),企业其他应付款变动率高达 57.64%,长期在其他应付款等往来科目挂账,企业肯定存在收取价外费用少确认收入。根据税法规定,收取的包装物押金、违约金等价外费用符合收入确认条件后需按规定计提增值税、消费税,由于相关收入未确定,所以企业肯定存在少报消费税应税销售额。

(3) 该公司存在少报增值税应税销售额以及增值税进项税额转出金额异常,详见风险特征分析参考依据(5),肯定存在少申报应缴增值税风险,两项都将提高增值税税负率。根据风险特征分析参考依据(8),企业肯定存在增值税税负率偏低,2018年4月份增值税税负率4.94%,低于5.5%,也证实了这一点。

(4) 符合税法计税条件的包装物押金,信誉保证金等未计税,长期挂账其他应付款,肯定存在收取价外费用少确认收入。

(5) 根据案头说明(1),百花村与销售公司按销售公司零售价50%结算,低于零售价的70%,消费税税基偏低,需核定其消费税最低计税价格。

(6) 2018年4月管理不善造成原材料损失113万元,增值税申报表中进项税转出金额偏低,肯定存在非正常流动资产损失未进行进项转出,详见风险特征分析参考依据(5)。

5. 风险应对经验策略

(1) 按照前述风险判断、分析、确认结果,对衢州酒业公司2018年3月和4月纳税遵从情况进行分析,评定其风险等级为:高。

依据:生产企业消费税计税价格与销售单位对外销售价格占比低于70%,处于预警区间;免税收入销售额与应税货物销售额占比低于0.3%,处于预警区间;白酒生产企业增值税税负率低于5.5%,处于预警区间;白酒生产企业销售毛利率低于40%,处于预警区间。共计四个项目处于预警区间,属于高风险。

(2) 请根据判断和分析对该企业的风险情况进行评价和应对。

☐ 检查企业低于成本价销售库存商品的合理性,是否应按有关规定纳税调整

☐ 检查企业低于进价销售是否取得了返利、折让、协议价格补贴,这些收入是否已入账并进行纳税申报

☐ 如果进项发票取得不均衡,应核实当期推迟取得进项发票对后期税收影响

☑ 逐笔审核营业外收入的实质性质

☐ 核查是否有政府各部门的各种费用性返还

☐ 如果企业长期大部分销售都低于进价,则应重点核查企业的返利情况,了解上下游企业的购销合同、销售政策

☐ 核查购销存数量的真实性,特别要核查库存及企业生产能力,将生产能力和销售额及库存进行比较

☐ 核查运费额与销售额占比即运费率有多高,看其是否符合行业一般规律(可网上查证比较)

☑ 核查每月结转成本计算单的品种、数量、单价、金额

☑ 核查与损失相匹配的进项税额是否应当做进项转出且已做了进项税额转出

☐ 核查盘亏损毁货物的品种、账期长短等看有无将不易损失且购进时间较短的货物列为损失

☐ 逐项审核新投入使用的固定资产是否在投入使用的次月开始计提折旧

☐ 对长期大额不能收回货款的单位要查明原因,看其是否有真正的货物交易
☐ 利用第三方信息核查补贴收入的具体项目和内容,逐笔检查
☑ 核查企业账面往来款项余额及实质,符合收入确认条件补缴增值税
☑ 核查企业账面往来款项余额及实质,符合收入确认条件补缴消费税
☑ 核查企业产品中主副产品产出比率规律,确定各期免税产品数量及金额
☐ 核查企业农产品采购入库清单,确认农产品进项税金抵扣金额
☑ 核查企业所属期采购明细与进项税额抵扣情况匹配度,查找进项税额变动率异常原因
☑ 查实白酒生产企业与销售单位结算价格低于70%的情况,核定企业消费税最低计税价格

【参考依据】

(1) 逐笔核实营业外收入,检查是否有应税收入未申报纳税。

(2) 收入增长小于成本增长,需检查每月结转成本计算单的品种、数量、单价、金额的真实性。

(3) 查实管理不善造成损失进项税额转出情况,应作而未作出的进项税额部分,补缴增值税。

(4) 对企业账面往来款项余额及实质进行核查,对经查实属于符合收入确认条件的款项,补缴增值税。

(5) 对企业账面往来款项余额及实质进行核查,对经查实属于符合收入确认条件的款项,补缴消费税。

(6) 核查企业产品中主副产品产出比率规律,根据产出比率和主产品数量确认副产品产出量,根据副产品销售单价计算副产品销售额,并确定免税收入金额。

(7) 根据采购及入库明细与进项税额抵扣明细比对,排查进项税额抵扣的真实性、合理性,查找进项税额增长率远大于销项税额增长率的原因。

(8) 查实企业消费税计税价格偏低的情况,核定企业消费税最低计税价格,按照最低计税价格与原计税价格差额补缴消费税。

(三) 案例点评

对白酒生产行业进行纳税评估时,应重点关注以下四个方面的涉税风险点。

1. 少计销售收入

(1) 因资金结算管理过于松散造成的。销售过程中,企业大量使用现金结算,甚至将货款打入财务人员个人卡内,另外企业面对的客户很多是不索取发票的,可能存在少缴税款的问题。

(2) 视同销售未确认收入,如用于业务招待、赠送、职工福利、抵债等业务的酒产品未按规定计税;将产品移送至非独立核算的异地销售机构,未视同销售计提增值税。

(3) 收取的包装物押金未按规定计提增值税、消费税。

(4) 外购酒基、酒精、包装物不入账、少入账,隐瞒实际产量、少计销售收入。

另外,小酒厂往往财务核算不健全、内控缺失,采用账外经营方式偷逃税款现象严重。

2. 消费税计税价格偏低

有的企业在发票开具上做手脚,一是采用多开折扣额方式,二是通过与经销商签订合同,将一部分销售费用从价格中减除,从而降低销售公司对外销售价格,少计消费税。

3. 进项税额抵扣问题

(1) 农产品抵扣方面。部分企业本不生产基酒,采取虚假自制基酒入库、出库方式骗抵农产品进项税额。

(2) 非正常损失方面。原材料、酒产品霉烂变质等不按规定做进项税额转出处理。

(3) 取得的运费发票与自身经营无关,或与运力、物流不符。

(4) 销售免税酒糟产品未按规定做进项税额转出处理。

4. 行业经营方式和营销模式调整带来的税收风险

多种促销手段造成涉税风险。如白酒企业利用节假日推出"买一赠一",买白酒赠手机、杏仁露、购物卡等促销措施;有的企业发挥旅游优势,建立白酒博物馆,利用旅游旺季扩大销售业绩。营销模式的改变也带来了涉税风险。

一是有的白酒销售公司为转移促销费用,按照销售规模收取一定的价外费用,将返利费用、兑奖支出及渠道建设费用以保证金形式直接从销售收入中分离,达到少缴增值税目的;二是推出封坛酒,顾客付款后可无限期储存,以产品未发出为由少计增值税和消费税;三是对销售商、代理商的实物返利、实物兑奖未按规定计税;四是为销售商定制低档酒,降低价格少计收入;五是买赠活动应客户的要求对赠品不开票,采取将产品数量由"件"变"套"等虚假出库方式,少申报增值税和消费税;六是收取的违约金、串户罚款长期在往来账上反映。

本案选择了白酒行业中的大中型白酒生产企业为评估对象,在评估分析环节,通过调取企业的基本情况表、财务报表和纳税申报表等有关申报资料和企业备案的相关资料,并向企业了解各种经营信息,利用财务分析、纳税调整结合企业自身特点,有针对性地进行纳税评估。通过本案例的评估,进一步进行分析、归纳、总结,以便找准白酒行业的纳税评估对象。

本案例中税务局风险管理人员以企业上报的财务报表数据分析为基础,运用纳税评估相关指标、结合白酒行业企业特点展开分析,查找可能存在的税收风险点,利用消费税税负率、增值税税负率、销售毛利率、投入产出比等筛选指标,结合白酒类生产纳税人经营及纳税情况对比,查找企业存在的疑点,经过分析、约谈、评估处理,完成评估。通过对该白酒生产企业的典型评估剖析,为各税源管理单位提供了风险样本,有效地促进了白酒生产企业的税源管理。

通过本案例的评估,分析行业特点,查找存在的税收风险点,利用税负率、毛利率、投入产出比等筛选指标扫描白酒生产企业税收风险,结合对白酒类生产纳税人经营及纳税情况测算分析,确定纳税评估对象。对重点税源实行精细化、专业化管理,充分发挥纳税评估的作用,加强对白酒生产企业的监控管理,对于确定纳税评估对象是具有可操作性和现实意义的。

(四) 知识拓展

1. 筛选纳税评估对象

筛选纳税评估对象要依据税收宏观分析、行业税负监控结果等信息,结合各项评估指标及其预警值和风险应对人员掌握的纳税人实际情况,参照纳税人所属行业、经济类型、经营规模、信用等级等因素进行全面、综合的审核对比分析。

2. 重点评估分析对象

经综合审核对比分析,发现有问题或疑点的纳税人要作为重点评估分析对象;重点税源户、特殊行业的重点企业,将销售收入增加而税收下降、销售增幅与税收增幅不匹配、销售收入规模、税收规模与生产经营规模不匹配的企业以及税负异常变化、税负率低于同地区同行业、长时间零税负和负税负申报、纳税信用等级低下,日常管理和税务检查中发现较多问题的纳税人作为重点纳税评估对象。

3. 行业税收管理建议

(1) 应重视对白酒生产企业与其关联的独立核算的白酒销售公司之间转移定价问题的增值税、消费税管理。

(2) 应加强对白酒生产企业增值税进项税额的管理,特别是对收购农产品进项税额抵扣税款的真实性、合法性的管理。

(3) 白酒生产企业所耗用的酒瓶、瓶盖、商标以及内外包装物属于白酒产品价格的组成部分,其在关联企业核算的部分也应属于增值税、消费税管理的重点。

(4) 对于购进酒精或白酒(基酒),勾兑成品酒,其生产周期短、隐蔽性强,应强化管理。

(5) 税收管理员在日常征管工作中应加强对企业经营情况生产经营模式的熟悉与了解,密切注意企业生产和销售情况,加强动态管理。应积极进行市场调研,及时了解市场信息,特别是要了解产品的价格信息,掌握工作主动权。

第四章 商超行业

一 税收风险描述及防控建议

(一) 未按规定开具农产品收购发票多抵扣进项税额的风险

1. 情景再现

某大型商超自2013年成立以来,经常大量对外收购水果,如西瓜、柚子、橘子、榴梿、哈密瓜等。其中,绝大部分是直接向当地农业生产者收购,并自行填开农产品收购发票;有少数水果,如榴梿、哈密瓜等,是从中间商手中购买,但并未从中间商手中取得发票,仍然自行填开农产品收购发票,并申报抵扣了增值税进项税额。

2. 风险描述

(1) 大型商超购进的农产品可能存在高开收购单价,造成在计算农产品进项税额时,多计算农产品进项税额的风险。

(2) 大型商超在日常的农产品采购业务中,存在向非农业生产者购买农产品,不能取得卖方开具的发票或者卖方不愿开具发票,于是便自己开具农产品收购发票,或让他人为自己开具《增值税专用发票》用于计算抵扣进项税额,同时存在少缴企业所得税的风险。

3. 防控建议

完善采购环节相关制度,严格审核农产品收购发票开具对象,对于以现金交易为主,当期购进开具农产品收购发票后立即销售的,应当审核交易订单或合同;严格审核购入农产品的品目,确认是否属于农产品收购发票开具范围,是否按照文件要求准确开具;严格审核农产品收购发票开具业务的真实性和合法性,注重市场价格与收购价格的对比分析,防止将收购费用列入收购金额并开具发票。

4. 政策依据

《中华人民共和国增值税暂行条例》(国务院令第538号)第八条第(三)款规定:"购进农产品,除取得增值税专用发票或者海关进口增值税专用缴款书外,按照农产品收购发票或者销售发票上注明的农产品买价和13%的扣除率计算的进项税额。"

《财政部 国家税务总局关于简并增值税税率有关政策的通知》(财税〔2017〕37号)第二条规定:"取得(开具)农产品销售发票或收购发票的,以农产品销售发票或收购发票上注明的农产品买价和11%的扣除率计算进项税额。"其中,扣除率2019年4月1日后为9%;如果用于加工生产销售税率为13%农产品的,扣除率可以加计1%,即10%扣除。

《财政部 国家税务总局关于印发农业产品征税范围注释的通知》(财税〔1995〕52号)第

一条规定:"《中华人民共和国增值税暂行条例》第十六条所列免税项目的第一项所称的'农业生产者销售的自产农业产品',是指直接从事植物的种植、收割和动物的饲养、捕捞的单位和个人销售的注释所列的自产农业产品……"

《中华人民共和国发票管理办法》(国务院令第587号)第二十条、第二十二条。

(二) 利用虚开多抵扣进项税额的风险

1. 情景再现

某大型百货公司除自营部分店铺外,还将部分店铺租赁给其他商户,这些商户大都是小规模纳税人。该公司为了少缴增值税,便要求招租商户在购进货物时索取专票,将购货单位名称开具为该大型百货公司。该公司的做法涉嫌虚开发票,存在少缴税款的风险。

2. 风险描述

利用在商场超市挂靠的个体户或其他小规模纳税人虚开增值税专用发票,存在多抵扣增值税进项税额以及虚增成本少缴企业所得税的风险。

3. 防控建议

企业业务人员应树立牢固的法制理念,了解国家税收法律法规和专用发票开具有关规定;财务人员应复核取得专用发票的信息是否与交易信息(如货款支付、实物流转、财务核算)一致,拒绝接受与实际交易不符的发票。

4. 政策依据

《中华人民共和国增值税暂行条例》(国务院令第538号)第九条规定:"纳税人购进货物或者应税劳务,取得的增值税扣税凭证不符合法律、行政法规或者国务院税务主管部门有关规定的,其进项税额不得从销项税额中抵扣。"

《中华人民共和国企业所得税法》第八条规定:"企业实际发生的与取得收入有关的、合理的支出,包括成本、费用、税金、损失和其他支出,准予在计算应纳税所得额时扣除。"

(三) 非正常损失未作进项税额转出的风险

1. 情景再现

某大型超市2015年9月账上记载本月被盗商品2.24万元,经查是由于管理人员疏忽大意造成两瓶名酒丢失,应由管理人员赔偿1.21万元。该公司账务处理如下:

借:营业外支出　　　　　　　　　　　　　　　　　　　　　1.03
　　其他应收款　　　　　　　　　　　　　　　　　　　　　1.21
　贷:库存商品　　　　　　　　　　　　　　　　　　　　　　　2.24

2. 风险描述

企业因管理不善造成库存商品被盗、丢失、霉烂变质的损失,未按规定转出购进商品进项税额及相关的加工修理修配劳务和交通运输服务的进项税额。

3. 防控建议

财务人员要定期开展资产清查、盘存等业务,确保账实相符;定期检查待处理财产损溢、营业外支出、管理费用等会计科目,若存在因管理不善导致的购进货物非正常损失,应及时转出进项税额。

4. 政策依据

《中华人民共和国增值税暂行条例》(国务院令第538号)第十条规定:"下列项目的进项税额不得从销项税额中抵扣:(二)非正常损失的购进货物及相关的应税劳务"。

《财政部 国家税务总局关于全面推开营业税改征增值税试点的通知》(财税〔2016〕36号)附件一《营业税改征增值税试点实施办法》第二十七条规定:"下列项目的进项税额不得从销项税额中抵扣:(二)非正常损失的购进货物,以及相关的加工修理修配劳务和交通运输服务。"

(四)关联企业间调剂商品,存在少计销售收入的风险

1. 情景再现

某市A连锁商超在市内其他县区设立了众多子公司,并实行独立核算。为了控制商品质量,规定由总部统一采购,然后调拨给各子公司用于销售。2016年向子公司B调拨了一批商品,成本价98万元,账务处理如下:

借:其他应收款——B子公司　　　　　　　　　　　　　　98
　　贷:库存商品——A总部　　　　　　　　　　　　　　　　98

母公司与子公司均属独立法人,相互之间调拨货物应确认收入,计算缴纳税款。

2. 风险描述

母子公司之间调剂、调拨商品用于销售时,不通过前台收款机销售,直接从仓库提货,收取货款不计或少计销售收入,可能少缴增值税、企业所得税。

3. 防控建议

财务人员应定期检查收发存明细账,同时加强关联企业交易会计处理的学习,按照收入确认原则及时、准确确认收入,计算缴纳增值税和企业所得税。

4. 政策依据

《中华人民共和国增值税暂行条例》(国务院令第538号)第一条规定:"在中华人民共和国境内销售货物或者提供加工、修理修配劳务以及进口货物的单位和个人,为增值税的纳税人,应当依照本条例缴纳增值税。"

《中华人民共和国企业所得税法》第六条规定:"企业以货币形式和非货币形式从各种来源取得的收入,为收入总额。"

(五)跨县(市)调拨商品未视同销售的风险

1. 情景再现

某市A超市在市内其他县区设立分公司,并实行总部统一核算。为了控制商品质量,实

行总部统一采购,然后调拨给各分支机构用于销售。2015 年 7 月,A 超市给 B 分支机构调拨了一批货物用于销售,成本价 110 万元,账务处理如下:

借:库存商品——B 分支机构　　　　　　　　　　　　　　　　　110
　　贷:库存商品——总部　　　　　　　　　　　　　　　　　　　　110

经税务人员核实,该批货物确系移送至 B 分支机构用于销售,并由 B 分支机构向购货方开具发票和收取款项。因此,A 超市调拨货物应视同销售缴纳增值税。

2. 风险描述

《中华人民共和国增值税暂行条例实施细则》(财政部　国家税务总局第 50 号令)第四条规定,设有两个以上机构并实行统一核算的纳税人,将货物从一个机构移送其他机构用于销售,但相关机构设在同一县(市)的除外。上述所称"用于销售"是指以受货机构名义向购货方开具发票或者以受货机构名义向购货方收取货款。设立连锁机构的超市在跨县(市)调拨货物用于销售时,存在未按视同销售缴纳增值税的风险。

3. 防控建议

建立或完善跨县市调拨货物的税务内控机制,对于涉及跨县(市)调拨货物用于销售的行为,应按视同销售缴纳增值税。

4. 政策依据

《中华人民共和国增值税暂行条例实施细则》(财政部　国家税务总局第 50 号令)第四条。
《国家税务总局关于企业所属机构间移送货物征收增值税问题的通知》(国税发〔1998〕137 号)。

(六) 混淆高税率与低税率以及应税与免税的风险

1. 情景再现

税务机关在对某大型超市及下属经营店 2019 年 5 月至 2021 年 12 月风险管理过程中发现下列风险:

(1) 将适用于 13% 税率的商品,如调制乳等作 9%;

(2) 将适用于 9% 税率的商品,如枸杞、花生等作零税率处理。经核实,该企业及下属公司 2019 年 5 月至 2021 年 12 月,共补缴增值税 75.41 万元、税收滞纳金 26.39 万元。

2. 风险描述

大型超市由于经营业务品种多,容易混淆增值税高税率与低税率适用范围,将高税率商品销售额按照低税率计税,造成少缴增值税。同时也易混淆增值税应税收入与免税收入适用范围,将应税商品销售额按照免税商品销售额申报,造成少缴增值税。

3. 防控建议

企业财务人员应定期复核申报低税率或免税商品目录,核对 ERP 系统中商品代码、销售明细收入等标识的设定,判断低税率或免税商品的核算及申报纳税是否准确,是否有扩大或缩小范围,审核销售收入明细账低税率或免税商品是否单独核算,并与纳税申报表核对一致。

此外,企业财务人员还应收集和学习相关税收法规,根据税收政策变动,对ERP系统中商品代码时行及时调整,确保低税率或免税商品的核算及申报准确,对于存在疑问的项目及时与税务机关进行沟通。

4. 政策依据

《中华人民共和国增值税暂行条例》(国务院令第538号)第二条。

《财政部 国家税务总局关于简并增值税税率有关政策的通知》(财税〔2017〕37号)。

《财政部 国家税务总局关于免征蔬菜流通环节增值税有关问题的通知》(财税〔2011〕137号)。

《财政部 国家税务总局关于免征部分鲜活肉蛋产品流通环节增值税政策的通知》(财税〔2012〕75号)。

《国家税务总局 关于部分液体乳增值税适用税率的公告》(国家税务总局公告2011年第38号)

(七)转供水电气未计提销项税额的风险

1. 情景再现

某大型百货公司向入驻的商户提供水电,水电公司直接开具增值税专用发票给百货公司,百货公司直接将应收商户的水电费抵减应付商户的货款。2015年该百货公司应收商户水电费合计32.24万元,直接将应付账款和管理费用科目对冲,账务处理如下:

借:应付账款——商户　　　　　　　　　　　　　　　　32.24
　　贷:管理费用——电费　　　　　　　　　　　　　　　32.24

经税务机关核实,该大型百货公司2015年应补缴增值税4.68万元,缴纳滞纳金0.84万元。

2. 风险描述

大型百货公司向入驻的商户转供水电,由于商户系独立核算和申报纳税的主体,大型百货公司未计提销项税额,将水电费冲抵应付款项,造成少缴增值税。

3. 防控建议

企业财务人员应该准确核算其他业务收入、营业外收入、其他应收款、其他应付款等科目,完整记录其他业务收入、营业外收入,按规定计算缴纳增值税。

4. 政策依据

《中华人民共和国增值税暂行条例》(国务院令第538号)第一条规定:"在中华人民共和国境内销售货物或者提供加工、修理修配劳务以及进口货物的单位和个人,为增值税的纳税人,应当依照本条例缴纳增值税。"

《中华人民共和国增值税暂行条例实施细则》(财政部 国家税务总局第50号令)第二条规定:"条例第一条所称货物,是指有形动产,包括电力、热力、气体在内。"

(八) 预付卡未及时确认收入的风险

1. 情景再现

某大型超市于 2016 年 10 月发行单用途商业预付卡,并按九八折后的金额销售给消费者,共开具了增值税普通发票 213.36 万元,作为预收款没有计提销项税额。在持卡人消费时,该超市没有开具卷式发票,而是开具了收银小票。月度终了,该超市财务人员根据开具卷式发票的金额计提销项税额,而持卡人使用单用途卡购买货物或服务时的部分,未及时确认销售收入计算缴纳增值税,也未计算缴纳企业所得税。

2. 风险描述

《国家税务总局关于营改增试点若干征管问题的公告》(总局公告〔2016〕第 53 号)的规定,单用途卡发卡企业销售单用途卡,或者接受单用途卡持卡人充值取得的预收资金,不缴纳增值税。但持卡人使用单用途卡购买货物或服务时,销售方应按照现行规定缴纳增值税。由于持卡人使用单用途卡购买货物或服务时,销售方无须开具发票,大型超市可能未及时确认该部分销售收入,少缴增值税和企业所得税。

3. 防控建议

企业财务人员应建立单用途卡台账,准确记录预收资金明细,持卡人使用单用途卡购买货物或服务时,应根据销售收入确认原则及时、准确确认收入,并按照税法规定计算缴纳增值税和企业所得税。

4. 政策依据

《国家税务总局关于营改增试点若干征管问题的公告》(总局公告〔2016〕第 53 号)。

《中华人民共和国企业所得税法实施条例》(国务院令第 512 号)第九条规定:"企业应纳税所得额的计算,以权责发生制为原则,属于当期的收入和费用,不论款项是否收付,均作为当期的收入和费用;不属于当期的收入和费用,即使款项已经在当期收付,均不作为当期的收入和费用。"

(九) 平销返利未冲减进项税额的风险

1. 情景再现

某大型超市 2014—2015 年向供货商收取促销管理费,其中:2014 年金额 2 402 万元,2015 年金额 2 453 万元。促销管理费主要由进场费、上架费、刷卡手续费、广告促销费等构成。其中,刷卡手续费的具体规定:油、米类按收入的 0.6% 收取;酒类按收入的 1.2% 收取。

税务机关发现,该大型超市收取上述促销管理费均未转出进项税额。经核实,收取的刷卡手续费与商品销售额挂钩,应按照平销返利行为的有关规定冲减当期增值税进项税金,2014 年应转出进项税额 46.35 万元,2015 年应转出进项税额 87.49 万元。

2. 风险描述

大型超市向供应商收取的促销管理费未区分是否与商品销售量、销售额挂钩,对于与商品销售量、销售额挂钩的返还收入未按平销返利的有关规定,未冲减当期增值税进项税额。

3. 防控建议

财务人员应按照会计核算的要求对企业向供应商收取的各种促销管理费进行会计处理,对于收取的与商品销售量、销售额挂钩的项目,应根据平销返利规定,冲减当期增值税进项税额。

4. 政策依据

《国家税务总局关于商业企业向货物供应方收取的部分费用征收流转税问题的通知》(国税发〔2004〕136号)。

(十) 退回商品未冲减进项税额的风险

1. 情景再现

某大型超市与某大型罐头生产企业签订了购销协议,对超过保质期的罐头可以全部退货,但罐头生产企业需要按照退货金额的10%收取手续费。2015年10月,该超市退回了1 500罐过期的产品,合计价值3.18万元,退货账务处理如下:

借:应付账款	2.86
营业外支出	0.32
贷:库存商品	3.18

2. 风险描述

大型超市退回商品时,只按照购进成本冲减库存商品,而未冲减增值税进项税额;或者按照应付账款减少金额冲减增值税进项税额,而未全额冲减退回商品购进成本所对应的进项税额。

3. 防控建议

定期检查商品出库记录,核实企业有无将购进商品退回供货商情形,如有,应按规定冲减对应的增值税进项税额。

4. 政策依据

《中华人民共和国增值税暂行条例实施细则》(财政部 国家税务总局第50号令)第十一条规定:"因购进货物退出或者折让而收回的增值税额,应从发生购进货物退出或者折让当期的进项税额中扣减。"

《财政部 国家税务总局关于全面推开营业税改征增值税试点的通知》(财税〔2016〕36号)附件一《营业税改征增值税试点实施办法》第三十二条规定:"因销售折让、中止或者退回而收回的增值税额,应当从当期的进项税额中扣减。"

(十一) 带料加工金银首饰未缴消费税的风险

1. 情景再现

某百货公司设有一个金银珠宝销售柜台,同时也提供加工业务。2015年7月,甲顾客自带黄金100克,要求打制成一条金项链,并在此百货公司购买了一个玉石的吊坠。百货公司收取玉石吊坠价格3.99万元,开具了增值税普通发票。当月,该百货公司就玉石吊坠销售额申报了增值税和消费税,而对于带料加工金银首饰没有按规定代收代缴消费税。

2. 风险描述

带料加工的金银首饰未按同类金银首饰的销售价格或组成计税价格作为计税依据代收代缴消费税。

3. 防控建议

金银珠宝销售柜台应建立带料加工金银首饰台账,并按照企业内控流程传递至财务人员,按照受托加工应税消费品计算代收代缴消费税。同时,财务人员应加强对带料加工金银首饰消费税政策的学习,对于带料加工的金银首饰应当按照同类金银首饰的销售价格确定计税依据代收代缴消费税,没有同类金银首饰销售价格的,按照组成计税价格确定计税依据代收代缴消费税。

4. 政策依据

《中华人民共和国消费税暂行条例》(国务院令〔2008〕第539号)第八条规定:"委托加工的应税消费品,按照受托方的同类消费品的销售价格计算纳税;没有同类消费品销售价格的,按照组成计税价格计算纳税。"

《财政部 国家税务总局关于调整金银首饰消费税纳税环节有关问题的通知》(财税〔1994〕95号)。

(十二)金银首饰用于奖励未计提税款的风险

1. 情景再现

某百货公司除销售百货商品以外,还从事金银珠宝玉石的销售,为了激励员工们努力工作,公司管理层决定对2016年度8名公司高管每人奖励一只50克9999标准的金项链一条,每条成本1.56万元,同类金项链最高不含税售价1.99万元。该百货公司账务处理如下:

借:管理费用　　　　　　　　　　　　　　　　　　　　　　　　　　1.99
　　贷:库存商品——金项链　　　　　　　　　　　　　　　　　　　　1.99

2. 风险描述

(1)百货公司将金银首饰或其他应税消费品用于馈赠、赞助、奖励、集体福利或个人消费等情形,未按规定计提消费税。同时,还应当关注将金银首饰或其他应税消费品用于换取生产资料和消费资料,投资入股和抵偿债务等情形时,是否按照同类产品最高销售价格计提消费税。

(2)百货公司将金银首饰或其他库存商品用于集体福利或个人消费未按规定转出增值税进项税额。同时,还应当关注将金银首饰或其他库存商品用于馈赠、赞助、奖励等情形时,是否视同销售计提增值税销项税额。

(3)百货公司将金银首饰或其他库存商品用于馈赠、赞助、奖励、集体福利或个人消费等情形时,未按视同销售申报缴纳企业所得税。

3. 防控建议

定期对库存商品贷方对应科目分析,是否存在实物馈赠、赞助、奖励、集体福利或个人消费等情形,是否按规定计提增值税、消费税、企业所得税。

4. 政策依据

《中华人民共和国消费税暂行条例》(国务院令〔2008〕第 539 号)第四条。
《中华人民共和国增值税暂行条例》(国务院令〔2008〕第 538 号)第十条。
《中华人民共和国增值税暂行条例实施细则》(财政部 国家税务总局第 50 号令)第四条。
《中华人民共和国企业所得税法实施条例》(国务院令〔2007〕第 512 号)第二十五条。

(十三)消费税应税与非应税混淆的风险

1. 情景再现

某大型专卖店是一家以销售金银首饰为主的消费税纳税人。2016 年 12 月,税务人员对该专卖店销售金银首饰的消费税问题进行了分析,发现该专卖店 2014 年申报消费税的销售金额为 5 200 多万元,但是该专卖店账上销售收入为 6 800 多万元(不含税),相差约 1 600 多万元。按消费者的消费习惯来看,对于消费税非应税项目(投资金条和摆件)的销售应该不是很多,通过询问该专卖店珠宝组的组长,了解到投资金条和摆件等消费税非应税项目销售额只占总销售额的 3% 左右。

税务人员就这个问题进行了核实,让公司财务负责人提供了商场内全部金银珠宝的所有商品代码,发现该专卖店把部分 K 金、黄金、镶嵌金等消费税应税项目设置成了零税率。经计算,该专卖店应补缴消费税 71.28 万元,并缴纳滞纳金 25.66 万元。

2. 风险描述

大型专卖店在销售时,未准确区分消费税应税项目与非应税项目,存在少缴消费税的风险。

3. 防控建议

健全内部控制管理,准确界定金银首饰与非金银首饰的范围,将金银首饰和非金银首饰的销售收入分开核算,准确计算应缴消费税。

4. 政策依据

《财政部 国家税务总局关于调整金银首饰消费税纳税环节有关问题的通知》(财税〔1994〕95 号)。

(十四)销售给单位客户少计销售收入的风险

1. 情景再现

A 单位为了中秋节给职工发放月饼,从 B 大型超市购入月饼一批,价值 9.80 万元。由于购入数量较大,B大型超市直接从仓库发货,没有通过前台收银机,也未在账上进行会计处理和申报缴纳税款。税务人员检查发现该问题后,责令其缴纳税款和滞纳金,并按征管法规定给予了罚款处罚。

2. 风险描述

单位客户购买大宗货物,不通过前台收银机付款,直接从仓库提货。大型超市未计销售收入,进而未缴纳增值税和企业所得税。

3. 防控建议

对于单位客户大宗购买,应该准确、完整地将销售入账。一方面,可加大盘点频率,对账实差异要认真分析原因;另一方面,可使用实时财务软件,加强内部控制,当仓库部门发货时可以及时传至财务部门进行会计处理,确认收入并计提税金。

4. 政策依据

《中华人民共和国增值税暂行条例》(国务院令〔2008〕第538号)第一条规定:"在中华人民共和国境内销售货物或者提供加工、修理修配劳务以及进口货物的单位和个人,为增值税的纳税人,应当依照本条例缴纳增值税。"

《中华人民共和国企业所得税法实施条例》(国务院令〔2007〕第512号)第十四条规定:"销售货物收入,是指企业销售商品、产品、原材料、包装物、低值易耗品以及其他存货取得的收入。"

(十五)通过设置独立柜台少计销售收入的风险

1. 情景再现

某百货公司除了将大部分柜台出租外,还留有一部分柜台自己经营,但是在经营的时候没有单独办理工商登记,这部分柜台的销售收入大部分没有申报,对顾客只是开具收据,对于需要发票的顾客则以百货公司的名义开具。2015年底税务人员检查确认,这部分柜台2014年销售收入合计158万元,确系该百货公司收入,责令其缴纳税款和滞纳金,并按征管法规定给予了罚款处罚。

2. 风险描述

通过独立设置的收银柜台不计或少计销售收入,存在少缴增值税、消费税和企业所得税的风险。

3. 防控建议

企业财务人员和办税人员应认真学习税法,对故意设置独立收银系统或故意少申报税金的行为,应当认识到问题的严重性和可能面临的处罚,必须坚决杜绝。

4. 政策依据

《中华人民共和国增值税暂行条例》(国务院令〔2008〕第538号)第一条规定:"在中华人

民共和国境内销售货物或者提供加工、修理修配劳务以及进口货物的单位和个人,为增值税的纳税人,应当依照本条例缴纳增值税。"

《中华人民共和国企业所得税法实施条例》(国务院令〔2007〕第 512 号)第十四条规定:"销售货物收入,是指企业销售商品、产品、原材料、包装物、低值易耗品以及其他存货取得的收入。"

(十六)折扣销售未按规定开具发票,不符合冲减收入条件而冲减收入的风险

1. 情景再现

某大型商超在 2016 年"五一欢乐送""十一国庆周""春节大礼包"等活动中采用了折扣销售的方式促进销售商品,规定如下:如购买 5 件,销售价格折扣 10%;购买 10 件销售价格折扣 15%等。税务人员在 2017 年增值税专项检查时发现,该大型商超 2016 年折扣销售后的销售收入为 19 600 万元(不含税),并按此金额申报缴纳了增值税。税务人员检查已开具发票时发现,大部分折扣销售的折扣金额仅仅在发票备注栏中说明,没有在同一张发票的金额栏内注明,经核实,不符合冲减收入规定的折扣金额为 400 万元(不含税)。最终,该大型商超补缴增值税 68 万元,缴纳滞纳金 6.12 万元。

2. 风险描述

大型商超在采用折扣销售方式时,未按规定将折扣销售的折扣金额在同一张发票的金额栏内注明,但仍然按照折扣后的金额申报,造成少缴税款的风险。

3. 防控建议

企业在开具发票时,对于折扣销售应按照规定将折扣销售的折扣金额在同一张发票的金额栏内注明,而不是仅仅是在备注栏内。

4. 政策依据

《国家税务总局关于折扣额抵减增值税应税销售额问题通知》(国税函〔2010〕56 号)。

(十七)销售折扣与销售折让混淆的风险

1. 情景再现

A 超市在 2015 年销售收款过程中采用了销售折扣的方式加速回款,规定如下:10 天内付款,货款折扣 2%;20 天内付款,货款折扣 1%等。同时,A 超市承诺消费者:自购买货物之日起 3 日内发现货物瑕疵的,可按照购货金额的 10%给予销售折让。

税务人员在 2017 年增值税专项检查时发现,该超市 2016 年初始入账销售收入 23 000 万元(不含税),扣除因货物瑕疵给予消费者销售折让金额 300 万元(不含税)后,实际确认销售收入 22 700 万元(不含税)。同时,该超市为加速回款,当年给予消费者销售折扣 200 万元(不含税)。2016 年该超市按照 22 500 万元申报缴纳了增值税。经核实后,该大型商超补缴增值税 34 万元,缴纳滞纳金 11.89 万元。

2. 风险描述

超市在申报缴纳增值税时,未能准确区分销售折扣与销售折让,在申报加纳增值税时,

从实际销售收入中错误地扣除了销售折扣金额,造成少缴税款的风险。

3. 防控建议

财务人员应准确区分销售折扣与销售折让,在申报缴纳增值税时从实际销售收入中只能扣除销售折让的金额,而不能扣除销售折扣的金额。

4. 政策依据

《国家税务总局关于纳税人折扣折让行为开具红字增值税专用发票问题的通知》(国税函〔2006〕1279号)。

二 商超行业纳税评估指标及评估方法

(一) 税负比较法

1. 评估模型

$$\text{增值税理论税负} = \text{增值税理论值} / \text{当期应税销售收入} = \left(\text{当期销售收入} - \text{销售成本}\right) \times 17\% / \text{当期应税销售收入}$$

增值税理论税负 ≈ 当期销售毛利率 × 17%

本期增值税实际税负 = 本期增值税实现数 / 本期应税销售收入

上年同期增值税实际税负 = 上年同期增值税实现数 / 上年同期销售收入

$$\text{销售毛益率变动率} = \left(\text{本期销售毛益率} - \text{上年同期销售毛益率}\right) / \text{上年同期销售毛益率}$$

$$\text{税负率变动率} = \left(\text{本期增值税实际税负} - \text{上年同期增值税实际税负}\right) / \text{上年同期增值税实际税负}$$

销售毛益率与税负率变动弹性比 = 当期销售毛益率变动率 / 当期税负率变动率

测算税收差异 = 本期应税销售收入 × (增值税理论税负 − 本期实际税负)

2. 应用分析要点

(1) 应用本方法的重点在于核实企业上期实际税负与本期理论税负的准确性,如果上期实际税负低于我们所测定的行业基准值,则基本不具备参考性。本期理论税负计算应注意综合考虑工资、费用等多种因素,挤干水分,科学计算。

(2) 商贸企业存在隐瞒销售返利的现象,商家所取得的返利收入要么不入账,要么长期挂在往来账,使税务部门难以鉴定。必要时可通过对方供货商调查核实取得有关证据,通过以点带面找出存在问题。

(3) 应注意测算分析和实地核查相结合。对测算分析的结果,必须深入调查,从企业进销核算系统、库存明细账目、辅助账务等多方印证、分析。

(4) 现在一些大型超市和商贸企业已经开始使用不同的商品进销核算管理系统软件来进行内部控制,系统存储数据比企业财务账反映更加真实有效,在实施纳税评估时,应注意及时控制商贸企业有关内控软件,防止数据销毁丢失。

3. 标准值参数范围(见表 3-4-1,具体运用要结合本地实际)

表 3-4-1　商超行业销售毛利率及税负率标准参考值

序号	类　　型	销售毛利率(%)	税负率(%)
1	服装	18～20	3
2	货流配送	8～12	1.5
3	副食品配送	8～12	1.5
4	百货超市	10～15	1.6
5	机械设备销售	10	1.6
6	煤炭销售	20	3
7	药品批零	10	1.2
8	成品油零售	10	1
9	化工材料销售	20	3.5
10	汽车贸易	10	1
11	建材销售	10～15	1.6
12	烟酒百货批零	10～15	1.6
13	五金零售	10	1.6
14	大家电	5	1
15	小家电	10	1.6

4. 数据来源

(1)从企业评估所属期的增值税纳税申报表及有关财务报表纸质或电子信息中取得以上数据。

(2)从商贸企业的内部核算报表(门店进销存日报表、销售汇总一览表+联营业务往来表、收银销售统计表、现金缴款通知单)及物流核算系统的实时电子数据中获取有关进销差价、综合毛利率等数据。

(3)税收综合征管系统数据中本期增值税纳税申报表中第 1 栏、第 24 栏的应纳税额本年累计数、应税销售额本年累计数、上年增值税纳税申报表中的上年应纳税额累计数、上年应税销售额累计数的数据。

(4)纳税人财务报表、申报资料及账簿、凭证等。需要说明的是,税负率属综合类分析指标,影响该指标的因素较多,如季节性因素、价格因素、经销商品品种结构因素、企业经销货物品种业务构成因素,等等。因此,该指标异常时,应结合其他指标进行多角度分析。

(二) 以进控销法

1. 评估模型

(1) 评估期进项税额控制数＝[期末存货较期初存货增加额(减少额用负数表示)＋本期销售成本]×主要外购货物的增值税税率＋本期运费支出数×7%。

> **参考值：** 评估所属期申报的进项税额；测算增值税差异＝评估所属期申报的进项税额－评估期进项税额控制数

(2) 不同税率商品进项税额所占比例＝不同税率商品进项税额评估所属期汇总数/评估所属期进项税额合计数。

> **注：** 17%、13%、6%、4%税率应分别计算单项比例

(3) 不同税率销售收入所占比例＝不同适用税率商品销售收入评估所属期汇总数/评估所属期销售收入合计数。

> **注：** 17%、13%、简易征收税率计税项目应分别计算

(4) 测算增值税差异＝∑(评估所属期总应税销售收入(含税数)×不同税率商品进项税额比例)/(1＋适用税率)×适用税率－评估所属期已申报销项税额。

2. 应用分析要点

(1) 该方法主要适用于经营范围广、日均业务量大、面向多层次、多类型消费者的大型商业零售企业，并不广泛适用于所有商贸类型企业，对于经营品种单一、销售对象较窄、业务量较小的中小型商贸企业适用效果欠佳。

(2) 要通过实地调查等方式将纳税人当期主营业务成本及期末存货数核对准确，可进行分品种估算，在此基础上将纳税人票面进项税额按税率清分准确，同时注意取得的发票与当期资金流向、实物是否真正一致。才能最终得出正确结果。

3. 标准值参考范围

(1) 评估期进项税额控制数参考值为评估所属期申报的进项税额。
(2) 以进销测算的当期销项税额参考值为评估所属期申报的销项税额。

4. 数据获取途径

(1) 从企业评估所属期的增值税纳税申报表以及资产负债表、损益表中获取有关存货

变动及成本核算情况。

（2）从增值税防伪税控系统和纳税人留存的增值税专用发票抵扣联中取得纳税人不同税率购进货物所占比例以及不同税率销售收入所占比例进行对比。

（三）趋势分析法

1. 评估模型

（1）主营业务收入变动率与主营业务利润变动率弹性比率。

$$\text{主营业务收入变动率} = \left(\text{评估所属期主营业务收入} - \text{上年同期主营业务收入}\right) / \text{上年同期主营业务收入}$$

$$\text{主营业务利润变动率} = \left(\text{评估所属期主营业务收入} - \text{上年同期主营业务利润}\right) / \text{上年同期主营业务利润}$$

收入利润变动弹性比＝主营业务收入变动率/主营业务利润变动率

（2）主营业务收入成本（费用）弹性变动比率。

$$\text{主营业务成本变动率} = \left(\text{评估所属期主营业务成本} - \text{上年同期主营业务成本}\right) / \text{上年同期主营业务成本}$$

$$\text{营业费用变动率} = \left(\text{评估所属期营业费用合计数} - \text{上年同期营业费用合计数}\right) / \text{上年同期营业费用合计数}$$

收入成本弹性变动比率＝主营业务收入变动率÷主营业务成本变动率×100%

或者收入成本弹性变动比率＝主营业务收入变动率÷营业费用变动率×100%

（3）往来款项变动比率。

$$\text{应收款项变动比率} = \left(\text{本期应收款项余额} - \text{上年同期应收款项余额}\right) / \text{上年同期应收款项余额} \times 100\%$$

> **注**：应收账款包含三项：应收账款、预收账款、其他应收款，每一类应单独计算

$$\text{应付款项变动比率} = \left(\text{本期应付款项余额} - \text{上年同期应付款项余额}\right) / \text{上年同期应付款项余额}$$

> **注**：应付款项也包含三项：应付账款、预付账款、其他应付款，每一类也应单独计算

2. 应用分析要点

（1）要密切关注商贸企业成本费用及往来款项等的变动情况，一旦发现成本费用及往来账款较以往发生较大变动，应该要结合实际深入调查，看它与实际经营情况究竟是否吻合。

（2）本方法使用原则上应在前两种方法效果分析结果不明显时使用，经综合分析后，一旦发现重大线索，可能说明存在账实不符或账外账等问题，应慎重对待，妥善处理。

（3）通过企业的增值税纳税申报表、资料负债表、损益表、财务账获取企业主营业务收入的构成及增长情况；会员卡（购物卡）销售情况；向购买者返利、退还销货款以及商品折扣情况；收取的价外费用如手续费、展览促销费、条码费、进场费、上架费、摊位费、通道费等及租金收入的确认情况；其他业务收入、营业外收入的构成及确认，包括向用户收取包装物押金，销售材料、器具等收入的确认情况。

（4）通过企业的商品购销存报表、盘存表、财务报表、企业所得税申报表以库存核算软件获取企业的资金流动情况，包括企业经营活动现金净流量、流动比率、资本结构、存货周转比率、商品定期盘存情况；商品购进及销售发票开具情况；其他业务支出、营业外支出的增长情况。通过多方获取数据，最大限度了解纳税人的真实经营情况。

3. 标准值参考范围

主营业务收入利润弹性变动比率参考值：1

主营业务收入成本（费用）弹性变动比率参考值：1

往来款项变动比率参考值：±50%

4. 数据来源

从企业评估所属期的增值税纳税申报表以及资产负债表、损益表中获取有关存货变动及成本核算情况。

三 典型案例

（一）案例情境

1. 企业基本信息

纳税人名称：福万家超市有限公司（以下简称"福万家"）

统一社会信用代码：913301097384125888

成立时间：2009年7月1日

经济性质：有限责任公司

福万家的集团总部在浙江省，2009年7月注册成立并开始经营，2009年11月被认定为增值税一般纳税人。其商品由总部统一采购。

超市登记税种有增值税、消费税、企业所得税（作为跨省经营二级分支机构分期预缴企业所得税），未享受税收优惠政策。

营业房为租赁，营业面积为18 930平方米，共4层，其中第四层全部转租给KTV，第一层部分转租给30多家企业和个体户商户，第二、三层除自营外部分出租，出租场地由总部招商部统一负责招商。

福万家的员工共170人，其中：店长1人，经理5人，主管28人，资深员工35人，普通员工101人。其高层及部分中层人员是由集团指派，其他人员基本由该超市自主招聘。

超市于 2014 年 10 月启用集团总部开发的 SAP 财务软件系统和 GMD 营运软件系统（发卡、POS 机、库存管理等），通过 SAP 系统进行核算，GMD 营运系统信息自动导入 SAP 系统，根据各类管理人员分级设置权限。

2. 企业经营情况

（1）企业经营模式：

① 直营模式：福万家从总部及供应商进货，然后卖给消费者，其销售收入占门店总收入的比重最大，占 95% 左右。

② 店面租赁模式：福万家将店面租赁给其他商户，只是收取租金收入，商户的商品销售、收款等均与该店无关。

③ 店面租赁＋IC 卡结算模式：商户直接供货给消费者，涉及 IC 卡消费的由超市单独设置一台 POS 机统一收款，再与商户按消费 IC 卡额的 3%～5% 结算手续费，商户商品的库存等与超市无关。

（2）福万家的主营内容和信息：

① 零售预包装食品兼散装食品，乳制品（含婴幼儿配方乳粉）。

② 五金交电、针纺织品、服装、鞋帽、日用百货、通信器材、办公用品、助动车、摩托车、汽车配件、家用电器、体育用品、健身器材、文具用品、工艺品（其中金银首饰制品为零售）。

③ 佣金代理（除拍卖）。

④ 对国内法人企业进行柜台出租。

⑤ 自营商品的仓储、送货、安装、维修、信息咨询。

⑥ 2017 年 7 月份销售收入 18 281 704.15 元，2017 年 8 月份销售收入 18 121 494.67 元，详见利润表、增值税纳税申报表。

3. 财务报表

相关财务报表见表 3-4-2 和表 3-4-3。

表 3-4-2　2017 年 8 月企业利润表

编制单位：杭州福万家超市有限公司　　　　　2017 年 8 月　　　　　单位：元

项　　目	本期金额	本年累计
一、营业收入	18 121 494.67	149 661 317.95
减：营业成本	16 953 007.71	138 943 749.56
税金及附加	83 020.24	684 879.62
销售费用	422 689.48	2 529 984.26
管理费用	408 585.75	3 444 055.03
研发费用		

续 表

项　　目	本期金额	本年累计
财务费用	51 359.40	405 086.65
其中：利息费用		
利息收入		
资产减值损失	6 833.78	18 695.99
加：其他收益		
投资收益（损失以"－"号填列）	108 338.78	126 149.79
其中：对联营企业和合营企业的投资收益		
公允价值变动收益（损失以"－"号填列）	942.42	76 085.58
资产处置收益（损失以"－"号填列）		
二、营业利润（亏损以"－"号填列）	305 279.51	3 837 102.21
加：营业外收入	60 679.98	544 705.12
减：营业外支出	46 642.37	357 359.73
三、利润总额（亏损总额以"－"号填列）	319 317.12	4 024 447.60
减：所得税费用	79 829.28	1 006 111.90
四、净利润（净亏损以"－"号填列）	239 487.84	3 018 335.70
（一）持续经营净利润（净亏损以"－"号填列）		
（二）终止经营净利润（净亏损以"－"号填列）		
五、其他综合收益的税后净额		
（一）不能重分类进损益的其他综合收益		
1. 重新计量设定受益计划变动额		
2. 权益法下不能转损益的其他综合收益		
……		
（二）将重分类进损益的其他综合收益		
1. 权益法下可转损益的其他综合收益		
2. 可供出售金融资产公允价值变动损益		

续 表

项　　目	本期金额	本年累计
3.持有至到期投资重分类为可供出售金融资产损益		
4.现金流量套期损益的有效部分		
5.外币财务报表折算差额		
……		
六、综合收益总额		
七、每股收益：		
（一）基本每股收益		
（二）稀释每股收益		

表3-4-3　2017年7月利润表

编制单位：杭州福万家超市有限公司　　　　　2017年7月　　　　　　　　单位：元

项　　目	本期金额	本年累计
一、营业收入	18 281 704.15	131 539 823.28
减：营业成本	16 954 551.07	121 990 741.85
税金及附加	86 673.12	601 859.38
销售费用	289 153.22	2 107 294.78
管理费用	422 146.27	3 035 469.28
财务费用	49 087.89	353 727.25
资产减值损失	1 502.39	11 862.21
加：公允价值变动收益（损失以"—"号填列）	10 708.23	75 143.16
投资收益（损失以"—"号填列）	−502.79	17 811.01
其中：对联营企业和合营企业的投资收益		
资产处置收益（损失以"—"号填列）		
其他收益		
二、营业利润（亏损以"—"号填列）	488 795.63	3 531 822.70
加：营业外收入	107 998.14	484 025.14

续 表

项　　目	本期金额	本年累计
减：营业外支出	21 679.84	310 717.36
三、利润总额（亏损总额以"－"号填列）	575 113.93	3 705 130.48
减：所得税费用	143 778.48	926 282.62
四、净利润（净亏损以"－"号填列）	431 335.45	2 778 847.86
（一）持续经营净利润（净亏损以"－"号填列）		
（二）终止经营净利润（净亏损以"－"号填列）		
五、其他综合收益的税后净额		
（一）以后不能重分类进损益的其他综合收益		
（二）以后将重分类进损益的其他综合收益		
六、综合收益总额		
七、每股收益：		
（一）基本每股收益		
（二）稀释每股收益		

4. 数据对比表

相关数据对比见表3-4-4。

表3-4-4　行业平均与福万家2017年7月和8月的数据对比表

企业名称	丙超市		福万家	
所属期	2017年7月	2017年8月	2017年7月	2017年8月
销售收入	14 053 264.65	15 952 576.43	18 281 704.15	18 121 494.67
销售成本	11 876 413.95	13 599 571.4	16 954 551.07	16 953 007.71
销售毛利	15.49%	14.75%	7.26%	6.45%
增值税税负率	2.49%	2.28%	0.67%	0.02%

5. 纳税申报

相关纳税申报见表3-4-5和表3-4-6。

表 3-4-5　2017 年 7 月增值税纳税报表

增值税及附加税费申报表
（一般纳税人适用）

根据国家税收法律法规及增值税相关规定制定本表。纳税人不论有无销售额，均应按税务机关核定的纳税期限填写本表，并向当地税务机关申报。

税款所属时间：2017 年 7 月 1 日至 2017 年 7 月 31 日　　　　填表日期：2017 年 8 月 10 日

金额单位：元

纳税人识别号(统一社会信用代码)：	913301097384125888			所属行业：	零售业	
纳税人名称	杭州福万家超市有限公司		法定代表人姓名		注册地址	生产经营地址
开户银行及账号				登记注册类型		电话号码

项目		栏次	一般项目		即征即退项目	
			本月数	本年累计	本月数	本年累计
销售额	（一）按适用税率计税销售额	1	17 873 741.57	128 604 466.42		
	其中：应税货物销售额	2	17 873 741.57	128 604 466.42		
	应税劳务销售额	3				
	纳税检查调整的销售额	4				
	（二）按简易办法计税销售额	5				
	其中：纳税检查调整的销售额	6				
	（三）免、抵、退办法出口销售额	7			—	—
	（四）免税销售额	8	22 165.35	206 567.16	—	—
	其中：免税货物销售额	9	22 165.35	206 567.16	—	—
	免税劳务销售额	10				
税款计算	销项税额	11	3 038 536.07	21 862 759.29		
	进项税额	12	2 987 543.61	19 934 317.04		
	上期留抵税额	13				
	进项税额转出	14	71 494.96	551 790.31		
	免、抵、退应退税额	15			—	—
	按适用税率计算的纳税检查应补缴税额	16			—	—
	应抵扣税额合计	17＝12+13-14-15+16	2 916 048.65	—		—

续 表

项　　目		栏　次	一般项目		即征即退项目	
			本月数	本年累计	本月数	本年累计
税款计算	实际抵扣税额	18（如17＜11,则为17,否则为11）	2 916 048.65	19 382 526.73		
	应纳税额	19＝11－18	122 487.42	2 480 232.56		
	期末留抵税额	20＝17－18				—
	简易计税办法计算的应纳税额	21				
	按简易计税办法计算的纳税检查应补缴税额	22				—
	应纳税额减征额	23				
	应纳税额合计	24＝19＋21－23	122 487.42	2 480 232.56		
税款缴纳	期初未缴税额（多缴为负数）	25	354 624.19	2 706 717.56		
	实收出口开具专用缴款书退税额	26				
	本期已缴税额	27＝28＋29＋30＋31	354 624.19	2 706 717.56		
	① 分次预缴税额	28		—		—
	② 出口开具专用缴款书预缴税额	29		—		—
	③ 本期缴纳上期应纳税额	30				
	④ 本期缴纳欠缴税额	31				
	期末未缴税额（多缴为负数）	32＝24＋25＋26－27	122 487.42	122 487.42		
	其中：欠缴税额（≥0）	33＝25＋26－27				
	本期应补（退）税额	34＝24－28－29	122 487.42			—
	即征即退实际退税额	35	—	—		
	期初未缴查补税额	36				—
	本期入库查补税额	37				—
	期末未缴查补税额	38＝16＋22＋36－37				—
授权声明	如果你已委托代理人申报,请填写下列资料： 为代理一切税务事宜,现授权 （地址）　　　为本纳税人的代理申报人,任何与本申报表有关的往来文件,都可寄予此人。			本纳税申报表是根据国家税收法律法规及相关规定填报的我确定它是真实的、可靠的、完整的。 声明人签字		

税务机关　　　　　　　　　　　　　　　　　　　　　　接收日期

表 3-4-6　2017 年 8 月增值税纳税申报表

增值税及附加税费申报表

（一般纳税人适用）

根据国家税收法律法规及增值税相关规定制定本表。纳税人不论有无销售额，均应按税务机关核定的纳税期限填写本表，并向当地税务机关申报。

税款所属时间：2017 年 8 月 1 日至 2017 年 8 月 31 日　　　　填表日期：2017 年 9 月 10 日

金额单位：元

纳税人识别号(统一社会信用代码)：	913301097384125888			所属行业：零售业	
纳税人名称	杭州福万家超市有限公司	法定代表人姓名		注册地址	生产经营地址
开户银行及账号				登记注册类型	电话号码

	项　目	栏　次	一般项目		即征即退项目	
			本月数	本年累计	本月数	本年累计
销售额	（一）按适用税率计税销售额	1	17 793 757.89	146 398 224.31		
	其中：应税货物销售额	2	17 793 757.89	146 398 224.31		
	应税劳务销售额	3				
	纳税检查调整的销售额	4				
	（二）按简易办法计税销售额	5				
	其中：纳税检查调整的销售额	6				
	（三）免、抵、退办法出口销售额	7			—	—
	（四）免税销售额	8	25 367.98	231 935.14		
	其中：免税货物销售额	9	25 367.98	231 935.14		
	免税劳务销售额	10			—	—
税款计算	销项税额	11	3 024 938.84	24 887 698.13		
	进项税额	12	3 090 249.33	23 024 566.37		
	上期留抵税额	13			—	—
	进项税额转出	14	68 934.79	620 725.10		
	免、抵、退应退税额	15			—	—
	按适用税率计算的纳税检查应补缴税额	16			—	—
	应抵扣税额合计	17＝12＋13－14－15＋16	3 021 314.54	—		

续 表

项　　目		栏　次	一般项目		即征即退项目	
			本月数	本年累计	本月数	本年累计
税款计算	实际抵扣税额	18(如17＜11,则为17,否则为11)	3 021 314.54	22 403 841.27		
	应纳税额	19＝11－18	3 624.30	2 483 856.86		
	期末留抵税额	20＝17－18				—
	简易计税办法计算的应纳税额	21				
	按简易计税办法计算的纳税检查应补缴税额	22				
	应纳税额减征额	23				
	应纳税额合计	24＝19＋21－23	3 624.30	2 483 856.86		
税款缴纳	期初未缴税额(多缴为负数)	25	122 487.42	2 829 204.98		
	实收出口开具专用缴款书退税额	26			—	—
	本期已缴税额	27＝28＋29＋30＋31	122 487.42	2 829 204.98		
	① 分次预缴税额	28			—	—
	② 出口开具专用缴款书预缴税额	29			—	—
	③ 本期缴纳上期应纳税额	30	122 487.42	2 829 204.98		
	④ 本期缴纳欠缴税额	31				
	期末未缴税额(多缴为负数)	32＝24＋25＋26－27	3 624.30	3 624.30		
	其中:欠缴税额(≥0)	33＝25＋26－27		—		—
	本期应补(退)税额	34＝24－28－29	3 624.30	—	—	—
	即征即退实际退税额	35	—	—		
	期初未缴查补税额	36			—	—
	本期入库查补税额	37			—	—
	期末未缴查补税额	38＝16＋22＋36－37			—	—
附加税费	城市维护建设税本期应补(退)税额	39			—	—
	教育费附加本期应补(退)费额	40			—	—
	地方教育附加本期应补(退)费额	41			—	—

续 表

声明:此表是根据国家税收法律法规及相关规定填写的,本人(单位)对填报内容(及附带资料)的真实性、可靠性、完整性负责。 　　　　　　　　　　　　　　　　　　　　　　　　　　　　纳税人(签章):　　年　月　日			
经办人: 经办人身份证号: 代理机构签章: 代理机构统一社会信用代码:	受理人: 受理税务机关(章):	受理日期:	年　月　日

(二) 案头分析

1. 案头说明

(1) 该地区大型连锁超市 2017 年 8 月售收入情况如下。

甲超市:5 191 万元;乙超市 3 836 万元;丙超市:1 595 万元;福万家:1 812 万元。

(2) 丙超市财务管理制度健全,账务处理、纳税申报管理体系规范,丙超市销售毛利率、增值税税负率可作为行业平均水平参考。

(3) 福万家为跨省经营二级分支机构,按总机构分配表纳税。

(4) 通过普通发票开票信息查询,税务人员了解到企业有部分普通发票开具给区外企业;通过防伪税控发票信息查询,了解到企业有增值税专用发票开具给区外企业,且增值税发票抵扣中有大量石油公司开具的发票,还有部分钢构企业开具的发票。

2. 风险点判断和结论

通过案头分析,该企业可能存在以下税收风险点:

☐ 企业可能存在虚假经营

☐ 企业可能存在计提资产减值损失但汇算时未作纳税调整

☐ 企业可能存在应税收入开为零税率,偷逃增值税

☐ 企业可能存在少报消费税收入

☐ 企业可能存在开具普通发票红字发票冲销收入,偷逃税款

☑ 企业可能存在"富余发票"虚开

☑ 企业可能存在多抵扣成品油进项税额

☐ 企业可能存在进项发票不能及时取得

☐ 企业可能存在短期内大量增加购票量,有短期内虚开后走逃或注销的风险

☐ 销售环节存在大里现金交易,导致购销两头业务真实性、完整性很难控制

☐ 企业可能存在虚列、乱列费用、虚假经营、虚假会计核算

☐ 企业可能存在不符合规定的资产损失列支了营业外支出

☐ 企业可能存在消费卡和票、货、款不相符

☐ 企业可能存在纸箱收入未计收入

☑ 企业可能存在少报销售收入、少报销售税额

☐ 企业可能存在长期低于成本价销售

☐ 企业可能存在固定资产清理未按税法规定申报
☐ 企业可能存在扩大优惠税率适用范围
☑ 可能存在总部调节进项税额和利润
☐ 企业可能存在虚开零税率供下游企业虚抵成本

【参考依据】

(1) 根据案头说明(4)，福万家有增值税专用发票和普通发票开具，购货单位有外地企业，存在虚开发票的可能，需要后续对交易的真实性做出核查。

(2) 根据案头说明(4)，对于一般的商超企业来说，不会用到大量的石油和钢材，那可能存在虚开增值税发票的可能，但也不排除如果超市本身有运输业务或者正在装修和扩张的可能，可能存在多抵成品油进项税额。

(3) 增值税申报表与利润表的收入差异异常，利润表中的收入为 18 121 494.67 元，而增值税申报表中的收入则为 17 793 757.89 元，福万家所属期增值税纳税申报表销售额合计小于利润表收入金额，大约 32.77 万元，存在已核算收入未全额申报纳税的可能。

(4) 根据企业经营情况(直营模式)，店面租赁模式与店面租赁＋IC 卡结算模式是否存在未完全申报纳税，增值税税负率偏低，可能存在收入未全部核算的，总部调节进项税额和利润。

3. 风险特征分析计算

可供判断的风险模型、计算公式、指标源、特殊信息有以下项目：

☑ 增值税税负率＜1%
☑ 连续两期增值税税负率偏低
☐ 期初库存商品较大而期初留抵税额较小
☐ 利润表中长期存在：主营业务成本＞主营业务收入
☐ 商贸企业进销税率不一致
☐ 商业零售企业无票收入低于总收入×30%
☐ 未开票收入为负
☐ 当年取得的不征税收入＞0，不征税收入形成的支出调增金额＝0
☐ 一般纳税人增票异常(一个月内增票三次且总数超过 300 份)
☐ 期初留抵税额较大而期初库存较少
☐ 当期新增应收账款金额大于销售收入×80%
☐ 商贸企业期间用总额＞主营业务收入×20%
☐ 平均存货金额大于销售收入×30%
☑ 连续两期销售毛利率偏低
☐ 商贸企业毛利率≥20%且增值税税负率＜2%
☐ 营业外收入＞销售收入×1%
☐ (超低税负)工业和商业零售企业所得税税负率＜0.5%
☐ 将应税收入开为零税率
☐ 开具普通发票红字发票冲销收入

☑ 销售毛利率＜10%
☑ 增值税申报表和利润表的收入差异异常

【参考依据】

(1) 根据增值税税负率所示,福万家超市的增值税税率为 2017 年 7 月为 0.67%,2017 年 8 月为 0.02%,远低于行业平均的丙超市 7 月为 2.49%,8 月为 2.28%。

(2) 2017 年 7 月、2017 年 8 月税负率偏低。

(3) 根据数据对比表可以看出福万家的毛利率 7 月为 7.26%,8 月为 6.45%,均低于 10%,且远低于同期的行业平均丙超市;丙超市的毛利率 7 月为 15.49%,8 月为 14.75%,因此福万家超市连续两期销售毛利率偏低。

(4) 2017 年 7 月、2017 年 8 月的毛利率都小于 10%。

(5) 增值税申报表与利润表的收入差异异常,利润表中的收入为 18 121 494.67 元,而增值税申报表中的收入则为 17 793 757.89 元,福万家所属期增值税纳税申报表销售额合计小于利润表收入金额,大约 32.77 万元,存在已核算收入未全额申报纳税的可能。

4. 风险信息排除确认

通过上述资料,可对税收风险进行判断、验证、排除、确认。

☐ 企业是否存在少报销售收入、少报销售税额还无法判断
☐ 企业肯定不存在将应税收入开为零税率,偷逃增值税
☐ 企业肯定存在不符合规定的产损失列支了营业外支出
☐ 企业肯定存在"富余发票"虚开
☐ 企业肯定存在少报消费税收入
☐ 企业肯定存在多抵扣成品油进项税额
☐ 企业肯定存在总部调节进项税额和利润
☐ 企业肯定存在短期内大量增加购票量,有短期内虚开后走逃或注销的风险
☐ 企业肯定不存在少报消费税收入
☐ 企业肯定存在应税收入开为零税率,偷逃增值税
☐ 企业肯定不存在总部调节进项税额和利润
☐ 企业销售环节肯定存在大量现金交易,导致购销两头业务真实性、完整性很难控制
☐ 企业肯定不存在虚开零税率供下游企业虚抵成本
☑ 企业是否存在多抵扣成品油进项税额还无法判断
☐ 企业肯定不存在"富裕发票"虚开
☐ 企业肯定不存在少报销售收入、少报销售税额
☐ 企业肯定不存在固定资产清理未按税法规定申报
☐ 企业肯定不存在多抵扣成品油进项税额
☑ 企业是否存在"富裕发票"虚开还无法判断
☑ 企业肯定存在少报销售收入、少报销售税额

【参考依据】

(1) 增值税申报表与利润表的收入差异异常,利润表中的收入为 18 121 494.67 元,而增值税申报表中的收入则为 17 793 757.89 元,福万家所属期增值税纳税申报表销售额合计小

于利润表收入金额,企业肯定存在少报销售税额。

(2)根据案头说明,福万家有发票开具给区外企业的情况,需要对交易事项及发票的真实性做进一步的分析后予以排除或确认。

(3)福万家存在大量油费大票抵扣的情况,对油费发票及金额的真实性、准确性、合理性需做进一步的分析后予以排除或确认。

5. 风险应对经验策略

按照前述风险判断、分析、确认结果,对福万家超市有限公司2017年7月和2017年8月纳税遵从情况进行分析,评定其风险等级为高。

根据判断和分析,可对该企业的风险情况进行评价和应对。

☑ 核查企业的销售货物流,看区外购货单位货物运输与发票流、资金流匹配度

☐ 核查企业的资金流,是否存在长时间的购销业务只动发票不动货款的现象

☐ 如果企业的每笔销售都高于进价,而总体出现成本大于收入,则重点检查每月结转成本计算单是否正确

☐ 要对企业收入、成本、费用、毛利结构进行拆分查看,看其结构是否存在明显不合理的地方

☐ 核查企业的资金流,看是否存在资金回流现象

☑ 核查企业车辆配置情况,了解汽车使用规律,估算油费发票金额

☑ 核查企业持有或承租房产情况,确认自营与出租房产明细,看出租房产、结算手续收入核算与申报是否完整

☐ 核查销售费用、管理费用、财务费用哪个项目较大,对较大项目逐笔核查是否合理

☑ 核查企业近期房产建设情况,测算钢构材料用量

☐ 核查每月结转成本计算单的品种、数量、单价、金额

☑ 核对申报表数据和企业会计总分类收入项目,对收入不一致的收入项目逐项分析核对,查账收入不一致的原因

☐ 如果企业长期大部分销售都低于进价,则应重点核查企业的返利情况,了解上下游企业的购销合同、销售政策

【参考依据】

(1)对增值税纳税申报与利润表收入不一致的情况,需根据收入项目逐项分析核对,对未完全申报的收入应深入分析产生的原因。

(2)超市一般购货对象为本地企业,购货单位有外地企业,分析是否存在"富裕发票"的情况,需核查此类业务发票、资金、货物流匹配度,同时,货物流可以与超市SAP财务软件系统和GMD营运软件系统相比对。

(3)福万家存在大量油费大票抵扣的情况,需了解该超市车辆配置情况、车辆使用规律、车辆用油管理制度、用车记录单等资料,核查油费发票抵扣与真实用油记录匹配度。

(4)福万家存在部分钢构企业发票,核查企业近期房产建设情况,测算材料需用,判断钢构企业发票及金额的合理性。

(5)除主要的直营模式外,核查福万家店面租赁模式与店面租赁+IC卡结算模式收入

等其他收入核算与申报完整性。

(三) 案例点评——商超行业税收风险控制点

(1) 企业购进商品的资金流、货物流难以实行有效监控。一般纳税人企业进货品种复杂,现金交易量大,销售不开或迟开发票现象居多。

(2) 滞后做销售收入现象普遍。主要表现为销售收入实现后,不做或迟做销售。采取挂往来账或不计入销售收入账户等方法调节应纳税额。

(3) 进销体外循环问题,尤其是小型商贸企业,对不需要发票单位不开发票,不记销售账户,同时也不记购进,实行两头不入账,逃避纳税义务。

(4) 进项税额方面问题,如超市对外出租柜台,承租单位耗用的电费未按规定转出进项,少数企业购进固定资产也抵扣了进项税额。厂家支付的平销返利不入账核算。有的取得虚假的运输发票、虚开农产品收购发票抵扣进项税。

(5) 账簿设置不规范。许多商贸企业会计核算不健全,账簿设置十分简单,有的没有往来账,有的没有库存账,有的往来账核算混乱,商品损失账进行暗销或长期挂账不做处理。

(6) 普遍存在现金交易量大和大额坐支现金现象,纳税评估很难从其资金流量、银行对账单中找到突破口。普遍存在以个人名义在银行开设储蓄存款账户用于收付货款,税务机关很难掌握其结算账户和结算金额。

(7) 财务备案制度未得到落实。根据相关规定,从事生产经营的纳税人的财务、会计制度或者财务、会计处理办法和会计核算软件,应当报送税务机关备案,目前,大部分商贸企业有关存货核算软件和会计核算软件基本未报送。

(8) 购货渠道不易掌握。由于量贩超市行业经营商品品种繁多,购货渠道多样,结算方式均为现金交易,另外个别商品的代理商、经销商、批发商(大多是个人经营)要求索要发票一个价、不要发票又一个价,这样使购货量难以准确核实。

(9) "返利销售"现象普遍,即生产企业以商业企业的销售价格或高于商业企业销售价格的价格,将货物销售给商业企业,并以此价格开具增值税专用发票,而商业企业以进货价格或低于进货价格的价格进行销售,生产企业则以返还利润等方式弥补商业企业的进销差价损失。

(四) 知识拓展

本案选择了大型商贸行业中有代表性的大型连锁超市为评估对象,在评估分析环节,通过调取企业的基本情况表、财务报表和纳税申报表等有关申报资料和企业备案的相关资料,并向企业了解各种经营信息,利用财务分析、纳税调整,结合企业自身特点,有针对性地进行纳税评估。

风险应对人员以企业的财务报表分析为基础,运用纳税评估相关指标、结合大型商贸企业特点展开分析,查找企业存在的疑点,经过分析、约谈、评估处理,完成评估,补缴增值税 657 454.87 元,加收滞纳金 13 874.04 元。通过对该超市的典型评估剖析,为各税源管理单位提供了风险样本。据统计,经各税源管理单位进一步评估后,大型连锁超市行业整体税负率提高了 0.2%,有效地促进了大型连锁超市和商场的税源管理。

通过本案例的评估,分析行业特点,查找存在的税收风险点,利用税负率、毛利率等筛选指标扫描超市税收风险,结合对超市类纳税人经营及纳税情况测算分析,确定纳税评估对象。对重点税源实行精细化、专业化管理,充分发挥纳税评估的作用,加强对大型商贸企业的监控管理,对于确定纳税评估对象是具有可操作性和现实意义的。

第五章
食品加工行业

一 税收风险描述及防控建议

(一) 以取得增值税专用发票虚列成本费用的方式,存在多抵扣进项税额的风险

1. 情景再现

某食品加工企业2019年成立以来,经常对外大量收购水果和农产品,如西瓜、菠萝、桃子、柚子、橘子、哈密瓜、土豆等。其中,大多数蔬果是直接向当地果农收购,且自行填开农产品收购发票;但也少数蔬果是从其他蔬果批发商手中购买,而且没有从批发商手中取得发票,仍然以自行填开农产品收购发票的方式申报抵扣增值税进项税额。

2. 风险描述

(1) 此食品加工企业在向果农购进水果的过程中,自行填开农产品收购发票的时候,可能会虚开收购数量并高开农产品收购单价。在计算农产品进项税额时,以此方式多计算农产品进项税额,进而产生多抵扣进项税额的税务风险。

(2) 食品加工企业在日常的农产品采购业务中,存在向非农业生产者购买农产品,不能取得卖方开具的发票或者卖方不愿开具发票,于是便自己开具农产品收购发票,或让他人为自己开具《增值税专用发票》用于计算抵扣进项税额的风险,使得该食品加工企业存在少缴企业所得税的风险。

(3) 食品加工企业虚列各项未真实发生的原材料采购成本及加工制造费用项目,存在通过取得增值税发票来多抵扣进项税额的税务风险。

(4) 类似案例中的食品加工企业的其他部分农产品批发收购企业,可能存在虚开农副产品收购发票或扩大农产品收购范围的情况。

(5) 相同类型的企业也存在将各类与生产经营无关的费用,以通过各种渠道取得的增值税扣税凭证列支,进而产生少缴税款的税务风险。

3. 防控建议

完善采购环节相关制度,严格审核农产品收购发票开具对象,对于以现金交易为主,当期购进开具农产品收购发票后立即销售的,应当审核交易订单或合同;严格审核购入农产品的品目,确认是否属于农产品收购发票开具范围,是否按照文件要求准确开具;严格审核农产品收购发票开具业务的真实性和合法性,注重市场价格与收购价格的对比分析,防止收购费用列入收购金额开具发票。

4. 政策依据

《中华人民共和国增值税暂行条例》第九条;《国家税务总局关于纳税人虚开增值税专用发票征补税款问题的公告》(国家税务总局公告 2012 年第 33 号);《国家税务总局关于纳税人取得虚开的增值税专用发票处理问题的通知》(国税发〔1997〕134 号);《中华人民共和国发票管理办法》第二十条、第二十三条;《国家税务总局关于修订〈增值税专用发票使用规定〉的通知》(国税发〔2006〕156 号)第十一条、第十二条。

(二)集体福利或者个人消费的水电未作进项税额转出的风险

1. 情景再现

某国有白酒生产公司 2016 年将职工幼儿园使用的水电费 5.3 万元,合并至企业生产用水用电费用中进行核算,导致多抵扣进项税额,少缴纳税款。

2. 风险描述

企业未正确区分生产用水用电及集体福利的生活用水用电,导致混淆水电费的财务处理,未作进项税额转出。

3. 防控建议

企业应建立完善的生产计划体系,合理规划生产环节的耗水耗电,正确区分生产用水用电、集体福利或个人消费用水用电,不可将费用混淆处理,按生产实际耗用申报抵扣,将用于集体福利或者个人消费的水电费用,及时作进项税额转出。

4. 政策依据

《中华人民共和国增值税暂行条例》(国务院令第 538 号)第十条:"下列项目的进项税额不得从销项税额中抵扣:(一)用于非增值税应税项目、免征增值税项目、集体福利或者个人消费的购进货物或者应税劳务;(二)非正常损失的购进货物及相关的应税劳务;(三)非正常损失的在产品、产成品所耗用的购进货物或者应税劳务;(四)国务院财政、税务主管部门规定的纳税人自用消费品;(五)本条第(一)项至第(四)项规定的货物的运输费用和销售免税货物的运输费用。"

《财政部 国家税务总局关于全面推开营业税改征增值税试点的通知》(财税〔2016〕36 号)第二十七条:"下列项目的进项税额不得从销项税额中抵扣:(一)用于简易计税方法计税项目、免征增值税项目、集体福利或者个人消费的购进货物、加工修理修配劳务、服务、无形资产和不动产。其中涉及的固定资产、无形资产、不动产,仅指专用于上述项目的固定资产、无形资产(不包括其他权益性无形资产)、不动产。"

(三)非正常损失存货未作进项税额转出的风险

1. 情景再现

某食品加工生产企业 A 公司库存的 100 箱坚果因管理不善被附近居民盗取,成本为 50 万元,但未对该部分已抵扣的进项税额 6.5 万元作进项税额转出。

2. 风险描述

(1) 由于管理不善造成存货被盗或丢失，以及因违反法律法规造成材料被依法没收、销毁可能存在未按规定作进项税额转出的风险。

(2) 非正常损失可能存在随意扩大资产损失范围，未按规定的程序和要求向主管税务机关申报而在税前扣除的风险。

3. 防控建议

财务部门应按照内部控制的要求，保留好可靠性高的外部证据和特定事项的企业内部证据等资料。企业发生损失时，损失发生和税务处理的年度应相匹配。企业实际资产损失，应当在其实际发生且会计上已作损失处理的年度申报扣除；法定资产损失，应当在企业向主管税务机关提供证据资料证明该项资产已符合法定资产损失确认条件，且会计上已作损失处理的年度申报扣除。

4. 政策依据

《中华人民共和国增值税暂行条例》（国务院令第538号）第十条："下列项目的进项税额不得从销项税额中抵扣：（二）非正常损失的购进货物及相关的应税劳务；（三）非正常损失的在产品、产成品所耗用的购进货物或者应税劳务。"

《中华人民共和国增值税暂行条例实施细则》（财政部 国家税务总局第50号令）第二十四条："条例第十条第（二）项所非正常损失，是指因管理不善造成被盗、丢失、霉烂变质的损失。"

（四）处置使用过的固定资产未计销项税额的风险

1. 情景再现

某大型国有啤酒生产企业，在2015年公车改革时，处置使用过的高档轿车一批，取得收入1 360万元，未计提增值税销项税额。

2. 风险描述

处置使用过的固定资产属于销售货物的行为，应当计算缴纳增值税。

3. 防控建议

企业销售使用过的固定资产，应按规定计算增值税。企业应区分2008年12月31日以前和以后购进或者自制的固定资产，按照不同的适用税率计算增值税。

4. 政策依据

《关于全国实施增值税转型改革若干问题的通知》（财税〔2008〕170号）。

《关于一般纳税人销售自己使用过的固定资产增值税有关问题的公告》（国家税务总局公告2012年第1号）。

《国家税务总局公告关于简并增值税征收率有关问题的公告》（2014年第36号）。

二 食品加工行业纳税评估指标及评估方法

食品加工行业属于劳动密集型产业，产品科技含量低，产品生产周期较短，资金回笼较快,对流动资金的充裕度要求相对较低。该行业生产原材料有很大一部分是农产品,其收购环节因受税收政策和制度的制约,使管理监控面临很多困难,也为纳税人虚增进项税提供了空间。在生产环节中,税务机关也难以监控从原材料出库到生产出产成品整个生产过程,相关的生产数据、指标既不统一,也难掌握。

(一) 投入产出分析法

根据食品加工企业评估期实际投入的原材料、辅助材料、包装物等的数量,按照确定的投入产出比测算出企业评估期的产品产量,结合库存产品数量及产品销售量、销售单价测算分析纳税人实际产销量、销售收入。将测算出的实际产销量、销售收入与纳税人的财务报表、纳税申报表进行对比分析的方法。

1. 评估模型

评估期企业实际的产品产量 = 评估期投入原材料和其他辅助材料数量 × 原料成品率

$$评估期企业实际产品销售收入 = (评估期库存产品数量 + 评估期产品产量 - 评估期期末库存量) \times 平均产品单价$$

测算税收差异 = (测算销售收入 - 实际申报销售收入) × 适用税率

2. 应用要点

应用该模型能核对企业申报的销售额是否真实。如测算产值大于其申报的销售收入,则要查证有无账外经营、瞒报、漏报、迟报计税销售额问题。

(1) 注意测算分析和实地核查相结合。经过测算出的产品产量可与实地查验结果核对,找出问题值,正常情况下,企业发生销售滞后问题,往往通过实地查验,测算出的结果或账载数量与实际库存数量核对,找出问题值。

(2) 用最终测算出的评估期销售收入与企业实际申报销售收入进行对比,核对企业申报的销售额是否真实。如问题值较大,企业则可能存在少计产成品入库数量,可能造成少计销售收入而少缴增值税,或延期计销售收入造成当期应纳增值税后移。

(二) 电耗测算法

1. 评估模型

生产用电量 = 总耗用电量 × (1 - 非生产用电比例) = ∑(各生产环节耗用电量)

评估期产品数量 = 评估期生产用电量 ÷ 单位产品电耗定额

$$测算应税销售收入 = (期初库存产品数量 + 评估期产品数量 - 期末库存产品数量) \times 评估期产品销售单价$$

问题值 = (测算应税销售收入 - 企业实际申报应税销售收入) × 适用税率(征收率)

2. 应用要点

(1) 对初步采集的数据进行汇总分析,对不同企业单位产品耗电率数据剔除设备磨损差异、正常损耗差异等相关因素影响,参照同行业国家标准并经走访业内专业人士,测算出行业耗电率。

(2) 正常的企业非生产性(办公照明、空调使用等)用电占比例很小,可以忽略不计。但对差异额较大的,应分析是否存在隐瞒产量,少计销售收入的可能,是否存在将电转售其他企业或用于非应税项目等情况,少计其他业务收入或多抵进项情况;对需要由电费推算用电量的,应考虑扣除企业缴纳的基本电费。

三 典型案例

(一) 案例情境

1. 企业基本信息

纳税人名称: 浙江绿色食品有限公司(简称"绿色食品")
统一社会信用代码: 913302197384125089
成立时间: 2004年7月1日
经济性质: 有限责任公司
所属行业: 农副食品加工业
增值税类型: 一般纳税人
开户银行: 中国银行杭州市滨江支行
银行账号: 2345678000000
电话: 0571-87855640
注册地址: 杭州市滨江区南环路375号
经营范围: 预包装食品及散装食品、包装制品、炒货食品及坚果制品、谷物类营养饮品的研发、生产和销售。农副土特产品、杂粮、干果、坚果及果仁的种植、加工、存储和销售。广告的设计、制作和发布。货物进出口及代理(依法须经批准的项目,经相关部门批准后方可开展经营活动)

企业目前拥有三条坚果炒货流水线,两条油炸食品流水线,一条果蔬脆片流水线。企业总人数303人,其中:总经理1人、财务部14人、销售部35人、行政管理部8人、采购部10人、生产部235人。

企业主要涉及税费包括:增值税及其他附加税、企业所得税、个人所得税、房产税、印花税等。企业所得税为查账征收,税率为25%;房产税按照比例减除30%。

2. 企业经营情况

(1) 采购模式。企业生产原料采购,与固定农产品种植户签订长期合作协议,每到收割季节,由业务员外出收购,也有部分农产品原材料是由农户送上门。

(2) 销售模式。公司以市场作为先导。由销售部根据市场或特定客户的要求拟定产品方案,获得审核通过后,下达生产任务单,有序地组织采购和生产工作,最后将产品交付客户或者由销售人员推向市场。公司采用直销模式,充分满足客户需求,从而获得收入、利润和现金流。

该企业产品全部内销,销售方式有三种:委托超市及商场代销、专卖店直接销售、通过各大电商网站销售。

3. 经营情况

(1) 2019 年营业收入 379 890 143.13 元,2018 年营业收入 372 453 010.04 元。

(2) 2019 年营业成本 291 165 426.13 元,2018 年营业成本 282 376 886.69 元。

(3) 2019 年固定资产增减明细如表 3-5-1 所示。

表 3-5-1 固定资产明细表　　　　单位:元

项　目	期初账面原值	本期增加	本期处置报废	期末账面余额
房产及建筑物	20 063 193.00	7 022 117.55		27 085 310.55
机器设备	12 916 800.00	2 624 000.00	1 469 440.00	17 010 240.00
运输设备	8 280 000.00	1 335 000.00	504 960.00	10 119 960.00
办公设备	633 600.00	56 150.00		689 750.00
合计	41 893 593.00	11 037 267.55	1 974 400.00	54 905 260.55

4. 公司涉税事项

增值税及其他附加税、企业所得税、个人所得税、房产税、印花税。其中印花税涉及购销合同、仓储保管合同、权利、许可证照、产权转移书据等。

5. 其他说明

(1) 目前公司销售渠道主要是超市及商场、专卖店、淘宝及各大电商平台。其中:超市及商场收入约占总收入的 86%,专卖店收入约占总收入的 11.76%,淘宝及电商其他销售收入约占总收入的 2.24%。从账面上发现每家专卖店每年营业成本均在 80 万元以上。

(2) 公司福利制度规定,每到节日时刻,公司都会拿出自产产品发放给员工作为福利。油炸及果蔬脆片加工食品长期供应给员工作为下午茶。

(3) 2019 年公司一楼改为内部食堂,方便提供员工中餐、晚餐的就餐。其他三楼都为办公场所,整个办公楼一个电表,未对食堂耗电进行单独核算。

(4) 2019 年 6 月,股东赵伟决定扩建经营,决定增加实收资本,该公司于 7 月 10 日收到款项。

6. 数据对比表

相关数据对比见表 3-5-2。

表 3-5-2 同地区同规模行业企业分析指标预警值

序号	指　标	预警值
1	投入产出率推算销售收入	>报表中反映的收入
2	年耗电量增长率	>销售收入增长率
3	一般纳税人增值税税负率	<3.50%

续 表

序号	指　标	预　警　值
4	一般纳税人税负率偏离度	>20%
5	年管理费用增长率与营业收入增长率弹性系数	>20%
6	营业收入费用率	>20%
7	农产品收购发票进项税额占比	>36%
8	营业成本增长率	>本企业营业收入增长率
9	年预收账款变动率	>10%
10	年其他应付款变动率	>10%
11	年其他应收款变动率	高于10%
12	年存货周转率	变慢(且低于3)
13	年进项税额增长率	>销项税额增长率
14	年销项税额增长率	<销售收入增长率
15	进项税额变动率和销项税额变动率弹性系数	>10%
16	年营业成本与营业收入弹性系数	>110%
17	湿青皮山核桃出产率	<20%

注：按上述指标项目对纳税对象进行评估，预警区间无指标项目满足：无风险，一个指标项目满足：低风险，两个指标项目满足：中风险，三个及以上项目满足：高风险。

7. 业务说明图

(1) 烘炒类加工流程如下。

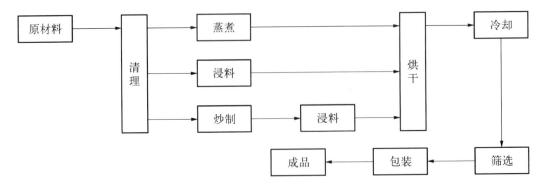

（2）油炸类加工流程如下。

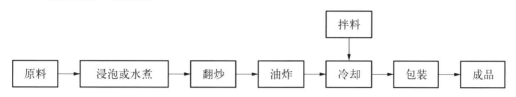

（3）果蔬脆皮加工流程如下。

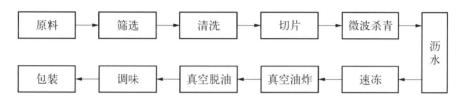

8. 财务报表

相关财务报表见表 3-5-3 至表 3-5-9。

表 3-5-3　2019 年度企业利润表

编制单位：浙江绿色食品有限公司　　　　　　　2019 年　　　　　　　　　　单位：元

项　目	本期数	上年数
一、营业收入	379 890 143.13	372 453 010.04
减：营业成本	291 165 426.13	282 376 886.69
税金及附加	1 416 505.10	1 610 582.16
销售费用	77 835 566.04	82 666 323.66
管理费用	7 026 761.54	3 735 600.80
研发费用	0	0
财务费用	−220 531.89	−129 445.13
其中：利息费用	0	
利息收入	0	
资产减值损失	0	0
信用减值损失	0	
加：公允价值变动收益（损失以"−"号填列）	0	0
投资收益（损失以"−"号填列）	0	0
其中：对联营企业和合营企业的投资收益	0	0

续 表

项　目	本期数	上年数
资产处置收益（损失以"－"号填列）	0	0
其他收益	100 000.00	0
二、营业利润（亏损以"－"号填列）	2 772 415.71	2 193 061.86
加：营业外收入	318 357.76	121 425.22
减：营业外支出	569 835.21	466 683.62
三、利润总额（亏损总额以"－"号填列）	2 520 938.26	1 847 803.46
减：所得税费用	630 234.57	461 950.86
四、净利润（净亏损以"－"号填列）	1 890 703.69	1 385 852.60
（一）持续经营净利润（净亏损以"－"号填列）		
（二）终止经营净利润（净亏损以"－"号填列）		
五、其他综合收益的税后净额		
（一）以后不能重分类进损益的其他综合收益		
（二）以后将重分类进损益的其他综合收益		
六、综合收益总额		
七、每股收益：		
（一）基本每股收益		
（二）稀释每股收益		

表 3-5-4　2018 年利润表

编制单位：浙江绿色食品有限公司　　　　　　2018 年　　　　　　　　　　　单位：元

项　目	本期数	上年同期数
一、营业收入	372 453 010.04	331 483 178.93
减：营业成本	282 376 886.69	242 844 122.55
税金及附加	1 610 582.16	1 443 081.61
销售费用	82 666 323.66	68 034 384.37
管理费用	3 735 600.80	3 548 820.76
财务费用	－129 445.13	－122 972.87
资产减值损失	0	0

续 表

项　　目	本期数	上年同期数
加：公允价值变动收益（损失以"－"号填列）	0	0
投资收益（损失以"－"号填列）	0	0
其中：对联营企业和合营企业的投资收益	0	0
资产处置收益（损失以"－"号填列）	0	0
其他收益	0	0
二、营业利润（亏损以"－"号填列）	2 193 061.86	15 735 742.51
加：营业外收入	121 425.22	137 210.49
减：营业外支出	466 683.62	403 214.65
三、利润总额（亏损总额以"－"号填列）	1 847 803.46	15 469 738.35
减：所得税费用	461 950.86	3 867 434.59
四、净利润（净亏损以"－"号填列）	1 385 852.60	11 602 303.76
（一）持续经营净利润（净亏损以"－"号填列）		
（二）终止经营净利润（净亏损以"－"号填列）		
五、其他综合收益的税后净额		
（一）以后不能重分类进损益的其他综合收益		
（二）以后将重分类进损益的其他综合收益		
六、综合收益总额		
七、每股收益：		
（一）基本每股收益		
（二）稀释每股收益		

表3-5-5　2019年资产负债表

会企01表

编制单位：浙江绿色食品有限公司　　　　　2019年12月31日　　　　　　　　　单位：元

资　产	期末余额	年初余额	负债和所有者权益（或股东权益）	期末余额	年初余额
流动资产：			流动负债：		
货币资金	657 671 345.09	569 914 323.09	短期借款	593 654 447.05	482 800 000.00

续 表

资产	期末余额	年初余额	负债和所有者权益（或股东权益）	期末余额	年初余额
交易性金融资产	0.00	0.00	交易性金融负债	0.00	0.00
衍生金融资产	0.00	0.00	衍生金融负债	0.00	0.00
应收票据			应付票据		
应收账款	39 436 905.48	32 283 035.47	应付账款	35 141 399.19	27 253 107.18
应收款项融资					
预付款项	10 229 900.80	9 855 817.50	预收款项	14 078 547.80	12 231 124.76
其他应收款	5 686 096.72	4 420 592.98	合同负债	0.00	0.00
存货	150 417 072.90	120 094 283.54	应付职工薪酬	24 636 120.00	19 708 896.00
合同资产	0.00		应交税费	747 971.22	1 484 133.69
持有待售资产	0.00		其他应付款	22 797 477.99	23 003 108.02
一年内到期的非流动性资产	0.00	0.00	持有待售负债	0.00	0.00
其他流动资产	50 122 385.64	43 830 012.88	一年内到期的非流动负债	0.00	0.00
流动资产合计	913 563 706.63	780 398 065.46	其他流动负债	87 199.36	97 042.30
非流动性资产：			流动负债合计	691 143 162.61	566 577 411.95
债券投资	0.00	0.00	非流动负债：		
其他债券投资	0.00	0.00	长期借款	47 653 380.33	41 740 312.70
长期应收款	0.00	0.00	应付债券	0.00	0.00
长期股权投资	7 189 980.39	6 997 672.31	其中：优先股	0.00	0.00
其他权益工具投资	0.00	0.00	永续债		
其他非流动金融资产	0.00	0.00	长期应付款	0.00	0.00
投资性房地产	0.00	0.00	预计负债		
固定资产	34 308 301.95	29 407 474.04	递延收益	0.00	0.00
在建工程	0.00	0.00	递延所得税负债	0.00	0.00
生产性生物资产	0.00	0.00	其他非流动负债	0.00	0.00
油气资产	0.00	0.00	非流动负债合计	47 653 380.33	41 740 312.70
无形资产	1 823 255.85	1 884 759.75	负债合计	738 796 542.94	608 317 724.65
开发支出	0.00	0.00	所有者权益：		

续 表

资 产	期末余额	年初余额	负债和所有者权益（或股东权益）	期末余额	年初余额
商誉	0.00	0.00	实收资本	34 305 000.00	28 075 000.00
长期待摊费用	780 177.26	718 124.90	其他权益工具	0.00	0.00
递延所得税资产	562 454.07	303 973.32	其中：优先股	0.00	0.00
其他非流动资产	0.00	0.00	永续债	0.00	0.00
非流动资产合计	44 664 169.52	39 312 004.32	资本公积	379 016.03	379 016.03
			减：库存股	0.00	0.00
			其他综合收益	0.00	0.00
			专项储备		
			盈余公积	777 140.71	858 856.32
			未分配利润	183 970 176.47	182 079 472.78
			所有者权益合计	219 431 333.21	211 392 345.13
资产总计	958 227 876.15	819 710 069.78	负债和所有者权益总计	958 227 876.15	819 710 069.78

表 3-5-6　2018 年资产负债表

会企 01 表

单位：浙江绿色食品有限公司　　　2018 年 12 月 31 日　　　单位：元

资 产	期末余额	年初余额	负债和所有者权益（或股东权益）	期末余额	年初余额
流动资产：			**流动负债：**		
货币资金	569 914 323.09	527 414 466.31	短期借款	482 800 000.00	438 002 700.00
交易性金融资产	0	0	交易性金融负债	0	0
衍生金融资产	0	0	衍生金融负债	0	0
应收票据及应收账款	32 283 035.47	30 282 676.75	应付票据及应付账款	27 253 107.18	24 636 018.33
预付款项	9 855 817.50	8 648 950.00	预收账款	12 231 124.76	10 810 624.90
其他应收款	4 420 592.98	4 160 585.07	应付职工薪酬	19 708 896.00	18 091 377.55
存货	120 094 283.54	105 980 312.20	应交税费	1 484 133.69	1 351 052.26
合同资产			其他应付款	23 003 108.02	21 802 429.67
持有待售资产	0	0	持有待售负债	0	0
一年内到期的非流动性资产	0	0	一年内到期的非流动负债	0	0

续　表

资　产	期末余额	年初余额	负债和所有者权益（或股东权益）	期末余额	年初余额
其他流动资产	43 830 012.88	47 273 401.16	其他流动负债	97 042.30	87 345.50
流动资产合计	780 398 065.46	723 760 391.49	**流动负债合计**	566 577 411.95	514 781 548.21
非流动性资产：			非流动负债：		
债权投资		0	长期借款	41 740 312.70	34 255 788.47
其他债权投资	0	0	应付债券	0	0
长期应收款			其中：优先股	0	0
长期股权投资	6 997 672.31	6 591 744.59	永续债	0	0
其他权益工具投资			长期应付款	0	0
其他非流动金融资产			预计负债		
投资性房地产	0	0	递延收益		
固定资产	29 407 474.04	25 989 753.56	递延所得税负债	0	0
在建工程	0	0	其他非流动负债	0	0
生产性生物资产	0	0	**非流动负债合计**	41 740 312.70	34 255 788.47
油气资产	0	0	**负债合计**	608 317 724.65	549 037 336.68
无形资产	1 884 759.75	1 636 975.87	所有者权益：		
开发支出	0	0	实收资本（或股本）	28 075 000.00	28 075 000.00
商誉	0	0	其他权益工具	0	0
长期待摊费用	718 124.90	709 494.04	其中：优先股	0	0
递延所得税资产	303 973.32	282 021.09	永续债	0	0
其他非流动资产	0	0	资本公积	379 016.03	365 759.95
非流动资产合计	39 312 004.32	35 209 989.15	减：库存股	0	0
			其他综合收益	0	0
			盈余公积	858 856.32	798 663.83
			未分配利润	182 079 472.78	180 693 620.18
			所有者权益合计	211 392 345.13	209 933 043.96
资产总计	819 710 069.78	758 970 380.64	**负债和所有者权益总计**	819 710 069.78	758 970 380.64

表 3-5-7　2019 年增值税纳税申报表

(一般纳税人适用)

根据国家税收法律法规及增值税相关规定制定本表。纳税人不论有无销售额,均应按税务机关核定的纳税期限填写本表,并向当地税务机关申报。

税款所属时间：2019 年 12 月 1 日至 2019 年 12 月 31 日　　　　　　　　　　　金额单位：元

项	目	栏 次	一般项目		即征即退项目	
			本月数	本年累计	本月数	本年累计
销售额	(一)按适用税率计税销售额	1	38 938 739.67	379 890 143.13	0	0
	其中：应税货物销售额	2	38 938 739.67	379 890 143.13	0	0
	应税劳务销售额	3	0	0	0	0
	纳税检查调整的销售额	4	0	0	0	0
	(二)按简易办法计税销售额	5	0	0	0	0
	其中：纳税检查调整的销售额	6	0	0	0	0
	(三)免、抵、退办法出口销售额	7	0	0	—	—
	(四)免税销售额	8	0	0	—	—
	其中：免税货物销售额	9	0	0	0	0
	免税劳务销售额	10	0	0	0	0
税款计算	销项税额	11	5 485 403.93	53 516 135.92	0	0
	进项税额	12	5 020 712.31	45 734 427.80	0	0
	上期留抵税额	13	0	0	0	—
	进项税额转出	14	0	0	0	0
	免、抵、退应退税额	15	0	0	—	—
	按适用税率计算的纳税检查应补缴税额	16	0	0	0	0
	应抵扣税额合计	17=12+13-14-15+16	5 020 712.31	—	—	—
	实际抵扣税额	18(如 17<11,则为 17,否则为 11)	5 020 712.31	45 734 427.80	0	0
	应纳税额	19=11-18	464 691.62	7 781 708.12	0	0
	期末留抵税额	20=17-18	0	0	0	—
	简易计税办法计算的应纳税额	21	0	0	0	0
	按简易计税办法计算的纳税检查应补缴税额	22	0	0	—	—
	应纳税额减征额	23	0	0	0	0
	应纳税额合计	24=19+21-23	464 691.62	7 781 708.12	0	0

续 表

项 目		栏 次	一般项目		即征即退项目	
			本月数	本年累计	本月数	本年累计
税款缴纳	期初未缴税额（多缴为负数）	25	522 034.56	522 034.56	0	0
	实收出口开具专用缴款书退税额	26	0	0	—	—
	本期已缴税额	27＝28＋29＋30＋31	522 034.56	522 034.56	0	0
	① 分次预缴税额	28	0	—	0	—
	② 出口开具专用缴款书预缴税额	29	0	—	0	—
	③ 本期缴纳上期应纳税额	30	522 034.56	522 034.56	0	0
	④ 本期缴纳欠缴税额	31	0	0	0	0
	期末未缴税额（多缴为负数）	32＝24＋25＋26－27	464 691.62	464 691.62	0	0
	其中：欠缴税额（≥0）	33＝25＋26－27	0	0	—	—
	本期应补（退）税额	34＝24－28－29	464 691.62	—	0	—
	即征即退实际退税额	35	—	—	0	0
	期初未缴查补税额	36	0	0	—	—
	本期入库查补税额	37	0	0	—	—
	期末未缴查补税额	38＝16＋22＋36－37			—	—

表 3-5-8　2018 年增值税纳税申报表

（一般纳税人适用）

根据国家税收法律法规及增值税相关规定制定本表。纳税人不论有无销售额，均应按税务机关核定的纳税期限填写本表，并向当地税务机关申报。

税款所属时间：2018 年 12 月 1 日至 2018 年 12 月 3 日　　　　　　　　　　　　金额单位：元

项 目		栏 次	一般项目		即征即退项目	
			本月数	本年累计	本月数	本年累计
销售额	（一）按适用税率计税销售额	1	41 574 136.10	372 453 010.04	0	0
	其中：应税货物销售额	2	41 574 136.10	760 157 082.23	0	0
	应税劳务销售额	3	0	0	0	0
	纳税检查调整的销售额	4	0	0	0	0
	（二）按简易办法计税销售额	5	0	0	0	0
	其中：纳税检查调整的销售额	6	0	0	0	0

续 表

项目		栏次	一般项目		即征即退项目	
			本月数	本年累计	本月数	本年累计
销售额	（三）免、抵、退办法出口销售额	7	0	0	—	—
	（四）免税销售额	8	0	0	—	—
	其中：免税货物销售额	9	0	0	—	—
	免税劳务销售额	10	0	0	—	—
税款计算	销项税额	11	5 835 467.72	52 278 597.30	0	0
	进项税额	12	4 660 822.30	41 607 369.77	0	0
	上期留抵税额	13	0	0	0	—
	进项税额转出	14	0	0	0	0
	免、抵、退应退税额	15	0	0	0	0
	按适用税率计算的纳税检查应补缴税额	16	0	0	0	0
	应抵扣税额合计	17＝12＋13－14－15＋16	4 660 822.30	—	0	—
	实际抵扣税额	18（如17＜11，则为17，否则为11）	4 660 822.30	41 607 369.77	0	0
	应纳税额	19＝11－18	1 174 645.42	10 671 227.53	0	0
	期末留抵税额	20＝17－18	0	0	0	0
	简易计税办法计算的应纳税额	21	0	0	0	0
	按简易计税办法计算的纳税检查应补缴税额	22	0	0	0	0
	应纳税额减征额	23	0	0	0	0
	应纳税额合计	24＝19＋21－23	1 174 645.42	10 671 227.53	0	0
税款缴纳	期初未缴税额（多缴为负数）	25	1 289 760.67	1 289 760.67	0	0
	实收出口开具专用缴款书退税额	26	0	0	0	0
	本期已缴税额	27＝28＋29＋30＋31	1 289 760.67	1 289 760.67	0	0
	①分次预缴税额	28	0	—	0	—
	②出口开具专用缴款书预缴税额	29	0	—	0	—
	③本期缴纳上期应纳税额	30	1 289 760.67	1 289 760.67	0	0
	④本期缴纳欠缴税额	31	0	0	0	0
	期末未缴税额（多缴为负数）	32＝24＋25＋26－27	1 174 645.42	1 174 645.42	0	0

续 表

项　目		栏　次	一般项目		即征即退项目	
			本月数	本年累计	本月数	本年累计
税款缴纳	其中：欠缴税额（≥0）	33＝25＋26－27	0	—	0	—
	本期应补（退）税额	34＝24－28－29	1 174 645.42	—	0	—
	即征即退实际退税额	35	—	—	0	0
	期初未缴查补税额	36	0	0	—	—
	本期入库查补税额	37	0	0	—	—
	期末未缴查补税额	38＝16＋22＋36－37			—	—

表 3-5-9　房产税纳税报表

申报日期：2019 年 12 月 31 日　　　　　　　　　　税款所属期：2019 年 1 月 1 日至 2019 年 12 月 31 日
纳税人识别号（统一社会信用代码）：913302197384125089　　　　　金额单位：元；面积单位：平方米

纳税人信息	名称	浙江绿色食品有限公司			纳税人分类	☑单位　□个人			
	登记注册类型	有限责任公司			所属行业	食品加工行业			
	身份证件类型	☑身份证　□护照　□其他			身份证件号码	330102198403076642			
	联系人	赵花			联系方式	13176564551			

一、从价计征房产税

	房产编号	房产原值	其中：出租房产原值	计税比例	税率	所属期起	所属期止	本期应纳税额	本期减免税额	本期已缴税额	本期应补（退）税额
1	*	20 063 193.00		70%	1.20%	2019.01	2019.12	168 530.82			168 503.82
2	*										
3	*										
合计	*	*		*	*	*	*	168 530.82	0.00	0.00	168 530.82

二、从租计征房产税

	本期申报租金收入	本期减免税额	本期已缴税额	本期应补（退）税额
1				
合计				

以下由纳税人填写：

　　纳税人声明　此纳税申报表是根据《中华人民共和国房产税暂行条例》和国家有关税收规定填报的，是真实的、可靠的、完整的。
纳税人签章：　　　　　　　　　　　　　　　　　　　代理人身份证号：

以下由税务机关填写：

受理人：　　　　　　　　　　　　　　　　　　　　　受理税务机关签章：

（二）案头分析

1. 案头说明

（1）公司 2019 年耗电量 496 096.87 度电，每度电 1.1 元，合计金额 545 706.55 元，2018 年耗电量 339 986.12 度电，每度电 1.1 元，合计金额为 373 984.73 元。

（2）管理费用科目中列支印花税金额为 79 776.93 元。

（3）当年原材料投入量 10 000 000 千克，单位产成品（每袋成品）原材料耗用量 1 千克；每袋成品单价 40 元。

（4）检查人员盘点发现仓库中有一批油炸食品已经过期，但一直放置于仓库，未做任何会计处理。

（5）发现 2019 年公司申报进项税抵扣明细，其中：增值税专用发票 980 份，合计进项税额 19 665 803.95 元，农产品收购发票 11 730 份，合计抵扣进项税额 25 781 902.45 元，其他发票合计抵扣进项税额 286 721.40 元。

（6）从增值税防伪税控系统中发现企业 2019 年合计开具增值税发票 10 199 份，其中，增值税专用发票 9 237 份，增值税普通发票 962 份。增值税专用发票均开给超市及商场，共计开具金额为 326 705 523.09 元。增值税普通发票开具给专卖店，金额为 44 694 361.20 元；开具给淘宝及其他电子商务，金额为 8 490 258.84 元。

（7）从工商登记信息了解到，销售该企业产品的专卖店共计 123 家，均办理了个体工商户执照。专卖店申报收入 44 694 361.20 元。

（8）假定存货明细科目："库存商品"期初和期末均为 5 000 万元。

（9）根据案头资料，2019 年 9 月该企业收购的湿青皮核桃出产率为 18%。

2. 风险点判断和结论

通过案头分析，该企业可能存在以下税收风险点：
- ☐ 企业可能存在食堂进项税未足额转出
- ☑ 企业可能存在电耗异常
- ☑ 企业可能存在原材料投入产出异常
- ☑ 企业可能存在虚增营业成本
- ☑ 企业可能存在虚增期间费用（如管理费用、销售费用）
- ☑ 企业可能虚开农产品收购发票
- ☑ 企业可能存在应税收入未视同销售
- ☑ 企业可能存在过期存货未转出
- ☑ 企业可能存在账外账
- ☐ 企业可能存在虚开增值税发票
- ☐ 企业可能存在虚领增值税发票
- ☑ 企业可能存在少缴印花税
- ☐ 企业可能存在虚增实收资本
- ☑ 企业可能少缴房产税
- ☑ 企业可能存在固定资产处置应税收入未缴增值税

☐ 企业可能存在未分配利润结转错误
☐ 企业可能存在超经营范围经营
☐ 企业可能存在虚假享受政府补助
☐ 企业可能存在内控风险
☐ 企业可能存在转移财产风险

【参考依据】

(1) 对比2019年和2018年的企业利润表,2019年度的企业利润表显示2019年营业收入涨幅不大,仅比上年增长2%[营业收入增长率=(本期营业收入－基期营业收入)/基期营业收入×100%=(379 890 143.13－372 453 010.04)/372 453 010.04×100%=2%];根据企业经营情况信息可知,企业将1楼改为内部食堂,但是未对食堂耗电进行单独核算,可能存在耗电异常。

(2) 根据案头说明,企业当年投入原材料10 000 000千克,每千克原材料生产一袋产成品,每袋产成品40元,按照投入产出率推算出企业2019年度销售收入为400 000 000元[按照投入产出率推算的销售收入=10 000 000×40元=400 000 000元],大于2019年利润表中报告的营业收入379 890 143.13元,可能存在隐瞒收入的情况。

(3) 对2019年的企业利润表进行初步分析可知,2019年企业营业成本增长幅度为3.1%[营业成本增长率=(本期营业成本－基期营业成本)/基期营业成本×100%=(291 165 426.13－282 376 886.69)/282 376 886.69×100%=3.1%],高于2019年企业营业收入增长幅度2%[营业收入增长率=(本期营业收入－基期营业收入)/基期营业收入×100%=(379 890 143.13－372 453 010.04)/372 453 010.04×100%=2%],企业可能存在虚增营业成本。

(4) 营业收入费用率指标:(营业收入费用率－行业平均营业收入费用率)/行业平均营业收入费用率×100%。

营业收入费用率=本期期间费用/本期营业收入,连续两年营业收入费用率明显高于行业平均水平,可能存在虚增期间费用。

2019年营业收入费用率=(销售费用+管理费用+财务费用)/营业收入=(77 835 566.04+7 026 761.54－226 531.39)/379 890 143.13=23.13%

2018年营业收入费用率=(销售费用+管理费用+财务费用)/营业收入=(82 666 323.66+3 735 600.80－129 445.13)/372 453 010.04=23.16%

(5) 企业案头资料显示,2019年企业农产品收购发票的进项税额为25 781 902.45元;增值税申报表显示,企业年度累计进项税额45 734 427.8元。两者对比,农产品收购发票进项税额占企业年度累计进项税额比重高达56.37%,远高于表3-5-2中列示的农产品收购发票进项税额占比预警值36%,企业可能存在虚开农产品收购发票。

(6) 根据企业制度,企业每逢过节都会拿自产产品发放给员工作为福利,因此,可能存在应税收入未视同销售。

(7) 根据案头资料,检查人员发现仓库中有一批油炸食品过期,但是未做任何处理,可能存在过期存货未及时转出。

(8) 根据企业经营资料,专卖店申报收入为44 694 361.20元,占营业收入的11.77%,对应的专卖店每年营业成本为291 165 426.13×11.77%=34 270 170.65,按照每店80万元的年营业成本,企业仅有约 43 家专卖店。但根据案头资料,检查人员发现工商登记专卖店有 123 家,但是按照企业自己账务处理的远少于该数量,可能存在账外账。

(9) 根据 2019 年的资产负债表,企业的实收资本从 2018 年的 28 075 000 元增加到 2019 年的 34 305 000 元,2019 年企业增加了 6 230 000 元资本金,可能存在印花税少缴的情况。

(10) 2019 年固定资产明细表显示企业房产及建筑物的期末账面余额为 27 085 310.55 元,房产税申报表显示企业房产原值为 20 063 193 元,两者存在差距,可能存在少缴房产税的情况。

(11) 根据财务报表、增值税纳税申报表及固定资产明细表,可能存在固定资产处理应税收入未及时纳税。

3. 风险特征分析计算

可供判断的风险模型、计算公式、指标源、特殊信息有以下项目:

☑ 2019 年增值税税负率低于 3.5%
☑ 2019 年一般纳税人税负率偏离度高于 20%
☑ 2019 年营业成本增长率与营业收入增长率弹性系数高于 110%
☑ 2019 年管理费用增长率与营业收入增长率弹性系数高于 20%
☑ 2019 年预收账款变动率高于 10%
☐ 2019 年其他应付款变动率高于 10%
☑ 2019 年其他应收款变动率高于 10%
☑ 2019 年存货周转率变慢
☑ 2019 年进项税额增长率高于销项税额增长率
☐ 2019 年销项税额增长率低于销售收入增长率
☑ 2019 年进项税额变动率超过销项税额变动率
☑ 2019 年印花税申报异常
☑ 2019 年房产税纳税申报异常
☑ 2019 年 9 月湿青皮山核桃出产率低于行业平均
☑ 2019 年农产品收购发票进项税额占比总进项税额高于同行业平均值 36%
☑ 2019 年耗电量增长率高于销售收入增长率
☑ 2019 年主营业务收入费用率高于行业平均值

【参考依据】

(1) 根据投入产出率推算,企业 2019 年度销售收入应为 4 亿元,高于报表值。可能存在隐瞒收入的情况。

根据 2019 年增值税纳税申报表,计算 2019 年增值税税负率为 2.05%(2019 年应纳税额/按适用税率计税货物及劳务销售额×100% = 7 781 708.12/379 890 143.13×100% = 2.05%);根据 2018 年增值税纳税申报表,2018 年增值税税负率为 2.87%(2018 年应纳税额/按适用税率计税货物及劳务销售额×100% = 10 671 227.53/372 453 010.04×100% = 2.87%)。两者都小于行业一般纳税人平均税负 3.50%。

(2) 2019 年一般纳税人税负偏离度为 41.43%{一般纳税人税负偏离度 = [(应纳税额/应税营业收入) - 同行业税金负担率]/同行业税金负担率×100% = [(2.05% - 3.5%)/

3.5%]×100%=41.43%},高于预警值(预警值为20%)。

(3) 2019年营业成本增长率为3.1%[营业成本增长率=(2019年营业成本－2018年营业成本)/2018年营业成本×100%=(291 165 426.13－282 376 886.69)/282 376 886.69×100%=3.1%],2019年企业营业收入增长率为2%[营业收入增长率=(2019年营业收入－2018年营业收入)/2018年营业收入×100%=(379 890 143.13－372 453 010.04)/372 453 010.04×100%=2%],两者的弹性系数为155%(弹性系数=营业成本增长率/营业收入增长率×100%=3.1%/2%×100%=155%),高于表3-5-2所列示的年营业成本与营业收入弹性系数预警值110%。

(4) 根据2019年的企业利润表,2019年管理费用增长率为88.1%[管理费用增长率=(本年管理费用－基期管理费用)/基期管理费用×100%=(7 026 761.54－3 735 600.80)/3 735 600.80×100%=88.1%],年管理费用增长率与营业收入增长率的弹性系数为44.05%(弹性系数=管理费用增长率/营业收入增长率×100%=88.1%/2%×100%=44.05%),大于预警值(预警值为20%)。

(5) 2019年预收账款变动率为15.10%[预收账款变动率=(本期预收账款－基期预收账款)/基期预收账款×100%=(14 078 547.8－12 231 124.76)/12 231 124.76×100%=15.10%],高于预警值(预警值为10%)。

(6) 2019年其他应收账变动率为22.15%[其他应收款=(本期其他应收款－基期其他应收款)/基期其他应收款×100%=(5 686 096.72－4 420 592.98)/4 420 592.98×100%=28.63%]。

(7) 2019年存货周转率为2.15[存货周转率=营业成本/平均存货余额=291 165 426.13/(150 417 072.9+120 094 283.54)×0.5=2.15,平均存货余额=(存货期末余额+存货期初余额)×0.5=135 255 678.22];2018年存货周转率为2.49[存货周转率=营业成本/平均存货余额营业成本/存货=282 376 886.69/(120 094 283.54+105 980 312.2)×0.5=2.49],2019年的存货周转率低于2018年的存货周转率且都低于预警值3。

(8) 根据2019年增值税申报表,计算出2019年进项税额增值率为9.92%[进项税额增长率=(本期进项税额－基期进项税额)/基期进项税额×100%=(45 734 427.8－41 607 369.77)/41 607 369.77×100%=9.92%],销项税额变动率为2.37%[销项税额增长率=(本期销项税额－基期销项税额)/基期销项税额×100%=(53 516 135.92－52 278 597.3)/52 278 597.3×100%=2.37%]。

(9) 根据2019年增值税申报表,计算出2019年进项税额变动率为9.92%[进项税额变动率=(本期进项税额－基期进项税额)/基期进项税额×100%=(45 734 427.8－41 607 369.77)/41 607 369.77×100%=9.92%],销项税额变动率为2.37%[销项税额变动率=(本期销项税额－基期销项税额)/基期销项税额×100%=(53 516 135.92－52 278 597.3)/52 278 597.3×100%=2.37%]。

(10) 根据企业经营资料及印花税申报资料,2019年企业印花税申报异常。销售收入印花税额为79 776.93元(销售收入印花税额=销售收入×适用印花税税率=379 890 143.13×0.000 3=79 776.93),企业仅申报销售收入的印花税79 776.93元。没有申报股东赵伟增加的实收资本应缴纳的印花税,实收资本增加的印花税应为3 115元[实收资本增加的印花税额=实收资本增加额×适用印花税税率=(34 305 000－28 075 000)×0.000 5=6 230 000×

0.000 5＝3 115]。

(11) 根据企业不动产增加明细及房产税申报资料,2019 年房产税纳税申报异常。房产期末账面 27 085 310.55 元,而房产税申报表上的房产原值仅 20 063 193 元。

(12) 根据案头资料,2019 年 9 月份企业收购的湿青皮核桃出产率为 18%。

(13) 2019 年农产品收购发票进项税额占比总进项税额为 56.73%。

(14) 根据企业案头资料,计算 2019 年企业耗电量同比增长率为 45.92%[(2019 年度耗电量－2018 年度耗电量)/2018 年度耗电量×100%＝(496 096.87－339 986.12)/339 986.12×100%＝45.92%],销售收入增长率仅为 2%。

(15) 根据 2019 年的企业利润表,主营业务收入费用率为 22.3%[主营业务收入费用率＝(销售费用＋管理费用＋财务费用)/主营业务收入×100%＝(77 835 566.04＋7 026 761.54－226 531.39)/379 890 143.13×100%＝22.3%],大于行业平均主营业务收入费用率 20%(预警值 20%)。

4. 风险信息排除确认

对以下税收风险进行判断、验证、排除、确认。

☐ 企业肯定不存在耗电异常
☒ 企业肯定存在耗电异常
☐ 企业是否存在耗电异常,还无法确定
☐ 企业肯定不存在原材料投入产出异常
☐ 企业肯定存在原材料投入产出异常
☒ 企业是否存在原材料投入产出异常,还无法确定
☐ 企业肯定不存在虚增营业成本
☐ 企业肯定存在虚增营业成本
☒ 企业是否存在虚增营业成本,还无法确定
☐ 企业肯定不存在虚开农产品收购发票
☐ 企业肯定存在虚开农产品收购发票
☒ 企业是否存在虚开农产品收购发票,还无法确定
☐ 企业肯定不存在应税收入未视同销售
☒ 企业肯定存在应税收入未视同销售
☐ 企业是否存在应税收入未视同销售,还无法确定
☐ 企业肯定不存在过期存货未转出
☒ 企业肯定存在过期存货未转出
☐ 企业是否存在过期存货未转出,还无法确定
☐ 企业肯定不存在账外账
☐ 企业肯定存在账外账
☒ 企业是否存在账外账,还无法确定
☐ 企业肯定不存在少缴印花税
☒ 企业肯定存在少缴印花税
☐ 企业是否存在少缴印花税,还无法确定

☐ 企业肯定不存在少缴房产税
☑ 企业肯定存在少缴房产税
☐ 企业是否存在少缴房产税,还无法确定
☐ 企业肯定不存在固定资产处置收益未缴增值税
☐ 企业肯定存在固定资产处置收益未缴增值税
☑ 企业是否存在固定资产处置收益未缴增值税,还无法确定
☐ 企业肯定不存在虚增人工成本
☐ 企业肯定存在虚增人工成本
☑ 企业是否存在虚增人工成本,还无法确定

【参考依据】

(1) 根据案头资料,2019年企业电耗增幅较大,远超过营业收入增幅,并且企业2019年将一楼改为内部食堂,但是未区分电表,食堂耗电也未单独核算,肯定存在部分耗电进项税未及时转出的情况。

(2) 根据2019年原材料投入产出推算企业可能隐匿收入,但是无法确定。

(3) 2019年营业成本同步增长系数高于同行业,农产品收购发票进项税额占比高于同行业,可能存在虚增营业成本的情况,但是还无法确定。

(4) 2019年农产品收购发票进项税额占比总进项税额高于同行业,触及预警值,可能虚开农产品收购发票,但是还无法确定。

(5) 2019年企业增值税申报表中的销售额与增值税开票系统的金额一致,但是,按公司制度,企业每逢过节都会拿自产产品发放给员工作为福利,肯定存在应税收入未视同销售。

(6) 根据案头资料,检查人员在仓库中发现一批油炸食品已经过期,一直放置于仓库,未做财务处理,肯定存在过期存货未转出的情况。

(7) 根据案头资料,检查人员从工商登记信息中了解到,销售该企业产品的专卖店有123家,但是根据会计核算资料反映出专卖店仅40多家,是否存在账外账还无法确定。

(8) 根据印花税申报明细,肯定未及时足额缴纳印花税。

(9) 根据房产税申报明细,肯定未及时足额缴纳房产税。

(10) 根据固定资产明细表可知,2019年处置报废了机器设备、运输设备,是否产生应税收入还不能确定,只能推测企业可能存在固定资产处置收益未缴纳增值税的情况。

(11) 根据风险特征分析计算,2019年应付职工薪酬同比增长率远高于营业收入同比增长率2%,企业可能存在虚增人工成本的情况。

5. 风险应对经验策略

按照前述风险判断、分析、确认结果,对绿色食品2019年和2018年纳税遵从情况进行分析,评定其风险等级为:高。

根据判断和分析对该企业的风险情况进行评价和应对。

☑ 核查企业原材料领料明细单,产品入库明细单,并与行业数据进行比对,确定是否部分产品未入库

☑ 核查企业开具的农产品收购发票明细,采购合同,资金流及原材料入库明细是否一致,确定是否虚开农产品收购发票

☑ 核查企业营业成本明细账及对应的原始凭证,确定是否虚增营业成本
☑ 核查企业专卖店收入台账、营业收入明细账跟工商登记的专卖店进行核实,确认是否存在账外账问题
☑ 核查企业存货账面明细、实地盘点存货,确定食品过期金额及需要转出的进项税额
☑ 核查企业固定资产厂房及建筑物增加明细情况,包括采购的时间、采购的金额,确定是否需要补缴的房产税
☑ 核查企业固定资产机器设备、运输设备处置报废明细,区分是处置出售还是报废,确认资产处置损益是否为正
☑ 核查员工花名册、员工签订的劳动合同、工资发放明细单及应付职工薪酬明细账,确认企业是否虚增人工成本
☑ 核查企业"实收资本"当期增加金额,是否按资金账簿计算缴纳印花税;是否按照购销合同金额计算缴纳印花税
☐ 核查企业防伪税控增值税开票明细单,合同明细,确认企业是否虚开增值税发票
☐ 核查企业增值税发票领购簿,领购明细,确认是否虚领增值税发票
☐ 核查企业进项税额转出明细,确认企业食堂对应的进项税额未转出
☐ 核查企业实收资本的明细账、资金流,确认企业是否虚增实收资本
☐ 核查企业未分配利润明细,确认是否结转错误
☐ 核查企业经营范围和经营项目,确认企业是否超范围经营
☐ 核查企业政府补助申请资料,是否满足政府补助的要求,确认是否存在虚假享受政府补助的情况
☐ 了解企业内控情况,确认企业是否存在内控风险
☑ 先发出税务约谈通知书,请企业财务负责人对问题进行解释
☐ 核查企业捐赠明细,确认是否存在应税收入未按规定作视同销售

【参考依据】

(1) 根据企业资料可知,企业可能存在原材料投入产出异常的情况,但是还需要进一步核实,需要核查企业原材料领料明细单、产品入库明细单,并与行业数据进行比对,确定是否存在部分产品未入库的问题。

(2) 根据增值税防伪税控开票系统,勾选认证系统及增值税申报可知,企业可能存在虚开农产品收购发票,但是还需要进一步核实,需要核查企业开具的农产品收购发票明细,采购合同,资金流及原材料入库明细是否一致,确定是否存在虚开农产品收购发票。

(3) 根据企业经营资料,企业营业成本增加幅度大于营业收入增加幅度,企业可能存在虚增营业成本,但是还需要进一步核实,需要核查企业营业成本明细账及对应的原始凭证,确定是否存在虚增营业成本。

(4) 根据企业专卖店营业收入及初步推测专卖店数量,与工商登记的数量不吻合,企业可能存在部分专卖店收入未入账,但是还需要进一步核实,需要核查企业专卖店收入台账、营业收入明细账跟工商登记的专卖店进行核实,确定是否存在账外账。

(5) 根据企业经营资料,存货周转变慢,是存货管理不善,还是其他原因导致,需要核查存货账面明细、实地盘点存货,确定食品过期金额及需要转出的进项税额。

(6) 根据企业经营资料,当年增加了不动产,房产税缴纳异常,需核查不动产购买的时

间和购买金额,确定需补交的房产税。

(7) 根据企业经营资料,企业职工薪酬增长幅度远大于营业收入增长幅度,企业可能存在虚增人工成本,但是还需要进一步核实,需要核查员工花名册、员工签订的劳动合同、工资发放明细单及应付职工薪酬明细账,原始单据等信息,确定企业是否存在虚增人工成本。

(8) 根据其他资料中,股东决定增加实收资本,该公司于2019年7月10日收到款项,需要核查实收资本科目当期增加金额,对应是否按照资金账簿计算缴纳印花税,核查购销合同是购销金额缴纳印花税。

(9) 根据《纳税评估管理办法(试行)》规定,可以对纳税人发出约谈通知书,税务约谈的对象主要是企业财务会计人员。

(三) 案例点评

本案选择食品加工行业中的代表企业为评估对象,风险评估人员通过分析行业特点,查找存在的税收风险点,利用税负率、毛利率、费用率等筛选指标扫描企业税收风险,结合该行业经营及纳税情况测算分析,确定纳税评估对象。

风险评估人员以企业的财务报表分析、纳税申报表为基础,运用纳税评估相关指标、结合食品加工行业特点展开分析,查找企业存在的疑点,并进行企业实地核查。

在数据面前,企业承认员工食堂电费未单独核算,进项税额未及时转出,虚开增值税专用发票,部分专卖店收入及零售收入未入账,该公司表示愿自查补缴相应税款。

一周后,企业完成了自查,并提供了举证材料。承认全年应计未计销售收入 2 332 265.71 元(含税),转出进项税额 114 560.00 元,主动补缴增值税 231 125.43 元,补缴房产税 54 070.30 元,补缴印花税 3 115.00 元,并按规定调整了账目。

经实地核查,结果与企业自查结果基本吻合。通过此次纳税风险评估,纠正了公司的涉税违规行为,提高了公司的税收遵从度。

第六章 软件行业

一 税收风险描述及防控建议

(一) 不符合免税收入条件的收入被计入免税收入的风险

1. 情景再现

某软件企业 2015 年有如下业务：
(1) 8 月 31 日，持有的国债到期，收入 107.24 万元。
(2) 12 月 25 日，收到某上市公司流通股股息 75.31 万元；该股票于 2015 年 2 月 25 日购入。
(3) 12 月 25 日，收到政府 2014 年生产达标奖励 40 万元。企业在所得税年度汇算申报时将上述三项收入计入免税收入。

2. 风险描述

将不符合免税收入条件的收入误认为是免税收入，在企业所得税年度申报时进行了相应的纳税调减，存在少计应纳税所得额的风险。

3. 防控建议

在进行企业所得税申报时，对照税法的规定，对不符合免税收入条件的收入，不能在企业所得税申报时进行纳税调减的填报。

4. 政策依据

《中华人民共和国企业所得税法》第二十六条："企业的下列收入为免税收入：（一）国债利息收入；（二）符合条件的居民企业之间的股息、红利等权益性投资收益；（三）在中国境内设立机构、场所的非居民企业从居民企业取得与该机构、场所有实际联系的股息、红利等权益性投资收益；（四）符合条件的非营利组织的收入。"

《中华人民共和国企业所得税法实施条例》（国务院令第 512 号）第八十三条："企业所得税法第二十六条第（二）项所称符合条件的居民企业之间的股息、红利等权益性投资收益，是指居民企业直接投资于其他居民企业取得的投资收益。企业所得税法第二十六条第（二）项和第（三）项所称股息、红利等权益性投资收益，不包括连续持有居民企业公开发行并上市流通的股票不足 12 个月取得的投资收益。"

(二) 研发费用加计扣除风险

1. 情景再现

某软件企业 2016 年度有 5 个研发项目，每个项目都分别立项并报批，分别归集研发费用,2017年5月10日到税务机关报送备案资料。其中一个研发项目使用财政专项资金800万元,企业在2015年收到财政专项资金1 200万元时作不征税收入处理;所有项目在研发费用归集时将一般管理人员工薪支出121.32万元归集到研发费用中;企业管理信息系统产品研发项目,取得软件产品及服务销售收入525万元,其材料成本431万元。

> **注**:《企业所得税法实施条例》(国务院令第512号)第二十八条规定:"企业的不征税收入用于支出所形成的费用或者财产,不得扣除或者计算对应的折旧、摊销扣除。"
>
> 《国家税务总局关于研发费用税前加计扣除归集范围有关问题的公告》(国家税务总局公告2017年第40号)规定:"直接从事研发活动的人员、外聘研发人员同时从事非研发活动的,企业应对其人员活动情况做必要记录,并将其实际发生的相关费用按实际工时占比等合理方法在研发费用和生产经营费用间分配,未分配的不得加计扣除""企业研发活动直接形成产品或作为组成部分形成的产品对外销售的,研发费用中对应的材料费用不得加计扣除"。

2. 风险描述

(1) 如未在年度企业所得税汇算清缴前报送备案资料,则存在享受税收优惠不规范的风险。

(2) 如未设置加计扣除研发费用辅助账,则存在享受税收优惠不规范的风险。

(3) 如研发费归集的人工费、直接投入费用与税收规定范围不一致,税前扣除未进行调整,则存在少计应纳税所得额的风险。

(4) 如一个纳税年度内开展多个研发项目,未按照不同项目分别归集可加计扣除的研发费用,则存在未准确归集适用加计扣除的研发费用,少计应纳税所得额的风险。

(5) 如收到财政专项资金取得作为不征税收入处理,则存在该笔财政专项资金用于研发活动所形成的费用或无形资产进行了加计扣除或摊销,少计应纳税所得额的风险。

(6) 如归集的研发费用未扣除当期取得的研发形成的下脚料、残次品、中间试制品等特殊收入,则存在少计应纳税所得额的风险。

(7) 如企业研发活动直接形成产品或作为组成部分形成的产品对外销售的,则存在对应的材料费用仍进行加计扣除,少计应纳税所得额的风险。

(8) 如企业委托外部机构或个人开展研发活动发生的费用,则存在按费用发生额而不是按费用发生额的80%作为加计扣除的基数的风险。

(9) 如企业委托境外机构或个人进行研发活动,则存在对所发生的费用进行了加计扣除,少计应纳税所得额的风险。

(10) 如企业对"产品(服务)进行常规性升级",或"对某项科研成果的直接应用",或"对现存产品、技术、材料或工艺流程进行的重复或简单改变",或"市场调查研究、效率调查或管理研究",或"作为工业流程环节或常规的质量控制、测试分析、维修维护"(《研发费用税前加计扣除新政指引》国家税务总局2021年),则存在将其发生的费用作为研发费用在税前加计扣除的风险。

（11）将一般企业研发费用加计扣除政策与科技型中小企业研究开发费用加计扣除政策混用。

3. **防控建议**

（1）在进行企业所得税汇算清缴前报送所有有关研发费用加计扣除优惠政策备案资料。

（2）按税法规定设置加计扣除研发费用辅助账。

（3）核算时按照税法规定归集研发活动发生的人工费、直接投入费用。

（4）在一个纳税年度内同时开展多项研发业务的，按照不同项目分别归集可加计扣除的研发费用。

（5）企业取得作为不征税收入管理的财政性资金用于研发活动，所形成的费用或无形资产不能计入加计扣除进行扣除或摊销。

（6）计算加计扣除时，应扣除当期取得的研发形成的下脚料、残次品、中间试制品等特殊收入。

（7）计算加计扣除时，"研发活动直接形成产品或作为组成部分形成的产品对外销售的"，其对应的材料费用应在归集的研发费用中进行扣除。

（8）企业委托外部机构或个人开展研发活动而产生的费用，在计算加计扣除时，应按其发生额的80%作为加计扣除基数。

（9）企业委托境外机构或个人进行研发活动而产生的费用，不得加计扣除。

（10）企业应加强对发生研发费用的新技术、新产品、新工艺开发项目判定。

（11）企业财务人员增强对政策的理解和运用能力。

4. **政策依据**

《财政部 国家税务总局 科技部关于完善研究开发费用税前加计扣除政策的通知》（财税〔2015〕119号）。

《国家税务总局关于企业研究开发费用税前加计扣除政策有关问题的公告》（国家税务总局公告2015年第97号）。

《财政部 国家税务总局 科技部关于提高科技型中小企业研究开发费用税前加计扣除比例的通知》（财税〔2017〕34号）。

（三）嵌入式软件计价过高，存在多退即征即退税款风险

1. **情景再现**

A电子制造公司，符合软件产品增值税即征即退优惠政策。2016年3月，该公司主管税务机关在日常管理中，发现企业即征即退申报税负和软件硬件收入比重两项指标异常，2016年该企业软件销售收入增长133.20%，而同期一般业务销售收入仅增长14%，嵌入式软件销售收入增长率是硬件销售收入增长率的9倍，可能存在少计硬件收入多计软件收入，导致多享受增值税退税风险。经过约谈核实，发现企业在2016年1月至2017年2月计算嵌入式软件销售价格时，对软件和硬件部分成本和销售价格的拆分不正确，导致多计软件部分销售收入65 753万元，多享受即征即退税款1 085万元。

2. 风险描述

企业由于材料成本上升,部分产品形成成本倒挂,综合毛利率仅为15%,其中硬件成本利润率仅为0.5%,软硬件的价值拆分和成本计算不正确,形成了即征即退增值税多退税风险。

3. 防控建议

在电子行业中,该风险易发于享受软件产品增值税即征即退税收优惠的企业,特别是有嵌入式软件的产品,容易混淆软硬件成本和销售收入,未按组成计税价格计算硬件成本,导致存在税收风险。企业应对照财务核算,查看是否存在混淆嵌入式软件与计算机硬件、机器设备等的销售额,享受软件产品增值税优惠政策情况,凡不能分别核算销售额的,不予退税(《财政部国家税务总局关于增值税若干政策的通知》财税165号);是否准确核算嵌入式软件产品和硬件产品的收入和成本,硬件产品价值是否合理,是否达到10%成本利润率。

4. 政策依据

《财政部 国家税务总局关于软件产品增值税政策的通知》(财税〔2011〕100号):"四、软件产品增值税即征即退税额的计算:计算机硬件、机器设备销售额按照下列顺序确定:(1)按纳税人最近同期同类货物的平均销售价格计算确定;(2)按其他纳税人最近同期同类货物的平均销售价格计算确定;(3)按计算机硬件、机器设备组成计税价格计算确定。计算机硬件、机器设备组成计税价格=计算机硬件、机器设备成本×(1+10%)。"

(四)利用即征即退税收优惠虚开增值税专用发票

1. 情景再现

2018年,姚某与田某共同设立维普公司,公司主营业务为电子产品的技术研发、生产、销售,享受国家即征即退及当地的税收优惠政策。设立后,两人以维普公司加工的电子芯片冒充高科技产品,向下游企业虚开增值税专用发票,随后申请软件产品即征即退及当地返还,骗取国家税款。

经税务机关核查,2018年7月—2019年6月,维普公司以虚假的高新科技研发经费名义接受其他公司虚开增值税专用发票53份,价税合计500万元;采取编造虚假的生产、销售行为等方式,骗取享受国家税收即征即退的优惠政策,采用低值高开的手法大量向多家公司开具与实际经营业务情况不符的增值税专用发票711份,价税合计超7 000万元,造成国家税款损失超1 000万元。

2018年10月,朱某在姚某的示意下设立了米乐公司,利用公司账户和自己账户帮助两人进行资金回流,造成虚假资金流以逃避查处,共计约1亿元,资金流向为:受票公司→维普公司→米乐公司→朱某→受票公司。朱某参与虚开发票犯罪期间,维普公司虚开发票造成国家税款损失超300万元。最终法院认定姚某、田某、朱某均构成虚开增值税专用发票罪,数额巨大。

2. 风险描述

前述案例系典型的利用双软认定骗取国家税款的案件。由于软件产品的科技属性导致其虚开具有天然的隐蔽性,非专业人员难以精准辨识产品的真伪,且国家对于软件企业的认定标准较为宽松,导致部分不法分子在巨大利润的诱惑下利用软件企业虚开增值税专用发票骗取国家税款。多部门联合办案以及重点打击软件行业下,税务机关能准确锁定开票异常的软件企业,并对其开展税务稽查,软件企业及其下游受票方的虚开风险上升。

3. 防控建议

软件行业面临税收优惠政策力度大,同时软件产品科技属性监管难的问题。要严格审核发票真实性:对接收的发票进行仔细审核,核实开票企业的真实存在和合法经营情况,确保发票的真实性。

软件企业从业务、财务、法律、税务四个层面重新审核企业经营模式,从业务上确保交易的真实性和关联性,从财务上建立财务档案制度和账簿检查制度,从法律和税务层面对企业"四流"进行合规检查,实现"业财法税"融合,防范企业涉税风险。

4. 政策依据

双软认定是指软件企业认定和软件产品认定,根据《财政部 国家税务总局关于软件产品增值税政策的通知》(财税〔2011〕100号)第一条的规定,增值税一般纳税人销售其自行开发生产的软件产品,按17%税率(现为13%)征收增值税后,对其增值税实际税负超过3%的部分实行即征即退政策。同时根据《新时期促进集成电路产业和软件产业高质量发展若干政策的通知》(国发〔2020〕8号)的规定,软件企业可享受两免三减半的企税税收优惠。

(五) 软件企业先骗税收优惠再骗出口退税

1. 情景再现

罗某、李某等人在有税收优惠政策的地区建立软件企业,利用以极低价格从上游公司购入无实际功能的芯片等原材料,加工成所谓的姿态稳定控制器,同时以极低的价格购入无实际功能的土壤水分传感器,销售给关联的中游生产企业,并向其开具品名为软件的增值税专用发票,从而向当地税务部门申请软件产品增值税即征即退,并骗取地方税收优惠。随后,罗某等人伪造虚假的出口订单合同,委托有真实出口业务的外贸公司,将姿态稳定控制器、土壤水分传感器虚假出口,并配套虚开增值税专用发票,再向税务部门进行虚假申报出口退税,骗取国家出口退税款,已认定处理的出口退税款超4 000万元。

孔某实际经营一家涉案外贸公司,在明知罗某等人实施骗取出口退税的情况下,仍然通过其外贸公司,帮助罗某虚假出口无实际功能的软件产品,并在国内用人民币非法换汇,然后通过境外公司以货款形式付汇,制造虚假的资金走账,向国家税务机关申报办理出口退税。短短三个月时间,孔某帮助罗某等人骗取出口退税人民币183万余元。

宁波市税务机关对其展开稽查,本案涉及全国14个省市54家企业,涉案金额达27亿元,仅宁波涉及金额就超3亿元、退税额超4 000万元。法院对主要涉案人罗某、李某和孔某作出判决,3人均被判处骗取出口退税罪,李某另被判处虚开增值税专用发票罪,分别获刑13年、10年10个月、3年,并处罚金3 600万元、657万元、95万元。

2. 风险描述

本案涉案企业通过设立虚开链条,先利用软件企业即征即退和地区税收优惠政策,向下游企业虚开增值税专用发票骗取国家税款,再通过虚假申报软件企业出口贸易,骗取出口退税。由于我国软件产品的著作权申报采用备案制,企业通过代理公司即可取得软件产品认证书,且我国针对软件产品出口退税的审核依据也主要是软件产品认证书,导致不法分子的犯罪门槛较低,再通过地下钱庄和企业离岸账户进行外汇操作即可完成整套骗取出口退税的流程。

3. 防控建议

我国税务机关为防止软件企业利用税收优惠政策违法犯罪的事件发生,积极开展与有关部门的合作,对软件企业的相关产品开展检测工作,并加强对外汇监管,加大对地下钱庄的打击力度。同时将软件企业的虚开骗税列入重点打击对象,多层面防范类似案件的发生。同时,下游外贸企业也存在税收风险,需要对代理业务真实性进行核查,不轻信熟人及"高科技产品"等名头,防止在不知情下卷入涉税违法案件。

4. 政策依据

《增值税暂行条例》第六十四条:违反国家有关增值税法律法规的规定,虚开发票或者伪造、出售虚开发票、伪造、出售暂免税产品退税凭证的,由税务机关没收违法所得,并处以违法所得一倍以上五倍以下的罚款;情节严重的,可以处五万元以上五十万元以下的罚款;构成犯罪的,依法追究刑事责任。

《中华人民共和国税收征收管理法》第八十五条:纳税人通过虚构或者故意引入不存在的交易、虚增交易金额、虚开发票等手段骗取税款的,由税务机关依法没收违法所得,并可以处以违法所得一倍以上五倍以下的罚款,并可同时追缴应当缴纳的税款;构成犯罪的,依法追究刑事责任。

(六)虚开研发费用发票进行虚假申报

1. 情景再现

A公司主要经营业务为软件产品的开发及销售,并取得了软件公司的认定。2019年8月—2020年12月,A公司在无真实交易的情况下,接受他人开具的390份增值税普通发票,并利用企业所得税减免税政策和软件生产企业增值税超税负即征即退税收优惠政策,以虚开研发费用发票为手段,虚列企业所得税计税成本,进行虚假纳税申报,造成少缴的增值税超3 000万元,企业所得税超1.2亿元。税务机关认定A公司违反《税收征收管理法》第六十三条的规定,构成偷税,追缴相应税款及滞纳金并处以一倍罚款,共计超3亿元。

2. 风险描述

部分软件企业为享受研发费用加计附加扣除的政策,将不应计入研发费的成本费用违规计入;同时,我国软件企业的认定标准中对研发费用在营收中的占比存在限制,因此部分企业为了满足软件企业的认定标准,或为了利用研发费用加计扣除骗取国家税款,接受他人开具的研发费用发票,虚列企业计税成本。从而导致税务违法风险。

3. 防控建议

软件企业负责人应主动遏制企业涉税违法行为,加强企业规章制度管理。企业应根据自身业务模式建立相应税务合规制度。另外,软件企业应根据自身规模建立合规管理组织,小规模软件企业应由实控人及高管人员主导,大规模企业则应当更加细化,根据部门划分等原则建立专门化组织,针对各税种、政策实行有效监管,并定期开展税务健康度检查。

4. 政策依据

《财政部 税务总局关于进一步完善研发费用税前加计扣除政策的公告》(2023年第7号)规定:"企业开展研发活动中实际发生的研发费用,未形成无形资产计入当期损益的,在按规定据实扣除的基础上,自2023年1月1日起,再按照实际发生额的100%在税前加计扣除;形成无形资产的,自2023年1月1日起,按照无形资产成本的200%在税前摊销。"

二 软件行业纳税评估指标及评估方法

(一)应税收入比例界定法

由于技术开发收入在地税享受免税的优惠政策,软件企业将软件开发收入以技术开发收入的名义向地税申报,其实际税负为零,远低于向国税申报软件产品销售收入按3%征收的实际税负,因此软件企业在销售时,尽可能套用技术开发收入向地税申报,造成增值税的流失。

1. 评估模型

数据期间均取自评估期。

销售收入占营业收入比例=软件产品销售收入/营业收入×100%

其他业务利润占销售收入比例=其他业务利润/软件产品销售收入×100%

营业外收入占销售收入比例=营业外收入/软件产品销售收入×100%

标准值参数范围:销售收入占营业收入比例<90%、其他业务利润占销售收入比例>10%、营业外收入占销售收入比例>10%。

2. 应用要点

本方法用于帮助管理员界定企业的收入是否有应征增值税范畴。评估人员在评估软件企业时,应查看纳税人的地税申报表或利润表,并结合纳税人签订的相关合同内容找出纳税人未按规定申报增值税的软件开发收入。

3. 疑点判断

(1)重点比对增值税申报表的收入总额与利润表中经营收入的比例是否超出合理范围。当比例小于90%时,说明企业除了产品售后服务所得外还存在有待界定的收入。

(2)利润表中"其他业务利润"栏金额占本年软件产品销售收入比例是否超出合理范

围。当比例大于10%时,说明企业除了产品售后服务所得外还存在其他业务收入有待界定。

(3)利润表中"营业外收入"栏数值占本年软件产品销售收入比例是否超出合理范围。当比例大于10%时,说明企业除了产品售后服务所得外还存在其他业务收入有待界定。

4. 数据来源

一是比对增值税申报表的收入总额与利润表的经营收入累计是否存在差异;二是看利润表中"其他业务利润"栏的金额是否较大;三是看利润表中"补贴收入"栏金额与已退的增值税金额是否一致;四是看利润表中"营业外收入"栏数值是否偏大。

(二) 利润分析法

软件企业具有软件开发周期和安装调试时间较长的特点,当企业期末未分配利润除以实收资本后的比值小于−1时,说明企业已资不抵债,但依然"长亏不倒",可以采用本评估方法。

1. 评估模型

数据期间均取自评估期。

实收资本盈亏比＝期末未分配利润/实收资本

标准值参数范围:实收资本盈亏比<−1。

2. 应用要点

(1)评估人员应着重关注预收(付)账款、应收(付)账款及其他应收(付)款等往来科目,结合企业签订的相关合同确定销售收入时间,防止纳税人以试用期未满未开发票的名义瞒报或滞后申报销售收入。

(2)软件企业一般都会利用自身对网络技术运用优势,开设自己的网站推销自己,扩大知名度,也借助网络销售产品,评估人员可从网站上所列示的交易账户、账号、标售价格、购买人数以及交易的方式等方面作为评估的切入点,通过截取屏幕显示界面的方式保留证据,对其销售情况进行审查。

3. 疑点判断

软件企业一般在研发软件前已标定了客户群进行有针对性的项目开发,因此资不抵债的企业在取得软件产品证书1年后或已立项研发软件2年以上,仍然没有销售收入或销售收入过低的,纳税人可能存在瞒报或滞后申报销售收入的行为。

4. 数据来源

资产负债表中的"期末未分配利润"和"实收资本"。

(三) 成本费用测算法

软件企业产品开发成型后,产品附加值高,整体成本低,对于为了追求利益最大化,想方设法虚增税前费用开支,冲减税前利润的企业,可以从销售毛利率和销售利润率入手,分析其是否存在虚增成本、费用问题。

1. 评估模型

数据期间均取自评估期。

成本费用率＝(主营业务毛利－主营业务利润)/营业收入×100%(也可表述为销售毛利率－销售利润率)。

2. 应用要点

软件企业以高素质人力资源作为主要生产工具,此类人员具有工资高、福利好的特点,应用该评估方法可以判断企业购买社保的人数与列支工资、福利费的人数是否有较大偏差,工资、福利费列支是否合理,其他费用开支是否真实合法,列支费用的凭证是否真实合法。

3. 疑点判断

标准值参数范围：成本费用率＞70%。

当指标符合"(主营业务毛利－主营业务利润)/主营业务收入＞70%"时,说明企业主营业务收入毛利极高,但是税前利润极低,表明纳税人存在虚增税前成本、费用开支的嫌疑。

4. 数据来源

利润表中获得"主营业务毛利""主营业务利润"及"营业收入"。

三 典型案例

(一) 案例情境

1. 企业基本信息

公司名称：杭州智慧财务科技有限公司

成立时间：2010年11月2日

注册资本：捌仟万元整

经营地址：浙江省杭州市滨江区南环路37号

经营范围：电子及通信设备、计算机及外部设备、智能机电产品、财税专用设备及软件的开发,销售；信息技术的开发,转让,咨询,培训

公司在职员工836人,其中109人从事研发和技术创新活动。房屋出租价格按照每日1.2元/平方米。

2. 企业经营情况

(1) 企业主要经营产品。

财务科技及市场业务：公司开发了多种税务领域的相关产品,例如,电子税务局、增值

税防伪开票实训系统、财税一体化等财务软件。公司自主研发的软件产品包括：电子税务局实训软件 V3.0、增值税防伪开票实训软件 V1.0、财税一体化实训软件 V1.0，符合增值税即征即退税收优惠政策。部分技术转让收入符合条件，享受技术转让、技术开发免增值税优惠。在线教育业务主要针对财务行业开发一些在线教育，有在线课程、在线视频等课程资源，主要开发有初级会计、中级会计在线课程等课程资源。相关费用明细如图 3-6-1 至图 3-6-5 所示。

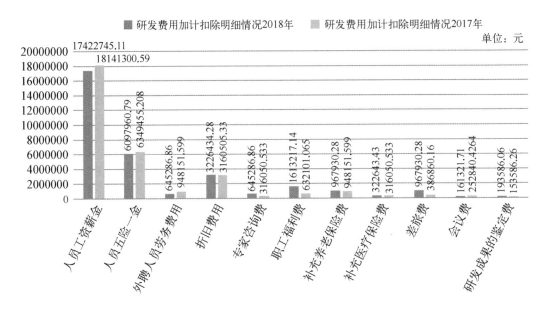

图 3-6-1　2017 年、2018 年研发费用加计扣除明细情况

图 3-6-2　2017 年、2018 年管理费用明细图

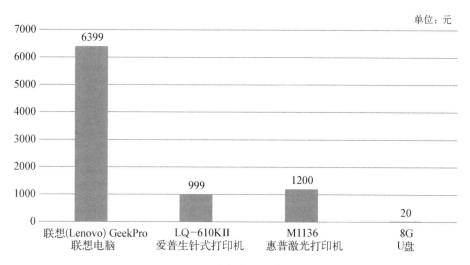

图 3-6-3　库存商品采购价格图

图 3-6-4　2017年、2018年进项税明细情况图

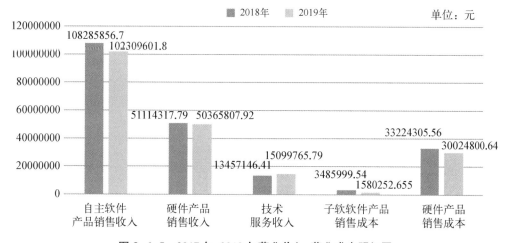

图 3-6-5　2017年、2018年营业收入、营业成本明细图

(2) 其他资料说明。

① 企业投资性房地产按照成本模式计量。

② 固定资产折旧方式：年限平均法。

③ 生产经营流程。

(3) 软件产品的基本开发流程参考。

① 软件产品开发流程：可行性分析—需求分析—编码实现—安装实施—运行维护。

② 软件产品销售流程：销售—培训—售后维修服务。

(4) 其他资料。

公司主要采用"产品＋服务"的商业模式，并已逐步过渡到"运营＋服务＋产品"的商业模式。公司在江苏昆山、深圳、上海等地建有生产工厂，在全国范围内统一管理，辅以科学的生产管理手段，保证产品的质量。服务运营方面，公司拥有覆盖全国的销售服务网络，在全国各省市共设有几十家分子公司进行销售、售后和维护工作，保障服务的及时性与有效性。

3. 财务报表

相关财务报表见表3-6-1至表3-6-4。

表 3-6-1　2017 年资产负债表

单位：杭州智慧财务科技有限公司　　　　　　　　2017 年 12 月 31 日　　　　　　　　单位：元

资　产	期末余额	年初余额	负债和所有者权益（或股东权益）	期末余额	年初余额
流动资产：			流动负债：		
货币资金	145 046 887.30	110 215 423.90	短期借款	7 745 040.00	5 445 345.00
以公允价值计量且其变动计入当期损益的金融资产	0	0	以公允价值计量且其变动计入当期损益的金融负债	0	0
衍生金融资产	0	0	衍生金融负债	0	0
应收票据	0	0	应付票据	0	0
应收账款	13 023 317.80	30 021 780.30	应付账款	21 085 466.00	28 008 337.10
预付款项	28 988 407.00	24 278 189.50	预收账款	163 162 951.40	151 307 544.90
应收利息	0	0	应付职工薪酬	18 532 509.80	15 408 808.30
应收股利	0	0	应交税费	145 186 192.00	111 026 686.50
其他应收款	51 702 957.20	41 960 398.10	应付利息	0	0
存货	5 023 235.40	5 044 554.70	应付股利	0	0
持有待售资产	0	0	其他应付款	24 196 249.00	23 271 567.40
一年内到期的非流动性资产	0	0	持有待售负债	0	0

续　表

资　　产	期末余额	年初余额	负债和所有者权益（或股东权益）	期末余额	年初余额
其他流动资产	0	0	一年内到期的非流动负债	0	0
流动资产合计	243 784 804.70	211 520 346.50	其他流动负债	0	0
非流动性资产：			**流动负债合计**	379 908 408.20	334 468 289.20
可供出售金融资产	0	0	**非流动负债：**		
持有至到期投资	0	0	长期借款	17 753 146.64	15 610 000.00
长期应收款	30 355 040.00	27 355 040.00	应付债券	0	0
长期股权投资	0	0	长期应付款	0	0
投资性房地产	23 004 413.69	24 215 172.30	其中：优先股	0	0
固定资产	65 247 573.00	62 363 060.60	永续债	0	0
在建工程	0	0	长期应付款	0	0
工程物资	0	0	专项应付款	0	0
固定资产清理	0	0	预计负债	0	0
生产性生物资产	0	0	递延收益	0	0
油气资产	0	0	递延所得税负债	0	0
无形资产	0	0	其他非流动负债	0	0
开发支出	0	0	**非流动负债合计**	17 753 146.64	15 610 000.00
商誉	0	0	**负债合计**	397 661 554.84	350 078 289.20
长期待摊费用	0	0	**所有者权益（或股东权益）：**		
递延所得税资产	98 314 587.00	60 315 647.00	实收资本（或股本）	72 360 000.00	72 360 000.00
其他非流动资产	0	0	其他权益工具	0	0
非流动资产合计	216 921 613.69	174 248 919.90	其中：优先股	0	0
			永续债	0	0
			资本公积	0	0
			减：库存股	0	0
			其他综合收益	0	0
			盈余公积	0	0

续 表

资 产	期末余额	年初余额	负债和所有者权益（或股东权益）	期末余额	年初余额
			未分配利润	−9 315 136.45	−36 669 022.80
			所有者权益（或股东权益）合计	63 044 863.55	35 690 977.20
资产总计	460 706 418.39	385 769 266.40	负债和所有者权益（或股东权益）总计	460 706 418.39	385 769 266.40

表 3-6-2 2018 年资产负债表

编制单位：杭州智慧财务科技有限公司　　　　　2018 年 12 月 31 日　　　　　会企 01 表

资 产	期末余额	年初余额	负债和所有者权益（或股东权益）	期末余额	年初余额
流动资产：			**流动负债：**		
货币资金	29 557 595.10	145 046 887.30	短期借款	12 000 000.00	7 745 040.00
交易性金融资产	0	0	交易性金融负债	0	0
衍生金融资产	0	0	衍生金融负债	0	0
应收票据及应收账款	38 599 295.30	13 023 317.80	应付票据及应付账款	47 343 965.00	21 085 466.00
预付款项	43 236 202.90	28 988 407.00	预收款项	289 165 519.20	163 162 951.40
其他应收款	82 404 322.40	51 702 957.20	合同负债	0	0
存货	5 979 160.40	5 023 235.40	应付职工薪酬	19 145 367.60	18 532 509.80
合同资产	0	0	应交税费	166 286 588.00	145 186 192.00
持有待售资产	0	0	其他应付款	38 923 677.60	24 196 249.00
一年内到期的非流动性资产	0	0	持有待售负债	0	0
其他流动资产	178 800 000.00	0	一年内到期的非流动负债	0	0
流动资产合计	378 576 576.10	243 784 804.70	其他流动负债		
非流动性资产：			**流动负债合计**	572 865 117.40	379 908 408.20
债券投资	0	0	**非流动负债：**		
其他债券投资	0	0	长期借款	25 233 195.55	17 753 146.64
长期应收款	0	0	应付债券	0	0
长期股权投资	40 355 040.00	30 355 040.00	其中：优先股	0	0

续　表

资　产	期末余额	年初余额	负债和所有者权益（或股东权益）	期末余额	年初余额
其他权益工具投资	0	0	永续债	0	0
其他非流动金融资产	0	0	长期应付款	0	0
投资性房地产	34 215 172.40	23 004 413.69	预计负债	0	0
固定资产	71 693 724.00	65 247 573.00	递延收益	0	0
在建工程	0	0	递延所得税负债	0	0
生产性生物资产	0	0	其他非流动负债	0	0
油气资产	0	0	**非流动负债合计**	25 233 195.55	17 753 146.64
无形资产	94 508 438.00	0	**负债合计**	598 098 312.95	397 661 554.84
开发支出	0	0	**所有者权益（或股东权益）：**		
商誉		0	实收资本（或股本）	72 360 000.00	72 360 000.00
长期待摊费用	0	0	其他权益工具	0	0
递延所得税资产	11 919 924.00	98 314 587.00	其中：优先股	0	0
其他非流动资产	0	0	永续债	0	0
非流动资产合计	252 692 298.40	216 921 613.69	资本公积	0	0
			减：库存股	0	0
			其他综合收益	0	0
			盈余公积	0	0
			未分配利润	−39 189 438.45	−9 315 136.45
			所有者权益（或股东权益）合计	33 170 561.55	63 044 863.55
资产总计	631 268 874.50	460 706 418.39	**负债和所有者权益（或股东权益）总计**	631 268 874.50	460 706 418.39

表3-6-3　2017年利润表

编制单位：杭州智慧财务科技有限公司　　　　　　2017年　　　　　　　　单位：元

项　目	本　期	年同期数
一、营业收入	167 775 175.50	146 420 815.10
减：营业成本	31 605 053.30	30 634 036.60

续 表

项　　目	本　期	年同期数
税金及附加	3 113 520.70	3 305 001.00
销售费用	49 224 929.20	20 302 109.20
管理费用	86 352 741.20	69 114 309.00
财务费用	−445 662.70	−239 475.50
资产减值损失	1 321 923.40	2 020 335.40
加：公允价值变动收益（损失以"−"号填列）	0.00	0.00
投资收益（损失以"−"号填列）	1 026 246.60	446 994.50
其中：对联营企业和合营企业的投资收益	0.00	0.00
资产处置收益（损失以"−"号填列）	0.00	0.00
其他收益	14 038 965.00	0.00
二、营业利润（亏损以"−"号填列）	11 667 882.00	21 731 493.90
加：营业外收入	17 038 965.00	13 695 083.90
减：营业外支出		109 256.70
三、利润总额（亏损总额以"−"号填列）	28 706 847.00	35 317 321.10
减：所得税费用	1 352 960.65	
四、净利润（净亏损以"−"号填列）	27 353 886.35	35 317 321.10
（一）持续经营净利润（净亏损以"−"号填列）		
（二）终止经营净利润（净亏损以"−"号填列）		
五、其他综合收益的税后净额		
（一）以后不能重分类进损益的其他综合收益		
（二）以后将重分类进损益的其他综合收益		
六、综合收益总额		
七、每股收益：		
（一）基本每股收益		
（二）稀释每股收益		

表 3-6-4　2018 年利润表

编制单位：杭州智慧财务科技有限公司　　　　　　2018 年　　　　　　　　　单位：元

项　　目	本期数	上年数
一、营业收入	172 857 320.90	167 775 175.50
减：营业成本	36 710 306.10	31 605 053.30
税金及附加	4 475 723.80	3 113 520.70
销售费用	97 559 706.90	49 224 929.20
管理费用	58 736 624.40	86 352 741.20
研发费用	32 264 342.80	0.00
财务费用	−773 211.70	−115 662.70
其中：利息费用	34 230.00	0.00
利息收入	−849 681.80	0.00
资产减值损失	−693 887.80	1 321 923.40
加：公允价值变动收益（损失以"−"号填列）	0.00	0.00
投资收益（损失以"−"号填列）	1 818 900.70	1 026 246.60
其中：对联营企业和合营企业的投资收益	0.00	0.00
资产处置收益（损失以"−"号填列）	320 000.00	0.00
其他收益	28 176 497.60	14 038 965.00
二、营业利润（亏损以"−"号填列）	−25 106 885.30	11 667 882.00
加：营业外收入	1 300 000.00	17 038 965.00
减：营业外支出	8 155 882.30	0.00
三、利润总额（亏损总额以"−"号填列）	−31 962 767.60	28 706 847.00
减：所得税费用	−2 088 465.60	1 352 960.65
四、净利润（净亏损以"−"号填列）	−29 874 302.00	27 353 886.35
（一）持续经营净利润（净亏损以"−"号填列）		
（二）终止经营净利润（净亏损以"−"号填列）		
五、其他综合收益的税后净额		

续 表

项　目	本期数	上年数
（一）以后不能重分类进损益的其他综合收益		
（二）以后将重分类进损益的其他综合收益		
六、综合收益总额		
七、每股收益：		
（一）基本每股收益		
（二）稀释每股收益		

4. 数据对比表

相关数据对比见表 3-6-5。

表 3-6-5　同地区同规模行业企业分析指标情况表

序号	指标项目	正常区间	预警区间	备注
1	增值税一般纳税人税负偏离度	[0,5%]	(5%,+∞)	
2	增值税发票用量作废率	[0,50%)	[50%,+∞)	税额超过1万元预警
3	营业成本同步增长系数	[0,110%]	(110%,+∞)	
4	增值税税负率	[4.25%,8%]	[0,4.25%)∪(4.25%,+∞)	

> 注：行业增值税一般纳税人平均税负 4.25%。按上述指标项目对纳税对象进行评估，预警区间无指标项目满足为无风险条件，一个指标项目满足为低风险条件，两个指标项目满足为中风险条件，三个及以上项目满足为高风险条件。

5. 纳税申报表

相关纳税申报见表 3-6-6 至表 3-6-7。

表 3-6-6 2017 年增值税纳税申报表

（一般纳税人适用）

根据国家税收法律法规及增值税相关规定制定本表。纳税人不论有无销售额，均应按税务机关核定的纳税期限填写本表，并向当地税务机关申报。

税款所属时间：2017 年 12 月 1 日至 2017 年 12 月 31 日　　　　　　　　　　金额单位：元

	项　目	栏　次	一般项目		即征即退项目	
			本月数	本年累计	本月数	本年累计
销售额	（一）按适用税率计税销售额	1	10 618 330.55	50 563 478.79	28 130 807.21	117 211 696.71
	其中：应税货物销售额	2	11 576 487.10	50 332 552.65		
	应税劳务销售额	3				
	纳税检查调整的销售额	4				
	（二）按简易办法计税销售额	5	0	0		
	其中：纳税检查调整的销售额	6				
	（三）免、抵、退办法出口销售额	7			—	—
	（四）免税销售额	8				
	其中：免税货物销售额	9			—	—
	免税劳务销售额	10			—	—
税款计算	销项税额	11	849 466.44	41 462 052.61	4 782 237.23	19 925 988.44
	进项税额	12	594 005.95	3 712 267.23	110 511.17	663 067.02
	上期留抵税额	13				
	进项税额转出	14				
	免、抵、退应退税额	15			—	—
	按适用税率计算的纳税检查应补缴税额	16				
	应抵扣税额合计	17＝12＋13－14－15＋16	594 005.95	—	110 511.17	—
	实际抵扣税额	18（如 17＜11，则为 17，否则为 11）	594 005.95	3 712 267.23	110 511.17	663 067.02
	应纳税额	19＝11－18	255 460.49	3 712 267.23	4 671 726.06	19 262 921.42
	期末留抵税额	20＝17－18	0		—	
	简易计税办法计算的应纳税额	21	0	0		
	按简易计税办法计算的纳税检查应补缴税额	22			—	—
	应纳税额减征额	23				
	应纳税额合计	24＝19＋21－23	255 460.49	3 712 267.23	4 671 726.06	19 262 921.42

续 表

项 目		栏 次	一般项目		即征即退项目	
			本月数	本年累计	本月数	本年累计
税款缴纳	期初未缴税额(多缴为负数)	25	794 378.69	794 378.69	4 157 836.19	4 157 836.19
	实收出口开具专用缴款书退税额	26	—	—	—	—
	本期已缴税额	27=28+29+30+31	794 378.69	794 378.69	4 157 836.19	4 157 836.19
	①分次预缴税额	28	—	—	—	—
	②出口开具专用缴款书预缴税额	29	—	—	—	—
	③本期缴纳上期应纳税额	30	794 378.69	794 378.69	4 157 836.19	4 157 836.19
	④本期缴纳欠缴税额	31				
	期末未缴税额(多缴为负数)	32=24+25+26−27	255 460.49	255 460.49	4 671 726.06	19 262 921.42
	其中:欠缴税额(≥0)	33=25+26−27				
	本期应补(退)税额	34=24−28−29	255 460.49		4 671 726.06	
	即征即退实际退税额	35	—	—		
	期初未缴查补税额	36			—	—
	本期入库查补税额	37			—	—
	期末未缴查补税额	38=16+22+36−37			—	—
授权声明						

表3-6-7 2018年增值税纳税申报表
(一般纳税人适用)

根据国家税收法律法规及增值税相关规定制定本表。纳税人不论有无销售额,均应按税务机关核定的纳税期限填写本表,并向当地税务机关申报。

税款所属时间:2018年12月1日至2018年12月31日　　　　　　　　　　　　　　金额单位:元

项 目		栏 次	一般项目		即征即退项目	
			本月数	本年累计	本月数	本年累计
销售额	(一)按适用税率计税销售额	1	6 774 055.91	52 108 122.41	27 772 315.65	120 749 198.49
	其中:应税货物销售额	2	6 513 263.85	51 857 196.27		
	应税劳务销售额	3				
	纳税检查调整的销售额	4				
	(二)按简易办法计税销售额	5				

续 表

项目		栏次	一般项目		即征即退项目	
			本月数	本年累计	本月数	本年累计
销售额	其中：纳税检查调整的销售额	6				
	（三）免、抵、退办法出口销售额	7			—	—
	（四）免税销售额	8			—	—
	其中：免税货物销售额	9				
	免税劳务销售额	10				
税款计算	销项税额	11	1 002 560.27	7 451 461.50	4 443 570.50	19 923 617.75
	进项税额	12	699 151.66	4 481 741.41	113 826.51	700 198.77
	上期留抵税额	13			—	—
	进项税额转出	14				
	免、抵、退应退税额	15			—	—
	按适用税率计算的纳税检查应补缴税额	16				
	应抵扣税额合计	17＝12＋13－14－15＋16	699 151.66	—	113 826.51	—
	实际抵扣税额	18（如17＜11,则为17,否则为11）	699 151.66	4 481 741.41	113 826.51	700 198.77
	应纳税额	19＝11－18	303 408.61	2 969 720.09	4 329 743.99	19 223 418.98
	期末留抵税额	20＝17－18	0		—	
	简易计税办法计算的应纳税额	21	0	0		
	按简易计税办法计算的纳税检查应补缴税额	22			—	—
	应纳税额减征额	23				
	应纳税额合计	24＝19＋21－23	303 408.61	2 969 720.09	4 329 743.99	19 223 418.98
税款缴纳	期初未缴税额（多缴为负数）	25	276 799.67	276 799.67	418 196.53	418 196.53
	实收出口开具专用缴款书退税额	26			—	—
	本期已缴税额	27＝28＋29＋30＋31	276 799.67	276 799.67	418 196.53	418 196.53
	① 分次预缴税额	28			—	—
	② 出口开具专用缴款书预缴税额	29			—	—
	③ 本期缴纳上期应纳税额	30	276 799.67	276 799.67	418 196.53	418 196.53
	④ 本期缴纳欠缴税额	31				

续 表

项　目		栏次	一般项目		即征即退项目	
			本月数	本年累计	本月数	本年累计
税款缴纳	期末未缴税额(多缴为负数)	32＝24＋25＋26－27	303 408.61	303 408.61	4 329 743.99	19 223 418.98
	其中：欠缴税额(≥0)	33＝25＋26－27			—	—
	本期应补(退)税额	34＝24－28－29	303 408.61	—	4 329 743.99	—
	即征即退实际退税额	35	—	—		
	期初未缴查补税额	36			—	—
	本期入库查补税额	37			—	—
	期末未缴查补税额	38＝16＋22＋36－37			—	—
授权声明						

（二）案头分析

1. 案头说明

2018 年浙江省税务局发现杭州智慧财务科技有限公司疑点如下：

（1）企业跟杭州东方训机签订增值税防伪开票实训软件 V1.0 销售合同，其中包含 50 台爱普生针式打印机，型号 LQ-610KⅡ，开具增值税专用发票，增值税专用发票明细：增值税防伪开票实训软件 V1.0，金额 180 000.00 元；打印机，发票金额 45 000.00 元。

（2）企业所得税汇算清缴申报表中，研发加计扣除申报表中其他相关费用增长异常。

（3）2018 年增值税专用发票开具 3 450 份发票，其中：蓝字发票 3 200 份，作废发票 250 份，作废税额为 487 500 元。

2. 风险点判断和结论

通过案头分析，你认为该企业可能存在哪些税收风险点？

☑ 企业可能存在混淆即征即退应税收入
☑ 企业可能存在多加计研发费用
☑ 企业可能存在不按规定开具发票
☑ 企业可能存在延迟确认应税收入
☑ 企业可能存在错误申报进项税
☑ 企业可能存在少确认租金收入
☑ 企业可能存在虚增销售费用
☐ 企业可能存在虚报项目
☐ 企业可能存在虚领增值税发票
☐ 企业可能存在少计其他收益

☐ 企业可能存在营业外收入未申报
☐ 企业可能存在多提折旧和摊销
☐ 企业可能存在投资性房地产成本模式转公允模式
☑ 企业可能存在虚假作废发票
☐ 企业可能存在平销冲量行为
☐ 企业可能存在低于进价销售商品
☐ 企业可能存在购买增值税专用发票
☑ 企业可能存在销售旧货或旧固定资产未计税

【参考依据】

(1) 根据案头资料,企业跟杭州东方培训机构签订增值税防伪开票实训软件V1.0销售合同,其中同时包含50台针式打印机并开具增值税发票。针式打印机发票金额45 000元,50台单价为900元,低于图3-6-10所示的爱普生该型号的市场采购价格,可能存在将部分打印机销售收入作为嵌入式软件产品共同销售的计算机硬件销售收入,列为即征即退项目,混淆即征即退应税收入。

> **注:**《财政部、国家税务总局关于软件产品增值税政策的通知》(财税〔2011〕100号文),增值税一般纳税人销售其自行开发生产的软件产品,按17%税率(2019年4月1日起调整为13%)征收增值税后,对其增值税实际税负超过3%的部分实行即征即退政策。本通知所称软件产品,是指信息处理程序及相关文档和数据。软件产品包括计算机软件产品、信息系统和嵌入式软件产品。嵌入式软件产品是指嵌入在计算机硬件、机器设备中并随其一并销售,构成计算机硬件、机器设备组成部分的软件产品。

(2) 根据案头说明,企业所得税汇算清缴年度纳税系列申报表中的"研发费用可加计扣除研究开发费用情况归集表",显示研发费用加计扣除项目和其他相关费用异常增长;同时,管理费用明细表和2018年利润表均显示2017年研发费用为0元,2018年就增长为约3 000万元。因而可能存在多加计研发费用。

(3) 企业跟杭州东方培训机构签订增值税防伪开票实训软件V1.0销售合同,其中同时包含50台针式打印机并开具增值税发票。针式打印机发票金额45 000元,50台单价为900元,未分开软件和硬件销售分别开具发票,可能存在不规定开具发票。

(4) 根据资产负债表,预收账款变动较大,企业可能存在延迟确认应税收入。

(5) 根据进项税明细表,电费水费进项税未按照要求进行分摊,企业可能存在错误申报进项税。

(6) 根据企业纳税申报表,投资性房地产变动远大于其他业务收入变动,企业可能存在部分租金未确认收入。

资产负债表显示,投资性房地产由2017年末的23 004 413.69元增长为2018年末的34 215 172.4元。

(7) 根据利润表,销售费用增长幅度加大,且销售费用增长率高于营业收入增长率,收入和费用不配比,可能存在虚增销售费用。

(8) 根据案头说明,2018年增值税专用发票作废250份,作废税额为487 500元,根据指标模型,税额超过1万元提示可能存在虚假作废发票。

(9) 2018年利润表显示企业存在资产处置收益,但是2018年增值税纳税申报表中,按简易办法计税销售额项并未进行申报,企业可能存在销售旧货或旧固定资产未计税。

> **注:** 根据财税〔2009〕9号和财税〔2014〕57号文规定,"一般纳税人销售自己使用过的不得抵扣且未抵扣进项税额的固定资产,按照简易办法依照3%征收率减按2%征收增值税,应开具普通发票,不得开具增值税专用发票。国家税务总局公告2015年第90号文规定,纳税人销售自己使用过的固定资产,适用简易办法依照3%征收率减按2%征收增值税政策的,可以放弃减税,按照简易办法依照3%征收率缴纳增值税,并可以开具增值税专用发票"。

3. 风险特征分析计算

你判断的风险模型、计算公式、指标源、特殊信息有哪些?

- ☑ 2018年增值税税负率低于4.25%
- ☐ 2017年增值税税负率低于4.25%
- ☑ 2018年增值税一般纳税人税负偏离度高于5%
- ☐ 2018营业收入变动率高于2018年营业成本变动率
- ☑ 2018年营业成本同步增长系数高于110%
- ☑ 2018年预收账款变动率高于20%
- ☐ 2017年预收账款变动率高于20%
- ☑ 2018年预付账款变动率高于20%
- ☑ 2018年其他应付款变动率高于20%
- ☑ 增值税纳税申报表进项税额纳税申报异常
- ☑ 2018年投资性房地产变动率高于40%
- ☐ 2018年其他业务收入变动率高于10%
- ☑ 2018年研发费用加计扣除申报其他相关费用异常
- ☐ 增值税一般纳税人滞留票情况异常
- ☐ 关联交易代开
- ☐ 多户纳税人为同一购票员
- ☑ 增值税专用发票作废发票率偏高
- ☐ 2018年利润表营业收入变动率与增值税应税收入变动率配比高于100%

【参考依据】

(1) 2018年增值税税负率=2018年应纳税额/按适用税率计税货物及劳务销售额
=2 969 720.09/51 857 196.27=5.73%

2017年增值税税负率＝应纳税额/按使用税率计税销售额
＝3 712 267.23/50 563 478.79＝7.34％

（2）2018年增值税一般纳税人税负偏离度＝［(应纳税额/应税营业收入)－同行业税金负担率］/同行业税金负担率＝(3.81％－4.25％)/4.25％＝－10.35％

（3）2018年营业成本同步增长系数533.26％。营业收入变动率＝(本期营业收入－基期营业收入)/基期营业收入＝(172 857 320.90－167 775 175.50)/167 775 175.50＝3.03％

营业成本变动率＝(本期营业成本－基期营业成本)/基期营业成本
＝(36 710 306.10－31 605 053.30)/31 605 053.30＝16.15％

同步增长系数＝营业成本变动率/营业收入变动率＝533.26％

（4）2018年预收账款变动率77.22％。

预收账款变动率＝(本期预收账款－基期预收账款)/基期预收账款
(289 165 519.20－163 162 951.40)/163 162 951.40＝77.22％

（5）2018年预付账款变动率49.15％。

预付账款变动率＝(本期预付账款－基期预付账款)/基期预付账款
＝(43 236 202.90－28 988 407.00)/28 988 407.00＝49.15％

（6）2018年其他应付款变动率60.87％。

其他应付款变动率＝(本期其他应付款－基期其他应付款)/基期其他应付款
＝(38 923 677.60－24 196 249.00)/24 196 249.00＝60.87％

（7）根据利润表"营业收入"等相关收入与增值税纳税申报表"按适用税率计税货物及劳务销售额"等指标数据比对，显示进项税额纳税申报异常。

（8）2018年投资性房地产变动率48.73％。

＝(34 215 172.40－23 004 413.69)/23 004 413.69＝48.73％

（9）根据研发费用加计扣除明细表

2018年研发费用中其他相关费用＝专家咨询费＋职工福利费＋补充养老保险费＋补充医疗保险费
＝645 286.86＋1 613 217.14＋967 930.28＋322 643.43＋
967 930.28＋161 321.71＋193 586.06
＝4 871 915.76，研发费用中的第1项至第5项的费用之和
＝17 422 745.11＋6 097 960.79＋645 286.85＋3 226 434.28
＝27 392 427.03

其他相关费用限额＝允许加计扣除的研发费用中的第1项至第5项的费用之和×10％/(1－10％)
＝27 392 427.03×10％/(1－10％)＝3 043 603.00

因而，2018年研发费用加计扣除其他相关费用填写超过限额。

> 注："其他相关费用指与研发活动直接相关的其他费用,如技术图书资料费、资料翻译费、专家咨询费、高新科技研发保险费,研发成果的检索、分析、评议、论证、鉴定、评审、评估、验收费用,知识产权的申请费、注册费、代理费,差旅费、会议费,职工福利费、补充养老保险费、补充医疗保险费。此类费用总额不得超过可加计扣除研发费用总额的10%"。(《财政部 国家税务总局 科技部关于完善研究开发费用税前加计扣除政策的通知》财税〔2015〕119号)

其他相关费用限额＝上述允许加计扣除的研发费用中的第1项至第5项的费用之和×10%/(1−10%)。当其他相关费用实际发生数小于限额时,按实际发生数计算税前加计扣除数额;当其他相关费用实际发生数大于限额时,按限额计算税前加计扣除数额。

(10) 根据案头资料,企业增值税专用发票作废率未超过50%,但是作废税额较大,超过1万元预警值,导致增值税专用发票作废率偏高。

4. 风险信息排除确认

通过上述资料可对税收风险进行判断、验证、排除、确认。
- ☐ 企业肯定不存在多抵扣研发费用加计扣除其他相关费用
- ☑ 企业肯定存在多抵扣研发费用加计扣除其他相关费用
- ☐ 企业是否存在多抵扣研发费用加计扣除其他相关费用,还无法确定
- ☑ 企业肯定存在部分进项税额未分摊
- ☐ 企业肯定不存在部分进项税额未分摊
- ☐ 企业是否存在部分进项税额未分摊,还无法确定
- ☐ 企业肯定存在租金收入未足额申报
- ☐ 企业肯定不存在租金收入未足额申报
- ☑ 企业是否存在租金收入未足额申报,还无法确定
- ☑ 企业肯定存在不按规定开具增值税专用发票
- ☐ 企业肯定不存在不按规定开具增值税专用发票
- ☐ 企业是否存在不按规定开具增值税专用发票,还无法确定
- ☐ 企业肯定存在虚增销售费用
- ☐ 企业肯定不存在虚增销售费用
- ☑ 企业是否存在虚增销售费用,还无法确定
- ☐ 企业肯定存在延迟确认应税收入
- ☐ 企业肯定不存在延迟确认应税收入
- ☑ 企业是否肯定存在延迟确认应税收入,还无法确定
- ☑ 企业肯定存在不按规定确认即征即退应税收入
- ☐ 企业肯定不存在不按规定确认即征即退应税收入
- ☐ 企业是否肯定存在不按规定确认即征即退应税收入,还无法确定
- ☑ 企业肯定存在销售旧货或者固定资产未申报增值税

☐ 企业肯定不存在销售旧货或者固定资产未申报增值税
☐ 企业是否存在销售旧货或者固定资产未申报增值税,还无法确定

【参考依据】

(1) 根据企业基本资料,得出2018年研发费用加计扣除其他相关费用申报3 226 434.28元,限扣额度为3 043 603.00元。

(2) 根据企业基础资料及增值税申报表,水费、电费进项税额未在一般项目、即征即退项目之间进行分摊。

(3) 根据资产负债表、增值税申报表,2018年投资性房地产增长率=(34 215 172.40−23 004 413.69)/23 004 413.69=48.73%;

根据增值税纳税申报表,2018年服务、不动产和无形资产销售收入增长率=[(2018全年按适用税率计税销售额−2018全年应税货物销售额)−(2017全年按适用税率计税销售额−2017全年应税货物销售额)]/(2017全年按适用税率计税销售额−2017全年应税货物销售额)=[(52 108 122.41−51 857 196.27)−(50 563 478.79−50 332 552.65)]/(50 563 478.79−50 332 552.65)=8.66%

投资性房地产增长率显著高于其他业务收入增长率,但是企业是否存在部分租金未申报,还无法确定。

> **注**:服务、不动产和无形资产有扣除项目的,为扣除之前的不含税销售额。销售额根据不同项目,分别填写到"按适用税率计税销售额"。"应税劳务销售额"栏填写应税加工、修理、修配劳务的不含税销售额。

(4) 根据案头资料及企业基础资料,针式打印机销售价格低于采购价格,把软件和硬件销售合计金额开具发票,存在不按照规定增值税专用发票。

(5) 根据利润表,2018年销售费用增加幅度很大,且与销售收入增长不配比,但是企业是否存在虚增销售费用的情况,还无法确定。

(6) 根据企业所得税,预收账款风险预警模型,预收账款变动率远高于营业收入变动率,但企业是否存在延迟确认应税收入的情况,还无法确定。

(7) 根据案头资料,企业基础资料,针式打印机销售价格低于采购价格,企业肯定存在不按照规定划分一般项目和即征即退项目。

(8) 根据2018年利润表,资产处置收益为320 000元,但是在增值税纳税申报表里面未申报,说明企业肯定存在销售旧货或者固定资产未申报增值税。

5. 风险应对经验策略

按照前述风险判断、分析、确认结果,对杭州智慧财务科技有限公司2018年和2017年纳税遵从情况进行分析,评定其风险等级为高。

根据判断和分析,可对该企业的风险情况进行评价和应对。

☐ 核查企业固定资产折旧计提方式,固定资产增加明细,确认是否存在虚增折旧费用

☑ 核查企业房产证,购买发票,房产使用情况,确认是否存在少报租金收入

☑ 核查投资性房地产明细账,确认是否存在会计核算错误

☑ 先发出税务约谈通知书,约谈财务负责人对问题进行解释

☑ 核查企业销售费用明细账及原始凭证,确认是否存在虚增销售费用

☑ 核查企业预收账款,其他应付款往来信息,确认企业是否存在应税收入未及时计税

☑ 核查企业销售合同,开票明细,确认是否存在混淆一般项目与即征即退应税收入情况

☐ 核查企业关联方交易情况,确认低价交易的行为

☐ 核查企业低于成本价销售库存商品的合理性,是否应按有关规定进行纳税调整

☑ 核查增值税退税收益明细账,申报的资料,确认是否多享受退税收益

☐ 核查一般项目进项税明细情况,确认是否存在即征即退项目进项税

☑ 核查销售费用中差旅费报销明细,确认是否存在培训收入少报

☐ 核查企业其他收益明细情况,确认是否存在少确认

☐ 核查企业销售合同,确认是否存在平销冲量行为

☐ 核查企业研发费用明细情况,确认是否存在大量虚增研发费用

☑ 核查企业增值税发票开具明细情况,销售合同明细情况,资金流情况,确认是否存在虚假作废发票

【参考依据】

(1) 由于资产负债表中投资性房地产变化跟其他业务收入变化出入较大,检查投资性房地产明细情况及房产使用情况,确认是否存在少报租金收入。

(2) 检查投资性房地产明细账,投资性房产变动较大,确认是否存在会计核算错误。

(3) 根据《纳税评估管理办法(试行)》规定,可以对纳税人发出约谈通知书,税务约谈的对象主要是企业财务会计人员。

(4) 2018年销售费用增长明显,检查销售费用明细账,报销原始凭证,确认是否存在虚增销售费用。

(5) 企业预收账款,其他应付款变化超过预警值,需要着重检查预收账款、其他应付款明细账,原始凭证,合同等,确认是否存在应税收入未及时确认。

(6) 根据案头说明,企业可能存在混淆应税收入的情况,核查企业销售合同、采购合同及开票明细情况,确认是否存在混淆一般项目与即征即退应税收入。

(7) 核查增值税退税收益明细账,申报的资料,确认是否多享受退税收益。

(8) 核查差旅费报销明细,确认是否有项目人员出差培训客户,未有对应培训收入,存在培训收入少报。

(9) 企业增税专用发票作废税额较大,核查企业增值税专用发票开具明细、销售合同、资金流等,确认是否存在虚假作废发票。

(三) 案例点评

1. 软件行业税收风险控制点

受以上行业特征影响,软件企业在税收上较易出现下列问题:

(1) 纳税人对软件产品销售收入征税范围划分不清,错按技术开发收入、服务收入或建安收入申报营业税;

（2）个别纳税人故意混淆增值税和营业税的应税范围，人为调节税负，规避高税率；

（3）纳税人利用软件产品销售渠道多、试运行时间较长等特点，瞒报或滞后申报销售收入，部分企业在资不抵债的情况下，依然"长亏不倒"；

（4）软件产品开发成型后，产品附加值高，整体成本低，但是企业为了追求利益最大化，想方设法虚增税前费用开支，冲减税前利润。

2. 杭州智慧财务科技有限公司案例点评

本案选择了软件行业中的代表为评估对象，在评估分析环节，通过调取企业的基本情况表、财务报表和纳税申报表等有关申报资料和企业备案的相关资料，并向企业了解各种经营信息，利用财务分析、纳税调整结合企业自身特点，有针对性地进行纳税评估。通过本案例的评估，进一步进行分析、归纳、总结，以便找准软件行业的纳税评估对象。

风险应对人员以企业的财务报表分析、纳税申报表为基础，运用纳税评估相关指标、结合软件行业特点展开分析，查找企业存在的疑点，经过再次核查，企业承认财务人员不懂研发加计扣除，多加计研发费用，该公司表示愿自查补缴相应税款。

一周后，企业完成了自查，并提供了举证材料。承认全年应计未计销售收入 1 432 265.71 元（含税），主动补提销项税金 208 106.98 元，调增进项税转出税额 53 689.13 元，补缴增值税 154 417.85 元；补缴印花税 5 万元并按规定调整了账目。经深入企业核查，结果与企业自查结果基本吻合。

通过本案例的评估，分析行业特点，查找存在的税收风险点，利用税负率、毛利率、费用率等筛选指标扫描软件企业税收风险，结合对软件类纳税人经营及纳税情况测算分析，确定纳税评估对象。对重点税源实行精细化、专业化管理，充分发挥纳税评估的作用，加强对软件企业的监控管理，对于确定纳税评估对象是具有可操作性和现实意义的。

（四）知识拓展

1. 筛选纳税评估对象

"筛选纳税评估对象要依据税收宏观分析、行业税负监控结果等信息，结合各项评估指标及其预警值和风险应对人员掌握的纳税人实际情况，参照纳税人所属行业、经济类型、经营规模、信用等级等因素进行全面、综合的审核对比分析"（国家税务总局 2005 年《纳税评估管理办法（试行）》）。

2. 重点评估分析对象

"经综合审核对比分析，发现有问题或疑点的纳税人要作为重点评估分析对象；重点税源户、特殊行业的重点企业，将销售收入增加而税收下降、销售增幅与税收增幅不匹配、销售收入规模、税收规模与生产经营规模不匹配的企业以及税负异常变化、税负率低于同地区同行业、长时间零税负和负税负申报、纳税信用等级低下，日常管理和税务检查中发现较多问题的纳税人作为重点纳税评估对象"（国家税务总局 2005 年《纳税评估管理办法（试行）》）。

3. 行业税收管理建议

（1）要重点关注企业的行业特点，对软件企业发生的劳务业务要具体分析，结合取得的合同,对按期或按次收取的维护费、技术服务费、培训费等不征收增值税,但对于纳税人对已购软件的用户进行升级行为,即在原有软件产品的基础上对其设计进行改变过程,包括对软件产品功能、模块的增加及修改,其取得的相关费用征收增值税。

(2)通过多种形式向纳税人宣传政策、普及纳税知识。对纳税人的主体税种的相关税收政策及各项规定更要加强宣传辅导,如派发《行业(含高新技术)税收知识手册》,实地调查了解,提高纳税人的税法遵从度,促使纳税人自觉、全面、如实地申报纳税,避免企业由于对一些具体税收政策不了解而犯了不应犯的错误。

第七章 物流行业

一 税收风险描述及防控建议

(一) 兼营不同税率的货物、劳务、服务取得收入未正确计提销项税额的风险

1. 情景再现

某物流运输企业销售一批集装箱给另外一家仓储公司,并负责集装箱的运输和装卸,合同分别注明货款100万元,运输费10万元,装卸费5万元,物流运输企业将货款按照13%的税率计提销项税额,运输、装卸收入一并按照装卸税率6%计提销项税额,未按混合销售计算缴纳增值税。

2. 风险描述

(1) 增值税税率档次较多,企业可能存在未正确适用货物、劳务、服务项目税率计算缴纳增值税的风险。

(2) 企业经营中未分清混合销售与兼营的核算,存在混合销售业务未按混合销售核算以主业税率计算缴纳增值税,而适用兼营业务分别核算的风险。

3. 防控建议

(1) 因货物、劳务、服务适用不同的税率,财务核算部门应正确适用各个应税项目的税率。

(2) 正确区分混合销售与兼营行为,厘清各自的计税方法。

4. 政策依据

《中华人民共和国增值税暂行条例》(国务院令第538号)第三条:"纳税人兼营不同税率的货物或者应税劳务,应当分别核算不同税率货物或者应税劳务的销售额;未分别核算销售额的,从高适用税率。"

《财政部 国家税务总局关于全面推开营业税改征增值税试点的通知》(财税〔2016〕036号)第四十条:"一项销售行为如果既涉及服务又涉及货物,为混合销售。从事货物的生产、批发或者零售的单位和个体工商户的混合销售行为,按照销售货物缴纳增值税;其他单位和个体工商户的混合销售行为,按照销售服务缴纳增值税。本条所称从事货物的生产、批发或者零售的单位和个体工商户,包括以从事货物的生产、批发或者零售为主,并兼营销售服务的单位和个体工商户在内。"

（二）增值税税率适用错误风险

1. 情景再现

某集团公司下属两个事业部分别为叉车生产销售事业部与物流运输服务部，2019年5月—2020年7月叉车生产销售事业部与物流运输服务部取得的营业总收入2 000万元，计入该集团公司的主营业务收入，按6%计缴增值税。

2. 风险描述

企业销售自产货物的同时提供服务不属于混合销售，应分别核算货物和服务销售额，分别适用不同税率或者征收率。叉车生产销售事业部单独销售的货物，未按对应的适用税率缴纳增值税。

3. 防控建议

对取得叉车生产销售的销售收入与物流运输服务取得的收入分开核算，分别按照不同的适用税率缴纳增值税。

4. 政策依据

《关于全面推开营业税改征增值税试点的通知》（财税〔2016〕36号）附件1《营业税改征增值税试点实施办法》第十五条。

《财政部 税务总局关于调整增值税税率的通知》（财税〔2018〕32号）。

《国家税务总局关于进一步明确营改增有关征管问题的公告》（国家税务总局公告2017年第11号）第一条。

（三）企业取得虚开增值税扣税凭证少缴纳税款的风险

1. 情景再现

案例1：2016年7月至11月期间，在某物流与某城石油、山东某跃石油化工有限公司（以下简称"某跃石油"）之间均无实际货物交易情况下，某物流法定代表人倪某某安排公司员工曹某某、公司挂靠人员杨某某，通过韩某某以某城石油、某跃石油作为开票单位，为某物流虚开16张增值税专用发票，价税合计1 610 000元，税额233 931.60元，支付开票费用96 580元。某物流陆续将虚开的增值税专用发票进行纳税申报，抵扣税款233 931.60元。曹某某直接经手参与虚开9张增值税专用发票，价税合计910 000元，税额132 222.23元。杨某某直接经手参与虚开7张增值税专用发票，价税合计700 000元，税额101 709.37元。

真实案例

案例2：王某某系湖州某物流公司负责人，符某某系原杭州某货运市场运输中介人员。该公司的经营范围是普通货物的物流，有一百余名驾驶员在该公司名下从事物流运输。驾驶员收取运输费后，仅出具收条，无法在税务局抵扣税款，因此，王某某想到去购买增值税专用发票，用以冲抵税款。2018年11月，王某某通过符某某介绍，以支付票面金额6.5%开票费的方式，从他人处虚开增值税专用发票10张，用于抵扣税款，税额共计9万余元。

2.风险描述

（1）物流运输公司的主要耗材是汽油，该物流公司为了多抵扣税款，通过韩某某以某城石油、某跃石油作为开票单位，为某物流虚开16张增值税专用发票用于纳税申报作为进行税额抵扣，属于虚开增值税扣税凭证扩大成本费用。

（2）企业通过各种渠道取得虚开运输汽车、装卸搬运工具、钢材等发票多抵扣进项税款，扩大成本费用。

（3）对于专门从事物流运输的企业，可能存在运输成本无发票的情况，从第三方取得发票或采用虚开运输发票解决成本入账问题。

（4）企业也可能通过各种渠道取得其他虚开增值税扣税凭证少缴纳税款。

3.防控建议

（1）企业应建立准确规范的发票管理流程，加强对内部的监控和票据的审核，收货人员将采购合同、收货单据和货物实物进行核对，并形成核对记录。

（2）企业在物资采购环节，业务必须真实可靠，采购合同、货物供应方与发票出具方一致，按实际取得的符合规定的增值税进项发票，正确进行申报抵扣。

（3）取得的运输发票票面规范，确保运输货物的吨位与实际销售或购进的吨位、单位一致。

4.政策依据

《中华人民共和国增值税暂行条例》（国务院令第538号）第八条："纳税人购进货物或者接受应税劳务（以下简称购进货物或者应税劳务）支付或者负担的增值税额，为进项税额。第九条：纳税人购进货物或者应税劳务，取得的增值税扣税凭证不符合法律、行政法规或者国务院税务主管部门有关规定的，其进项税额不得从销项税额中抵扣。"

《中华人民共和国发票管理办法》（国务院令第587号）第二十条："所有单位和从事生产、经营活动的个人在购买商品、接受服务以及从事其他经营活动支付款项，应当向收款方取得发票。取得发票时，不得要求变更品名和金额。"

《国家税务总局关于修订〈增值税专用发票使用规定〉的通知》（国税发〔2006〕156号）第十一条、第十二条。

《国家税务总局关于纳税人虚开增值税专用发票征补税款问题的公告》（国家税务总局公告2012年第33号）。

《国家税务总局关于纳税人取得虚开的增值税专用发票处理问题的通知》（国税发〔1997〕134号）。

二 物流行业纳税评估指标及评估方法

（一）资金监控法

资金监控法就是通过对纳税人一定时期内的银行存款、库存现金、应收账款、应收票据、预收账款等资金核算科目的监控，分析其资金的流转状况，并以此评析纳税人当期申报信息是否真实的方法。

纳税人发出货物，应计销售收入的常用借方会计科目有银行存款、库存现金、应收账款、应收票据、长期投资等,而与之对应的贷方会计科目一般为主营业务收入或其他业务收入等。因此,将纳税人的上述资金类核算科目的借方发生额与其相对应的会计科目贷方发生额相对比,就可以有效地分析、判断纳税人当期申报的销售信息是否真实。

1. 评估模型

(当期应收账款收入类借方发生额+当期应收票据收入类借方发生额+当期银行存款收入类借方发生额+当期现金收入类借方发生额+当期对外投资视同销售类借方发生额)÷(1+增值税适用税率或征收率)≤主营业务收入贷方发生额+其他业务收入类贷方发生额

一般情况下,上式左右方应当平衡;如果左方小于右方,可能存在纳税人前期预收账款在本期发出货物实现收入,也可能存在纳税人发出货物后,购买方用货物抵顶欠款,纳税人基本上不存在偷税问题;如果左方大于右方,则企业存在偷税的可能性较大。

2. 注意问题

(1) 运用资金往来分析法时,应对公式左方各科目的摘要栏内容进行认真分析,对不属于增值税应税收入的部分予以剔除,如:"应收账款"或"应收票据"科目中的转让不动产、无形资产收入及代垫包装费、代垫运杂费等;"银行存款"或"现金"科目中的预收购买方的货款、收回应收账款等。

(2) 应注意对企业的"预收账款""应付账款""在建工程""应付福利费""营业外支出"等会计科目的内容进行认真分析,看纳税人是否有发出货物不作销售收入处理而直接冲减原材料、产成品(库存商品)成本,或有用原材料、产成品(库存商品)抵顶债务不作销售收入处理而直接冲减应付账款,或有视同销售行为而故意不计、少计销项税额等行为。在分析使用时注意与现金流量表的结合。

(3) 用资金往来分析法时,可结合应付账款变动率、预收账款变动率等往来账户资金变动情况分析。

(二) 油耗分析法

油耗分析法根据纳税人评估期内所耗用的燃油数,利用耗油量、里程(公里数)、营运收入之间的关系,测算出与用油数相对应的营运收入,与纳税人账面收入进行比较的一种分析方法。

1. 评估模型

(1) 营业收入测算指标。

$$测算营运收入 = \sum(汽车行程公里 \times 三类每吨公里平均运费 \times 平均载质量)$$

$$汽车行程公里 = \sum(四类车型货物运输耗油量 / 每百公里耗油量)$$

举例:

假设重庆市某企业评估期内整车运输油费为15万元,油价为5元/升,每百公里耗油量为30升,整车平均载质量为30吨;按照2008年重庆货运整车平均运费表,则测算营运收入=(150 000/5/30)×100×30×0.289=86.70万元。

(2) 偏离值测算。

$$偏离值＝实际营业收入－测算营业收入$$

$$偏离系数＝偏离值/测算营业收入$$

异常值设定：30%≥偏离系数>10%

预警值设定：偏离系数>30%

(3) 税收差异测算。

$$税收差异＝偏离值×适用税率$$

2. 应用分析要点

该方法通过评估期测算营运收入和纳税人账面收入进行比对，能较为准确地发现该行业较普遍存在的虚列油费支出、偷逃所得税，或虚开、代开货运发票的行为。若测算营运收入大于账面收入，有可能存在虚增成本费用的问题；若测算营运收入小于账面收入，有可能存在虚开或代开发票的问题。

3. 注意事项

(1) 油耗分析法的关键在于油耗的真实性，对于金额较大的油费发票，可通过发函协查的方式进行验证。

(2) 确定每百公里油耗量时，应充分了解企业车辆的营运情况，分车辆类型，分空载、满载、平均值取值，同时还应充分考虑普遍存在的超载现象。

(3) 确定吨公里平均运费时，应充分了解车辆的承运类别，分整车、零担重货、零担轻货取值，同时要考虑到油价变动对运费的影响。

三 典型案例

(一) 案例情境

1. 企业基本信息

纳税人名称：浙江德勤物流股份有限公司（简称"德勤物流"）

统一社会信用代码：913301097384125000

成立时间：2009年11月9日

经济性质：股份有限公司

增值税类型：一般纳税人

注册地址：杭州市滨江区南环路375号

经营范围：货物运输代理、国内货运代理、搬家运输、普通货物运输；仓储（危险品除外）；物流信息、商务信息的咨询，汽车租赁（依法须经批准的项目，经相关部门批准后方可开展经营活动）

德勤物流集团总部在杭州，公司适用企业所得税税率25%，房产税按照最高比例减除30%，城镇土地使用税每平方米10元/年。

2. 企业经营情况

该公司以服务实体经济为宗旨,以满足客户需求为导向,以快递核心业务为主体,积极嫁接周边产业、市场和资源,陆续布局通达快递、通达快运、通达仓配一体化供应等业务板块,为提升国民经济运行效率、推动新经济发展、提高居民消费水平等提供基础性支撑:

根据地域性、时效性和个性化需求,基于"客户分群、产品分层"竞争策略,公司已拥有丰富的产品线,可以向上下游不同客户提供多元化、个性化服务,产品组合主要如下:

(1)快递产品:标准快递、时效产品。

(2)快运产品:电商大件、小票零担、惠至达。

(3)同城即配:云递配(同城4小时内的即时配送)、同城代派。

(4)增值服务:代收货款、O2O业务、门店调拨、签单返还、开放平台等。

(5)仓配一体化供应链服务:仓储管理、运输、培训、数据服务等,通过云技术形成"万仓联盟",为上下游客户提供全方位的仓配一体化解决方案。

相关经营明细如图3-7-1至图3-7-3所示。业务说明图如图3-7-4所示。

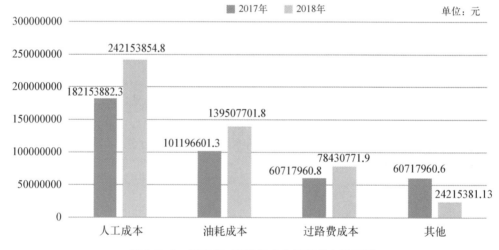

图 3-7-1　2017年、2018年企业经营成本明细图

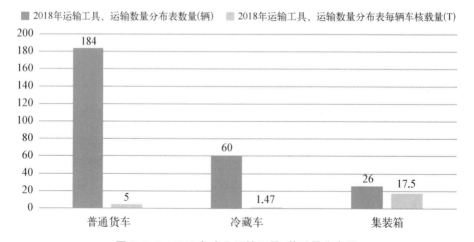

图 3-7-2　2018年企业运输工具、载重量分布图

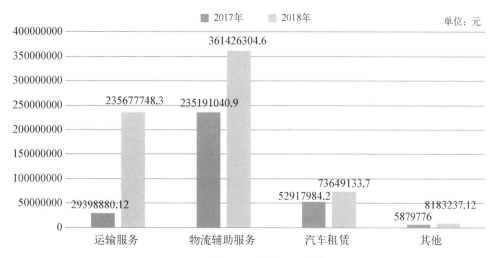

图 3-7-3　2017 年、2018 年企业经营收入明细图

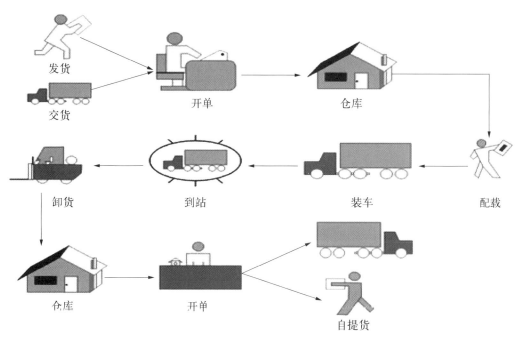

图 3-7-4　业务说明图

3. 其他资料

（1）公司集团总部在杭州，办公楼占地 4 万平方米。公司自有仓储面积有 8 万平方米，其中 2 处大宗商品仓储有 16 000 平方米，分别为下沙大宗商品仓库和临平大宗商品仓库。下沙大宗商品仓库主要存储粮食、棉花、蔬菜、水果、肉类等工产品和农业生产资料。临平大宗商品仓库主要储存生活日用品。其他仓储设施用地，主要是仓储各类生活用品、快递包裹等。城镇土地使用税申报面积跟实际占用一致。

（2）2018年公司未进行任何股权性投资，主要还是对杭州速递电子商务股份有限公司投资，占比51%，公司以成本模式核算。

（3）2018年公司未采购金额较大的固定资产，未调整固定资产折旧计提方法，折旧以年限平均法进行计提。

（4）公司正在安徽黄山建造徽州电商物流分拣中心、皖南中心基地等工程项目。

（5）每年公司投诉率不超过0.1%，配送客户点超过600个点。

（6）2018年公司申报个人所得税主要是工资薪金、劳务报酬、年终奖3个税目进行纳税申报。

（7）公司收款方式有现金、支付宝、微信及银行转账等。

4. 财务报表

相关财务报表如表3-7-1至表3-7-9所示。

表3-7-1 2017年利润表

编制单位：浙江德勤物流股份有限公司　　　　　　2017年　　　　　　单位：元

项　目	本期数	上年同期数
一、营业收入	587 977 602.30	510 276 362.16
减：营业成本	404 786 405.00	351 293 881.58
税金及附加	8 551 112.60	7 421 083.07
销售费用	11 663 200.00	10 121 908.12
管理费用	41 214 400.20	35 767 917.21
财务费用	−269 600.00	−233 972.36
资产减值损失	876 000.00	760 236.60
加：公允价值变动收益（损失以"−"号填列）	0.00	0.00
投资收益（损失以"−"号填列）	4 829 880.00	150 180.11
其中：对联营企业和合营企业的投资收益	0.00	0.00
资产处置收益（损失以"−"号填列）	0.00	0.00
其他收益	0.00	0.00
二、营业利润（亏损以"−"号填列）	125 985 964.50	125 985 964.50
加：营业外收入	3 000 800.00	2 604 244.28
减：营业外支出	4 926 400.00	4 275 376.24

续 表

项　　目	本期数	上年同期数
三、利润总额（亏损总额以"－"号填列）	124 060 364.50	107 665 787.33
减：所得税费用	31 015 091.13	26 916 446.83
四、净利润（净亏损以"－"号填列）	93 045 273.38	80 749 340.50
（一）持续经营净利润（净亏损以"－"号填列）	0.00	0.00
（二）终止经营净利润（净亏损以"－"号填列）	0.00	0.00
五、其他综合收益的税后净额	0.00	0.00
（一）以后不能重分类进损益的其他综合收益	0.00	0.00
（二）以后将重分类进损益的其他综合收益	0.00	0.00
六、综合收益总额	0.00	0.00
七、每股收益：	0.00	0.00
（一）基本每股收益	0.00	0.00
（二）稀释每股收益	0.00	0.00

表 3-7-2　2017 年资产负债表

编制单位：浙江德勤物流股份有限公司　　　　　　　2017 年 12 月　　　　　　　单位：元

资　产	期末余额	年初余额	负债和所有者权益（或股东权益）	期末余额	年初余额
流动资产：			流动负债：		
货币资金	82 650 000.00	66 764 000.00	短期借款	0.00	0.00
交易性金融资产	0.00	0.00	交易性金融负债	0.00	0.00
应收票据	0.00	0.00	应付票据	0.00	0.00
应收账款	127 569 090.60	121 563 095.10	应付账款	107 569 090.60	97 884 000.00
预付款项	19 700 000.00	18 052 000.00	预收款项	54 800 000.00	64 892 000.00
应收利息	0.00	0.00	应付职工薪酬	103 380 000.00	92 324 000.00
应收股利	0.00	0.00	应交税费	55 690 000.00	42 272 000.00
其他应收款	69 420 000.00	64 228 000.00	应付利息	0.00	180 000.00
存货	32 700 000.00	28 112 000.00	应付股利	0.00	0.00

续　表

资　产	期末余额	年初余额	负债和所有者权益（或股东权益）	期末余额	年初余额
一年内到期的非流动资产	0.00	0.00	其他应付款	85 210 000.00	77 180 000.00
其他流动资产	39 075 000.00	3 132 000.00	一年内到期的非流动负债	0.00	0.00
流动资产合计	371 114 090.60	301 851 095.10	其他流动负债	0.00	0.00
非流动资产：			**流动负债合计**	406 649 090.60	381 068 000.00
可供出售金融资产	110 747 000.00	37 545 028.70	**非流动负债：**		
持有至到期投资	0.00	0.00	长期借款	0.00	0.00
长期应收款	0.00	0.00	应付债券	0.00	0.00
长期股权投资	50 100 000.00	51 732 000.00	长期应付款		
投资性房地产	0.00	0.00	其中：优先股		
固定资产	952 030 000.00	965 360 000.00	永续债	0.00	0.00
在建工程	58 320 000.00	92 252 000.00	长期应付款	0.00	0.00
工程物资	0.00	0.00	专项应付款	0.00	0.00
固定资产清理	0.00	0.00	预计负债	5 879 776.00	5 102 763.60
生产性生物资产	0.00	0.00	递延收益	0.00	0.00
油气资产	0.00	0.00	递延所得税负债	83 898 000.00	76 514 976.00
无形资产	140 190 000.00	62 108 000.00	其他非流动负债	0.00	0.00
开发支出	0.00	0.00	**非流动负债合计**	89 777 776.00	81 617 739.60
商誉	0.00	0.00	**负债合计**	496 426 866.60	462 685 739.60
长期待摊费用	5 280 000.00	1 008 000.00	**所有者权益（或股东权益）：**		
递延所得税资产	8 260 000.00	5 184 000.00	实收资本(或股本)	513 650 000.00	513 650 000.00
其他非流动资产	5 560 000.00	5 420 000.00	其他权益工具	0.00	0.00
非流动资产合计	1 330 487 000.00	1 220 609 028.70	其中：优先股	0.00	0.00
			永续债	0.00	0.00
			资本公积	82 105 482.90	38 844 000.00
			减：库存股	0.00	0.00

续　表

资　产	期末余额	年初余额	负债和所有者权益（或股东权益）	期末余额	年初余额
			其他综合收益	37 486 623.30	30 926 464.20
			盈余公积	60 595 739.80	41 037 920.00
			未分配利润	511 336 378.00	425 316 000.00
			所有者权益（或股东权益）合计	1 205 174 224.00	1 059 774 384.20
资产总计	1 701 601 090.60	1 522 460 123.80	负债和所有者权益（或股东权益）合计	1 701 601 090.60	1 522 460 123.80

表 3-7-3　2018 年利润表

编制单位：浙江德勤物流股份有限公司　　　　　　2018 年　　　　　　　　单位：元

项　目	本期数	上年同期数
一、营业收入	681 936 423.72	587 977 602.30
减：营业成本	484 307 709.63	404 786 405.00
税金及附加	9 031 001.90	8 551 112.60
销售费用	13 512 418.00	11 663 200.00
管理费用	53 929 835.22	41 214 400.20
财务费用	－409 753.13	－269 600.00
资产减值损失	1 559 110.65	876 000.00
加：公允价值变动收益（损失以"－"号填列）	0.00	0.00
投资收益（损失以"－"号填列）	20 354 720.00	4 829 880.00
其中：对联营企业和合营企业的投资收益	0.00	0.00
资产处置收益（损失以"－"号填列）	0.00	0.00
其他收益	0.00	0.00
二、营业利润（亏损以"－"号填列）	140 360 821.45	125 985 964.50
加：营业外收入	4 931 100.70	3 000 800.00
减：营业外支出	6 913 622.93	4 926 400.00
三、利润总额（亏损总额以"－"号填列）	138 378 299.22	124 060 364.50

续　表

项　　目	本期数	上年同期数
减：所得税费用	34 594 574.80	31 015 091.13
四、净利润(净亏损以"－"号填列)	103 783 724.41	93 045 273.38
（一）持续经营净利润(净亏损以"－"号填列)	0.00	0.00
（二）终止经营净利润(净亏损以"－"号填列)	0.00	0.00
五、其他综合收益的税后净额	0.00	0.00
（一）以后不能重分类进损益的其他综合收益	0.00	0.00
（二）以后将重分类进损益的其他综合收益	0.00	0.00
六、综合收益总额	0.00	0.00
七、每股收益：	0.00	0.00
（一）基本每股收益	0.00	0.00
（二）稀释每股收益	0.00	0.00

表 3-7-4　2018 年资产负债表

编制单位：浙江德勤物流股份有限公司　　　　2018 年 12 月　　　　　　单位：元

资　产	期末余额	年初余额	负债和所有者权益(或股东权益)	期末余额	年初余额
流动资产：			流动负债：		
货币资金	52 460 000.00	82 650 000.00	短期借款	0.00	0.00
交易性金融资产	0.00	0.00	交易性金融负债	0.00	0.00
应收票据	0.00	0.00	应付票据	0.00	0.00
应收账款	170 464 105.90	127 569 090.60	应付账款	130 484 105.90	107 569 090.60
预付款项	24 375 000.00	19 700 000.00	预收款项	67 799 000.00	54 800 000.00
应收利息	0.00	0.00	应付职工薪酬	133 029 000.00	103 380 000.00
应收股利	0.00	0.00	应交税费	57 325 000.00	55 690 000.00
其他应收款	74 761 000.00	69 420 000.00	应付利息	0.00	0.00
存货	38 890 000.00	32 700 000.00	应付股利	0.00	0.00
一年内到期的非流动资产	0.00	0.00	其他应付款	79 134 584.40	85 210 000.00

续 表

资　产	期末余额	年初余额	负债和所有者权益（或股东权益）	期末余额	年初余额
其他流动资产	42 749 700.00	39 075 000.00	一年内到期的非流动负债	0.00	0.00
流动资产合计	403 739 805.90	371 114 090.60	其他流动负债	0.00	0.00
非流动资产：			流动负债合计	467 771 690.30	406 649 090.60
可供出售金融资产	188 868 000.00	110 747 000.00	非流动负债：		
持有至到期投资	0.00	0.00	长期借款	0.00	0.00
长期应收款	0.00	0.00	应付债券	0.00	0.00
长期股权投资	67 158 000.00	50 100 000.00	长期应付款	0.00	0.00
投资性房地产	0.00	0.00	其中：优先股	0.00	0.00
固定资产	906 592 000.00	952 030 000.00	永续债	0.00	0.00
在建工程	71 955 000.00	58 320 000.00	长期应付款	0.00	0.00
工程物资	0.00	0.00	专项应付款	0.00	0.00
固定资产清理	0.00	0.00	预计负债	5 879 776.00	5 879 776.00
生产性生物资产	0.00	0.00	递延收益	0.00	0.00
油气资产	0.00	0.00	递延所得税负债	83 898 000.00	83 898 000.00
无形资产	188 650 000.00	140 190 000.00	其他非流动负债	0.00	0.00
开发支出	0.00	0.00	非流动负债合计	90 968 936.30	89 777 776.00
商誉	0.00	0.00	负债合计	558 740 626.60	496 426 866.60
长期待摊费用	6 697 000.00	5 280 000.00	所有者权益（或股东权益）：		
递延所得税资产	6 022 000.00	8 260 000.00	实收资本（或股本）	524 169 000.00	513 650 000.00
其他非流动资产	7 838 000.00	5 560 000.00	其他权益工具	0.00	0.00
非流动资产合计	1 443 780.00	1 330 487 000.00	其中：优先股	0.00	0.00
			永续债	0.00	0.00
			资本公积	71 586 482.90	82 105 482.90
			减：库存股	0.00	0.00
			其他综合收益	12 335 415.60	37 486 623.30

续 表

资　产	期末余额	年初余额	负债和所有者权益（或股东权益）	期末余额	年初余额
			盈余公积	71 471 355.10	60 595 739.80
			未分配利润	609 216 924.70	511 336 378.00
			所有者权益（或股东权益）合计	1 288 779 179.30	1 205 174 224.00
资产总计	1 847 519 805.90	1 701 601 090.60	负债和所有者权益（或股东权益）合计	1 847 519 805.90	1 701 601 090.60

表 3-7-5　2017 年增值税纳税申报表（一般纳税人适用）

根据国家税收法律法规及增值税相关规定制定本表。纳税人不论有无销售额，均应按税务机关核定的纳税期限填写本表，并向当地税务机关申报。

税款所属时间：2017 年 12 月 1 日至 2017 年 12 月 31 日　　　　　　　　　　　　　　金额单位：元

项　目		栏　次	一般项目		即征即退项目	
			本月数	本年累计	本月数	本年累计
销售额	（一）按适用税率计税销售额	1	77 003 466.50	581 158 238.10	0.00	0.00
	其中：应税货物销售额	2	0.00	0.00	0.00	0.00
	应税劳务销售额	3	0.00	0.00	0.00	0.00
	纳税检查调整的销售额	4	0.00	0.00	0.00	0.00
	（二）按简易办法计税销售额	5	849 010.80	6 819 364.20	0.00	0.00
	其中：纳税检查调整的销售额	6	0.00	0.00	0.00	0.00
	（三）免、抵、退办法出口销售额	7	0.00	0.00	—	—
	（四）免税销售额	8	0.00	221 653.50	0.00	0.00
	其中：免税货物销售额	9	0.00	221 653.50	0.00	0.00
	免税劳务销售额	10	0.00	0.00	0.00	0.00
税款计算	销项税额	11	6 160 277.32	45 911 500.81	0.00	0.00
	进项税额	12	2 765 964.52	22 450 723.90	0.00	0.00
	上期留抵税额	13	0.00	0.00	0.00	—
	进项税额转出	14	514 060.30	3 879 700.00	0.00	0.00
	免、抵、退应退税额	15	0.00	0.00	—	—
	按适用税率计算的纳税检查应补缴税额	16	0.00	0.00	0.00	0.00
	应抵扣税额合计	17=12+13−14−15+16	2 251 904.22	—	0.00	—

续 表

项目		栏次	一般项目		即征即退项目	
			本月数	本年累计	本月数	本年累计
税款计算	实际抵扣税额	18（如17＜11，则为17，否则为11）	2 251 904.22	57 441 628.10	0.00	0.00
	应纳税额	19＝11－18	3 908 373.10	27 340 476.91	0.00	0.00
	期末留抵税额	20＝17－18	0.00	0.00	0.00	—
	简易计税办法计算的应纳税额	21	25 470.32	204 580.93	0.00	0.00
	按简易计税办法计算的纳税检查应补缴税额	22	0.00	0.00	—	—
	应纳税额减征额	23	8 490.11	68 193.64	0.00	0.00
	应纳税额合计	24＝19＋21－23	3 925 353.32	27 476 864.20	0.00	0.00
税款缴纳	期初未缴税额（多缴为负数）	25	4 015 636.44	4 014 636.44	0.00	0.00
	实收出口开具专用缴款书退税额	26	0.00	0.00	—	—
	本期已缴税额	27＝28＋29＋30＋31	4 015 636.44	4 015 636.44	0.00	0.00
	① 分次预缴税额	28	0.00	—	0.00	—
	② 出口开具专用缴款书预缴税额	29	0.00	—	—	—
	③ 本期缴纳上期应纳税额	30	4 015 636.44	4 015 636.44	0.00	0.00
	④ 本期缴纳欠缴税额	31	0.00	0.00	0.00	0.00
	期末未缴税额（多缴为负数）	32＝24＋25＋26－27	3 925 353.32	3 925 353.32	0.00	0.00
	其中：欠缴税额（≥0）	33＝25＋26－27	0.00	—	0.00	—
	本期应补（退）税额	34＝24－28－29	3 925 353.52	—	0.00	—
	即征即退实际退税额	35	—	—	0.00	0.00
	期初未缴查补税额	36	0.00	0.00	—	—
	本期入库查补税额	37	0.00	0.00	—	—
	期末未缴查补税额	38＝16＋22＋36－37	0.00	0.00	—	—
授权声明	如果你已委托代理人申报，请填写下列资料：为代理一切税务事宜，现授权（地址）　　　　为本纳税人的代理申报人，任何与本申报表有关的往来文件，都可寄予此人。				本纳税申报表是根据国家税收法律法规及相关规定填报的，我确定它是真实的、可靠的、完整的。 声明人签字：		

主管税务机关：　　　　　　　　接收人：　　　　　　　　　接收日期：

表 3-7-6 2018 年增值税纳税申报表（一般纳税人适用）

根据国家税收法律法规及增值税相关规定制定本表。纳税人不论有无销售额，均应按税务机关核定的纳税期限填写本表，并向当地税务机关申报。

税款所属时间：2018 年 12 月 1 日至 2018 年 12 月 31 日　　　　　　　　　　　　　　金额单位：元

项　目		栏　次	一般项目		即征即退项目	
			本月数	本年累计	本月数	本年累计
销售额	（一）按适用税率计税销售额	1	10 536 005.52	672 024 845.20	0.00	0.00
	其中：应税货物销售额	2	0.00	0.00	0.00	0.00
	应税劳务销售额	3	0.00	0.00	0.00	0.00
	纳税检查调整的销售额	4	0.00	0.00	0.00	0.00
	（二）按简易办法计税销售额	5	2 434 283.70	9 911 578.50	0.00	0.00
	其中：纳税检查调整的销售额	6	0.00	0.00	0.00	0.00
	（三）免、抵、退办法出口销售额	7	0.00	0.00	—	—
	（四）免税销售额	8	0.00	0.00	—	—
	其中：免税货物销售额	9	0.00	0.00	—	—
	免税劳务销售额	10	0.00	0.00	—	—
税款计算	销项税额	11	8 534 164.47	51 073 888.24	0.00	0.00
	进项税额	12	4 779 132.10	32 687 288.47	0.00	0.00
	上期留抵税额	13	0.00	0.00	0.00	0.00
	进项税额转出	14	663 806.50	4 234 000.00	0.00	0.00
	免、抵、退应退税额	15	0.00	0.00	—	—
	按适用税率计算的纳税检查应补缴税额	16	0.00	0.00	—	—
	应抵扣税额合计	17=12+13-14-15+16	4 115 325.60	—	0.00	—
	实际抵扣税额	18（如 17<11，则为 17，否则为 11）	4 115 325.60	0.00	0.00	0.00
	应纳税额	19=11-18	4 418 838.87	22 620 599.76	0.00	0.00
	期末留抵税额	20=17-18	0.00	0.00	—	—
	简易计税办法计算的应纳税额	21	73 028.51	297 347.36	0.00	0.00
	按简易计税办法计算的纳税检查应补缴税额	22	0.00	0.00	—	—
	应纳税额减征额	23	24 348.37	99 115.78	0.00	0.00
	应纳税额合计	24=19+21-23	4 467 519.01	22 818 831.34	0.00	0.00

续 表

项 目		栏 次	一般项目		即征即退项目	
			本月数	本年累计	本月数	本年累计
税款缴纳	期初未缴税额（多缴为负数）	25	4 690 894.96	4 690 894.96	0.00	0.00
	实收出口开具专用缴款书退税额	26	0.00	0.00	—	—
	本期已缴税额	27＝28＋29＋30＋31	4 690 894.96	4 690 894.96	0.00	0.00
	① 分次预缴税额	28	0.00	—	0.00	—
	② 出口开具专用缴款书预缴税额	29	0.00	—	—	—
	③ 本期缴纳上期应纳税额	30	4 690 894.96	4 690 894.96	0.00	0.00
	④ 本期缴纳欠缴税额	31	0.00	0.00	0.00	0.00
	期末未缴税额（多缴为负数）	32＝24＋25＋26－27	4 467 519.01	4 467 519.01	0.00	0.00
	其中：欠缴税额（≥0）	33＝25＋26－27	0.00	—	0.00	—
	本期应补（退）税额	34＝24－28－29	4 467 519.01	—	—	—
	即征即退实际退税额	35	—	—	0.00	0.00
	期初未缴查补税额	36	0.00	0.00	—	—
	本期入库查补税额	37	0.00	0.00	—	—
	期末未缴查补税额	38＝16＋22＋36－37	0.00	0.00	—	—
授权声明	如果你已委托代理人申报，请填写下列资料： 为代理一切税务事宜，现授权 （地址） 为本纳税人的代理申报人，任何与本申报表有关的往来文件，都可寄予此人。			本纳税申报表是根据国家税收法律法规及相关规定填报的，我确定它是真实的、可靠的、完整的。 声明人签字：		

主管税务机关：　　　　　　　接收人：　　　　　　　接收日期：

表3-7-7　城镇土地使用税纳税申报表（汇总版）

申报日期：2017年12月15日　　　　　　　　　　　　税款所属期：2017年7月至2017年12月
纳税人识别号（统一社会信用代码）：913301097384125000　　金额单位：元至角分；面积单位：平方米

纳税人信息	名称	浙江德勤物流股份有限公司		纳税人分类	
	登记注册类型	股份有限公司		所属行业	物流行业
	身份证件类型	身份证	护照　　其他	身份证件号码	330031197908096000
	联系人	唐秋香		联系方式	13213456443

续　表

	土地等级	税额标准	土地总面积	所属期起	所属期止	本期应纳税额	本期减免税额	本期已缴税额	本期应补(退)税额
申报纳税信息	土地二等级	10元	40 000	2017.07	2017.12	200 000.00			200 000.00
	土地二等级	10元	80 000	2017.07	2017.12	400 000.00	40 000.00		360 000.00
	合计					600 000.00			560 000.00

纳税人声明：我(单位)已知悉本事项相关政策和管理要求。此表填报的内容是真实、完整、可靠的资料真实、合法、有效。如有虚假内容,愿承担法律责任。

纳税人(签章)　年 月 日

表 3-7-8　城镇土地使用税纳税申报表(汇总版)

申报日期：2018 年 12 月 15 日　　　　　　　　税款所属期：2018 年 7 月至 2018 年 12 月
纳税人识别号(统一社会信用代码)：913301097384125000　金额单位：元至角分；面积单位：平方米

纳税人信息	名称	浙江德勤物流股份有限公司			纳税人分类				
	登记注册类型	股份有限公司			所属行业	物流行业			
	身份证件类型	身份证	护照	其他	身份证件号码	3300311979080 96000			
	联系人	唐秋香			联系方式	13213456443			
	土地等级	税额标准	土地总面积	所属期起	所属期止	本期应纳税额	本期减免税额	本期已缴税额	本期应补(退)税额
申报纳税信息	土地二等级	10元	40 000	2018.07	2018.12	200 000.00			200 000.00
	土地二等级	10元	80 000	2018.07	2018.12	400 000.00	40 000.00		360 000.00
	合计					600 000.00			560 000.00

纳税人声明：我(单位)已知悉本事项相关政策和管理要求。此表填报的内容是真实、完整、可靠的资料真实、合法、有效。如有虚假内容,愿承担法律责任。

纳税人(签章)　年 月 日

表 3-7-9　行业数据对比表

同地区同规模行业企业分析指标情况如下：

序号	指标项目	正常区间	预警区间
1	增值税一般纳税人税负偏离度	[0,10%]	(10%,+∞)
2	增值税发票用量变动率	[0,50%]	[50%,+∞)
3	用工成本占比营业成本比率	[0,35%]	(35%,+∞)

续 表

序号	指标项目	正常区间	预警区间
4	耗油成本占比营业成本比率	[0,25%]	(25%,+∞)
5	过路费占比营业成本比率	[0,20%]	(20%,+∞)
6	增值税税负率	[3.8%,4.8%]	[0,3.8%)∪(4.8%,+∞)

> **注**：行业增值税一般纳税人平均税负4.25%。按上述指标项目对纳税对象进行评估，预警区间无指标项目满足为无风险条件，一个指标项目满足为低风险条件，两个指标项目满足为中风险条件，三个及以上项目满足为高风险条件。

（二）案头分析

1.案头说明

（1）2018年11月增值税发票开具398份，2018年12月份增值税发票开具650份，2017年12增值税发票开具437份发票。

（2）2018年8月10日，张强加盟德勤物流承包（2018年8月至2019年6月）西兴街道快递收派服务，加盟费用25万元，企业挂入预收账款，未做任何处理。

（3）2018年底，公司召开年终答谢宴，主要邀请公司客户参加，合计计入管理费用255 000元，其中还包括当天公司派14辆车接送的油费和过路费2 800元。

（4）2018年12月，公司与杭州永平电商签订仓库租赁服务合同，合同内容包括仓库出租和仓储服务费，其中仓库年租金80万，仓库保管服务10万元。开具增值税专用发票金额849 056.60元，税额为50 943.40元（发票上显示税收分类编码"物流辅助服务"）。

2.风险点判断和结论

通过案头分析，该企业可能存在以下税收风险点：
- ☐ 企业可能存在多提折旧或摊销额
- ☑ 企业可能存在虚假享受优惠政策
- ☑ 企业可能存在加盟应税收入未计增值税
- ☐ 企业可能存在虚领增值税发票
- ☐ 企业可能存在多提预计负债
- ☑ 企业可能存在虚开发票
- ☐ 企业可能长期低于成本价运营
- ☐ 企业可能存在套票
- ☑ 企业可能存在少缴城镇土地使用税
- ☑ 企业可能存在虚增油费

- ☑ 企业可能存在虚抵进项税额
- ☑ 企业可能存在应税项目增值税税率混淆
- ☑ 企业可能存在少报个人所得税
- ☑ 企业可能存在虚增人工成本
- ☑ 企业可能存在会计收入与增值税申报应税收入不等
- ☑ 企业可能存在运输收入、仓库租赁收入计入物流辅助收入
- ☑ 企业可能存在虚增过路过桥费
- ☐ 企业可能存在营业外收入中应税收入未足额缴税,企业可能存在发票未及时验旧
- ☑ 企业可能存在少计业务招待费

【参考依据】

(1) 根据企业基础资料,企业的经营用地未包含城镇土地使用税税收优惠减免信息,城镇土地使用税纳税申报存在异常,企业可能存在虚假享受优惠政策。

(2) 根据案头资料,企业将加盟收入 25 万元计入预收账款,企业可能存在加盟应税收入未计增值税。

(3) 根据案例说明,2018 年 12 月份增值税发票开具量为 650 份远大于 2018 年 11 月增值税发票开具量 398 份及 2017 年 12 月增值税发票开具量 437 份,企业可能存在虚开发票。

(4) 根据企业基础资料,企业的经营用地未包含城镇土地使用税税收优惠减免信息,城镇土地使用税纳税申报存在异常,可能少缴城镇土地使用税。

(5) 根据企业经营情况,企业的耗油成本占营业成本的比重=耗油成本/营业成本=139 507 701.8/484 307 709.63=28.81%,企业油耗大于行业油耗,企业可能存在虚增油费的情况。

(6) 根据企业增值税申报表,2018 年 12 月进项税额占全年进项税额的比重=2018 年 12 月进项税额/全年累计进项税额=4 779 132.10/32 687 288.47=14.6%,2018 年 12 月份进项税额占比相对较大,企业可能存在虚抵进项税额。

(7) 根据案头说明,开具增值税专用发票金额 849 056.60 元,税额为 50 943.40 元(发票上显示税收分类编码"物流辅助服务"),可能混淆增值税税率。

(8) 2018 年公司申报个人所得税主要是工资薪金、劳务报酬、年终奖这三个税目,报表中显示有资本公积转实收资本,需要按照股息红利所得申报个人所得税,企业可能存在少报个人所得税。

(9) 根据企业经营情况,2018 年人工占比=人工成本/营业成本=242 153 854.8/484 307 709.63≈50%,相比 2017 年人工占比=人工成本/营业成本=182 153 882.3/404 786 405.00=45%,2018 年人工占比加大,企业可能存在虚增人工成本。

(10) 根据 2017 年与 2018 年的企业利润表与增值税纳税申报表,2017 年的企业利润表显示企业营业收入为 587 977 602.30 元,2017 年的增值税纳税申报表中,按适用税率计税销售额为 581 158 238.10 元,按简易办法计税销售额为 6 819 364.20 元,合计 587 977 602 元,两者基本一致。2018 年的企业利润表显示企业营业收入为 681 936 423.72 元,2018 年的增值税纳税申报表中,按适用税率计税销售额为 672 024 845.20 元,按简易办法计税销售额为 0 元,两者合计为 672 024 845.20 元,结合案例材料并没有说明企业存在增值税不征税或者免税项目,因此,企业可能存在会计收入与增值税收入不等的问题。

(11) 根据企业经营情况及增值税申报表、开具发票开具增值税专用发票金额 849 056.60 元,税额为 50 943.40 元(发票上显示税收分类编码"物流辅助服务"),可能存在仓库租赁收入计入物流辅助收入。

(12) 根据企业基础资料和企业财务报表,企业可能存在虚增过路过桥费。

(13) 根据企业案头说明,企业可能存在少计业务招待费。

3. 风险特征分析计算

你判断的风险模型、计算公式、指标源、特殊信息有哪些?

- ☐ 2018 年其他应付款变动率高于 20%
- ☑ 2018 年增值税发票用量环比增长高于 30%
- ☑ 其他应收款与营业收入同比增长系数小于 50%
- ☑ 2018 年预付账款变动率高于 20%
- ☑ 2018 年个人所得税申报异常
- ☑ 2018 年城镇土地使用税未足额申报
- ☑ 2018 年销售利润率低于 2017 年销售利润率
- ☑ 2018 年人工占比营业成本比率高于 35%
- ☑ 2018 年营业成本同步增长系数高于 110%
- ☐ 2018 年销项税同比增长 6.39%
- ☑ 2018 年增值税一般纳税人税负偏离度高于 10%
- ☐ 2017 年增值税税负率异常
- ☐ 2018 年过路费占比营业成本比率高于 20%
- ☑ 2018 年进项税同步销项税增长系数高于 110%
- ☑ 2018 年耗油占比营业成本比率高于 25%
- ☐ 应收账款变动率高于 50%
- ☐ 2018 年增值税发票用量同比增长高于 50%
- ☐ 2018 年固定资产变动率高于 2017 年固定资产变动率
- ☐ 2018 年增值税税负率高于 4.25%
- ☑ 2018 年预收账款变动率高于 20%

【参考依据】

(1) 2018 年增值税发票用量变动率为 63.32%。

(2) 其他应收款与营业收入同比增长系数 = [(74 761 000.00 − 69 420 000.00)/404 786 405.00]/[(681 936 423.72 − 587 977 602.30)/587 977 602.30] = 48.15%。

(3) 2018 年预付账款变动率 = (期末预收账款余额 − 期初预收余额)/期初预收余额 = (24 375 000.00 − 19 700 000.00)/19 700 000.00 = 23.73%。

(4) 从财务报表中可以看出,有资本公积转实收资本,2018 年公司申报个人所得税主要是工资薪金、劳务报酬、年终奖这三个税目,未有股息红利所得申税目,存在申报异常。

(5) 根据企业基础资料,企业的经营用地未包含城镇土地使用税税收优惠减免信息,城镇土地使用税纳税申报存在有优惠减免,城镇土地使用税未足额申报。

(6) 2018 年销售利润率 = 利润总额/营业收入 = 138 378 299.22/681 936 423.72 × 100% =

20.29%;2017年销售毛利率＝利润总额/营业收入＝124 060 364.50/587 977 602.30×100%＝21.10%。

（7）2018年人工占比营业务成本比率人工成本/营业成本＝242 153 854.8/484 307 709.63≈50%。

（8）2018年企业营业成本同步增长系数＝企业营业成本增长率/企业营业收入增长率＝[(484 307 709.63－404 786 405.00)/404 786 405.00]/[(681 936 423.72－587 977 602.30)/587 977 602.30]＝123%。

（9）2018年增值税税负率＝应纳增值税额/销售收入＝22 818 831.34/672 024 845.20＝3.40%，2017年增值税税负率＝应纳增值税额/销售收入＝27 340 476.91/581 158 238.10＝4.7%。

（10）2018年进项税同步销项税增长系数＝(32 687 288.47－22 450 723.90)/22 450 723.90/(51 073 888.24－45 911 500.81)/45 911 500.81＝405.51%。

（11）2018年耗油占比营业成本比率＝耗油成本/营业成本＝139 507 701.8/484 307 709.63＝28.81%。

（12）2018年预收账款变动率＝67 799 000.00－54 800 000.00/54 800 000.00×100%＝23.73%。

4. 风险信息排除确认

请通过上述资料,可对税收风险进行判断、验证、排除、确认。

☐ 企业是否存在少报城镇土地使用税,还无法确定
☐ 肯定不存在少报城镇土地使用税
☑ 企业是否存在少报个人所得税,还无法确定
☑ 企业是否存在少计业务招待费,还无法确定
☐ 企业肯定不存在少计业务招待费
☐ 企业肯定存在虚增人工成本
☐ 企业肯定存在虚开增值税发票
☐ 企业肯定不存在虚增过路过桥费、油费
☑ 企业是否存在虚增过路费过桥费、油费,还无法确定
☐ 企业是否存在增值税税率适用混淆,还无法确定
☑ 企业肯定存在少报城镇土地使用税
☐ 企业肯定不存在加盟应税收入未计增值税
☑ 企业是否存在虚增人工成本,还无法确定
☑ 企业肯定存在加盟应税收入未计增值税
☐ 企业肯定不存在虚抵进项税额
☐ 企业肯定不存在少报个人所得税
☑ 企业是否存在虚开增值税发票,还无法确定
☐ 企业肯定不存在增值税税率适用混淆
☑ 企业肯定存在增值税税率适用混淆
☐ 企业肯定不存在虚开增值税发票

☐ 企业肯定存在虚抵进项税额
☐ 企业肯定存在少计业务招待费
☐ 企业肯定存在少报个人所得税
☐ 企业是否存在加盟应税收入未计增值税,还无法确定
☐ 企业肯定存在虚增过路过桥费、油费
☐ 企业肯定不存在虚增人工成本
☑ 企业是否存在虚抵进项税额,还无法确定

【参考依据】

(1) 根据企业财务报表申报,个人所得税纳税申报资料,资本公积和实收资本都有变动,需进一步核实实收资本增加金额是否为资本公积结转金额。

(2) 根据企业案头说明,企业可能存在少计业务招待费,但还需进一步核实。

(3) 根据企业经营情况,财务报表中营业成本增长幅度异常,企业可能存在虚增过路过桥费、油费,但是还需要进一步核实。

(4) 根据企业经营情况及政策分析,企业肯定存在少报城镇土地使用税。

(5) 根据企业经营情况数据分析,企业人工成本占比增加,但是不能证明企业一定存在虚增人工成本,还需要进一步取证证实。

(6) 根据企业案头分析,加盟收入挂入预收账款,长期未处理,企业肯定存在应税收入未及时缴纳增值税等情况。

(7) 根据企业增值税发票用量分析,企业发票用量增加,但是不足以证明企业一定存在虚开增值税发票,还需要进一步取证证实。

(8) 根据企业经营情况、增值税申报表,以及对销售税额税负率分析,企业税负减低,企业肯定存在增值税税率混淆情况。

(9) 根据企业增值税申报表,进项税额增幅较大,企业可能存在虚抵进项税,但是不足以证明企业一定存在虚抵进项税额,还需要进一步取证证实。

5. 风险应对经验策略

按照前述风险判断、分析、确认结果,对德勤物流 2018 年和 2017 年纳税遵从情况进行分析,评定其风险等级为高。

根据判断和分析,可对该企业的风险情况进行评价和应对。

☐ 核查企业存货购入明细情况,确认是否存在存货账面成本长期挂账,未及时确认应税收入

☑ 核查公司油耗明细情况,资金流情况,确定是否存在虚增油耗的行为

☑ 核查企业管理费用明细账、企业所得税业务招待费纳税调整明细,确认是否存在少调业务招待费,导致少缴企业所得税

☑ 核查企业收派服务收入明细单,原始凭证及合同明细,确认是否存在运输收入未单独核算

☑ 核查企业实收资本增加明细账、资本公积减少明细账,是否存在少缴个人所得税

☐ 核查企业营业外支出明细情况,确认是否存在应税未税收入

☑ 核查过桥票、过路票与运输合同中途经地点比对

☑ 核查企业工资发放方式,资金流出明细情况,确认是否存在虚增人工成本
☑ 核查企业增值税申报项目、计税依据、税率,确认需要补缴的税款
☑ 核查企业增值税发票开具明细、物流合同签订明细、资金流入明细,确认是否存在虚开发票
☐ 检查企业关联方交易情况,确认低价转让的行为重
☐ 核查公司运价,与同行业平均水平对比,确认运价是否低成本运输
☐ 确定少缴税款后,要求企业进行补缴税款,无须加收滞纳金
☐ 核查企业费用报销情况,确认企业是否存在多报费用
☑ 先发出税务约谈通知书,约谈企业财务负责人对问题进行解释
☑ 核查企业出库明细,银行流水,合同明细,确认企业是否存在隐藏应税收入
☑ 核查预收账款明细账,确认是否有长期挂账未及时确认应税收入
☑ 核查企业城镇土地使用税减免优惠是否符合减税条件,是否向主管税务机关办理备案手续
☑ 检查企业是否存在乱用税收优惠政策
☐ 核查企业实际占用土地面积,确认是否少缴城镇土地使用税

【参考依据】

(1) 核查企业油耗原始单据,资金流出等情况,确定企业是否存在虚增油耗的行为。

(2) 核查企业管理费用明细账,企业所得税业务招待费纳税调整明细,确认是否存在少调业务招待费,导致少缴企业所得税。

(3) 核查企业收派服务收入明细单,原始凭证及合同明细,确认是否存在运输收入未单独核算。

(4) 核查企业实收资本增加、资本公积明细情况,是否存在少缴个人所得税。

(5) 核查过桥票、过路票与运输合同中途经地点比对,确认虚增成本。

(6) 核查企业工资发放,资金流出情况,确认企业是否存在虚增人工成本。

(7) 核查企业增值税申报项目,确定是否存在运输收入按照辅助收入增值税项目申报税费。

(8) 检查企业增值税发票明细情况、物流合同签订明细、资金流入明细,确认是否存在虚开发票。

(9) 根据《纳税评估管理办法(试行)》规定,可以对纳税人发出约谈通知书,税务约谈的对象主要是企业财务会计人员。

(10) 核查企业营业外收入明细账及原始单据,确认是否存在应税收入未及时缴税。

(11) 核查企业工资发放,资金流出情况,确认企业是否存在虚增人工成本。核查企业预收账款明细账及原始资料,确认是否有长期挂账未及时确认应税收入。

(12) 核查企业城镇土地申报是否符合政策减免优惠条件,确认是否存在乱用税收优惠政策。

(13) 核查企业仓储明细情况,确认是否存在仓储服务跟租赁混淆。

(三) 案例点评

本案选择了物流行业中的代表为评估对象,在评估分析环节,通过调取企业的基本情况

表、财务报表和纳税申报表等有关申报资料和企业备案的相关资料,并向企业了解各种经营信息,利用财务分析、纳税调整,结合企业自身特点,有针对性地进行纳税评估。通过本案例的评估,进一步进行分析、归纳、总结,以便找准物流行业的纳税评估对象。

风险应对人员以企业的财务报表分析、纳税申报表为基础,运用纳税评估相关指标、结合物流行业特点展开分析,查找企业存在的疑点,经过再次核查,企业承认财务人员未将运输收入与快递收入进行区分核算,并将大部分加盟收入进行隐瞒,该公司表示愿自查补缴相应税款。

一周后,企业完成了自查,并提供了举证材料。承认全年应计未计加盟收入 1 432 265.71元(含税),主动补提销项税金 208 106.98 元,将纳入快递收入的运输收入,补缴增值税差额及滞纳金,并按规定调整了账目。经深入企业核查,结果与企业自查结果基本吻合。

通过本案例的评估,分析行业特点,查找存在的税收风险点,利用税负率、毛利率、费用率等筛选指标扫描货运企业税收风险,结合对物流类纳税人经营及纳税情况测算分析,确定纳税评估对象。对重点税源实行精细化、专业化管理,充分发挥纳税评估的作用,加强对物流企业的监控管理,对于确定纳税评估对象是具有可操作性和现实意义的。

第八章
全国本科院校纳税风险管控大赛案例——医药制造行业

📖 **案例简介**

全国本科院校税收风险管控案例大赛深入贯彻落实中共中央办公厅、国务院办公厅印发的《关于进一步深化税收征管改革的意见》和《国务院办公厅关于深化高等学校创新创业教育改革的实施意见》(国办发〔2015〕36号),推动了税法知识进校园,促进了税务师行业与高校产教融合,以赛促训、以训促学,以大赛的形式持续提升财税教学改革与实践水平,激发大学生学习税法和财税知识的兴趣,培养学生综合素质和解决问题的能力。

2021届全国本科院校税收风险管控案例大赛案例设计与分析要求主要有以下四点。

(1) 案例设计要求。每支参赛队提交一个原创案例。参赛队应通过调研、参与具体项目等方式收集第一手案例资料,进行案例撰写和分析,并就案例背景、相关财税政策、税收理论提出风险防控方案和解决问题的政策建议、实务操作建议。

(2) 案例内容要求。竞赛案例编撰应侧重从以下十大行业中选取,包括:采掘业,制造业,电力、热力、燃气及水生产和供应业,建筑业,批发和零售业,交通运输、仓储和邮政业,信息传输、软件和信息技术服务业,金融业,房地产业,文化、体育和娱乐业。案例涉及税费种类不限制。

(3) 案例文本要求。为保密及保证评阅的公平、公正,案例企业名称统一以某公司或甲、乙、丙、丁公司来代替、区别,不得使用其他任何具有指代性的名称,不得注明具体地区或税务机关名称、具体人名等。文本正文中亦不得出现任何院校信息,一旦显示或说明院校信息,即失去竞赛资格。

(4) 案例分析要点。通过行企背景、案情场景、案头分析等模块,按照风险点判断和结论、风险特征分析计算、风险信息排除确认、风险等级评价及应对经验策略等流程对企业风险管控进行全面评价,并进一步分析行业特征及发展趋势。

大赛具体案例设计要点如表3-8-1所示。

表3-8-1 大赛具体案例设计要点

案例编写大纲	要 求
一、学习指引	(并非不可或缺)
二、行业背景	(不可或缺)
三、企业资料	
(一)企业基本信息	(不可或缺)

续表

案例编写大纲	要　　求
（二）企业经营情况	（不可或缺）
（三）业务说明图	（并非不可或缺）
（四）财务报表	（不可或缺）
（五）纳税申报表	（不可或缺）
（六）案头资料	（不可或缺）
（七）假设：纳税风险高低的认定标准	（不可或缺）
四、案头分析	（不可或缺）
（一）指出可能存在的风险点有哪些	（不可或缺）
（二）判断风险点的思路是什么，如采用何种指标或者什么勾稽关系	（不可或缺）
（三）计算过程及结论	（不可或缺）
五、约谈举证	（建议有）
六、实地调查	（建议有）
七、评估调查结论	（不可或缺）
八、案例总结	（不可或缺）
（一）案例的简要描述	
（二）对该案例分析的得失点评	
（三）该案例分析的特点	
九、案例信息简表	（建议有）

下文为按照全国本科院校税收风险管控案例大赛大纲要求编写的案例及分析过程，供参赛选手和导师参考。

一　企业资料

（一）企业基本信息

纳税人名称：上海某医药制造有限公司
统一社会信用代码：2138762766617273876
成立时间：2002年4月2日
注册资本：贰仟壹佰万元整

经济性质：股份有限责任公司

增值税类型：增值税一般纳税人

注册地址：中国（上海）自由贸易试验区路×××号×××号楼

经营范围：主要从事新药、药物中间体的研发，区内合成药物性小分子化合物和化合物库，精细化工产品的制造、加工，化工产品（除危险化学品、监控化学品、烟花爆竹、民用爆炸物品、易制毒化学品）的销售，从事货物及技术的进出口业务，药品批发，从事检测技术、生物科技、计算机科技、数据科技专业领域内的技术开发、技术转让、技术咨询、技术服务，机械设备及零配件，健康咨询（不得从事诊疗活动、心理咨询），医药咨询，自有房产开发经营，质检技术服务，纳税记录良好

该企业股东情况如下：无锡某新药开发股份有限公司。该企业系增值税一般纳税人，认定时间为2007年01月，增值税专用发票月购票量50份，最高开票限额10万元。该企业现隶属×××税务所管辖。公司规模为特大型，员工2 341人，其中残疾人65人。增值税税率为17%，企业所得税税率为15%（高新技术企业）。

高新技术企业认定情况：2014年10月28日，该企业取得了高新技术企业证书，证书编号GR201531002728，有效期3年，并于当年开始享受企业所得税税收优惠；2017年11月23日，继续获得高新技术企业认证，有效期3年。

纳税情况：公司2017年营业收入2 249 715 783.91元，营业成本1 250 121 315.97元，利润总额2 010 987 220.66元，纳税调增额124 703 737.64元，纳税调减额1 186 738 589.80元，享受高新技术企业所得税优惠按15%征收。应缴纳2017年企业所得税117 594 407.66元，实际缴纳企业所得税117 594 407.66元，未缴企业所得税0元。2017年共缴纳增值税93 267 072.79元。其他税种略。

（二）企业经营情况

公司是行业中极少数在新药研发全产业链均具备服务能力的开放式新药研发服务平台，有望全面受益于全球新药研发外包服务市场的快速发展。公司顺应新药研发项目从早期开始向后期不断发展的科学规律，在客户项目不断推进的过程中，从"跟随项目发展"到"跟随药物分子发展"，不断扩大服务。

公司致力于运用最新的科学技术，赋能医药研发创新，帮助客户将新药从理念变为现实。公司的规模和服务能力处于行业领先地位，建立了竞争对手难以复制的优势，公司具有更好预测行业未来的科技发展及新兴研发趋势的能力。以此为基础，公司通过探索包括人工智能、医疗大数据、自动化实验室等前沿科技，力求将其早日运用于新药研发流程当中，帮助客户提高研发效率，在最大程度上降低新药研发的门槛。凭借对行业趋势、新兴技术的深入理解，公司可以帮助客户了解最新的行业趋势，协助客户解读、研究最新的科研发现并将其转化为可行的商业成果，为客户赋能。

随着公司赋能平台服务数量及类型的不断增强，公司新老客户数量稳步增长。该赋能平台，可以帮助公司降低新药研门槛，提高研发效率，助力合作伙伴取得成功，并提升新药研发行业的吸引力。在这个过程中，公司持续驱动新知识、新技术的发展，提高研发效率、降低研发成本，平台创新赋能的能力不断增强，并形成一个良性循环的生态圈。

2017 年度企业经营情况如下：

（1）2017 年度企业主营业务收入账载金额 2 249 715 783.91 元，经鉴证，确认主营业务收入 2 249 715 783.91 元；

（2）2017 年度企业主营业务成本账载金额 1 250 121 315.97 元，经鉴证，确认主营业务成本 1 250 121 315.97 元；

（3）2017 年度企业税金及附加账载金额 4 091 960.18 元，经鉴证，确认主营业务税金及附加 4 091 960.18 元；

（4）2017 年度企业营业费用账载金额 52 784 780.08 元，经鉴证，确认营业费用 52 784 780.08 元；

（5）2017 年度企业管理费用账载金额 447 556 486.64 元，经鉴证，确认管理费用 447 556 486.64 元；

（6）2017 年度企业财务费用账载金额 72 298 146.83 元，经鉴证，确认财务费用金额 72 298 146.83 元；

（7）2017 年度企业资产减值损失账载金额 7 334 568.86 元，经鉴证，确认管理费用 7 334 568.86 元；

（8）2017 年度企业投资收益账载金额 167 545 495.37 元，经鉴证，确认投资收益 167 545 495.37 元；

（9）2017 年度企业资产处置收益账载金额 －9 605 963.62 元，经鉴证，确认营业外收入 －9 605 963.62 元；

（10）2017 年度企业其他收益账载金额 26 212 206.84 元，经鉴证，确认营业外收入 26 212 206.84 元；

（11）2017 年度企业营业外收入账载金额 1 411 946 956.72 元，经鉴证，确认营业外收入 1 411 946 956.72 元；

（12）2017 年度企业营业外支出账载金额 640 000.00 元，经鉴证，确认营业外支出 640 000.00 元；

（13）2017 年度企业利润总额账载金额 2 010 987 220.66 元，经鉴证，确认利润总额 2 010 987 220.66 元。

（三）财务报表

财务报表如表 3-8-2 至表 3-8-4 所示。

表 3-8-2　2017 年企业合并利润表

编制单位：上海某医药制造有限公司　　　　　2017 年 12 月 31 日止　　　　　会合 02 表
单位：元

项　目	2017 年度	2016 年度
一、营业总收入		
其中：营业收入	2 249 715 783.91	2 016 963 082.71

续 表

项　　目	2017 年度	2016 年度
利息收入*		
已赚保费*		
手续费及佣金收入*		
二、营业总成本		
其中：营业成本	1 250 121 315.97	1 163 221 369.44
利息支出*		
手续费及佣金支出*		
退保金*		
赔付支出净额*		
提取保险合同准备金净额*		
保单红利支出*		
分保费用*		
税金及附加	4 091 960.18	2 570 723.14
销售费用	52 784 780.08	48 632 104.78
管理费用	447 556 486.64	413 360 395.62
研发费用		
财务费用	72 298 146.83	—18 274 239.56
其中:利息费用		
利息收入		
加：其他收益	26 212 206.84	
投资收益(损失以"—"号填列)	167 545 495.37	71 807 584.77
其中：对联营企业和合营企业的投资收益	155 437 798.89	63 237 197.65
以摊余成本计量的金融资产终止确认收益		
汇兑收益(损失以"—"号填列)*		

续 表

项　　目	2017 年度	2016 年度
净敞口套期收益(损失以"－"号填列)		
公允价值变动收益(损失以"－"号填列)		
信用减值损失(损失以"－"号填列)		
资产减值损失(损失以"－"号填列)	7 334 568.86	2 667 646.50
资产处置收益(损失以"－"号填列)	－9 605 963.62	－2 305 189.50
三、营业利润(亏损以"－"号填列)	599 680 263.94	474 287 478.06
加：营业外收入	1 411 946 956.72	28 190 717.41
减：营业外支出	640 000.00	1 364 513.98
四、利润总额(亏损总额以"－"号填列)	2 010 987 220.66	501 113 681.49
减：所得税费用	288 083 024.26	70 058 571.02
五、净利润(净亏损以"－"号填列)	1 722 904 196.40	431 055 110.47
(一) 按经营持续性分类		
1. 持续经营净利润(净亏损以"－"号填列)		
2. 终止经营净利润(净亏损以"－"号填列)		
(二) 按所有权归属分类		
1. 归属于母公司股东的净利润(净亏损以"－"号填列)		
2. 少数股东损益(净亏损以"－"号填列)		
六、其他综合收益的税后净额	6 209 053.25	4 585 603.10
(一) 归属于母公司所有者的其他综合收益的税后净额		
1. 不能重分类进损益的其他综合收益		
(1) 重新计量设定受益计划变动额		
(2) 权益法下不能转损益的其他综合收益		
(3) 其他权益工具投资公允价值变动		
(4) 企业自身信用风险公允价值变动		
……		

续 表

项　目	2017 年度	2016 年度
2. 将重分类进损益的其他综合收益		
（1）权益法下可转损益的其他综合收益		
（2）其他债权投资公允价值变动	8 651 103.15	2 606 891.99
（3）金融资产重分类计入其他综合收益的金额	−2 442 049.90	1 978 711.11
（4）其他债权投资信用减值准备		
（5）现金流量套期储备		
（6）外币财务报表折算差额		
……		
（二）归属于少数股东的其他综合收益的税后净额		
七、综合收益总额	1 729 113 249.65	435 640 713.57
（一）归属于母公司所有者的综合收益总额		
（二）归属于少数股东的综合收益总额		
八、每股收益：		
（一）基本每股收益		
（二）稀释每股收益		

表 3-8-3　2017 年企业合并资产负债表

会合 01 表

编制单位：上海某医药制造有限公司　　　　　2017 年 12 月 31 日　　　　　单位：元

资　产	期末余额	上年年末余额	负债和所有者权益（或股东权益）	期末余额	上年年末余额
流动资产：			流动负债：		
货币资金	481 223 727.40	267 907 787.80	短期借款	900 000 000.00	280 617 188.82
结算备付金*			向中央银行借款*		
拆出资金*			拆入资金*		
交易性金融资产		251 991 360.06	交易性金融负债		
衍生金融资产			衍生金融负债		

续 表

资 产	期末余额	上年年末余额	负债和所有者权益（或股东权益）	期末余额	上年年末余额
应收票据	324 800.00	5 795 826.59	应付票据		
应收账款	839 484 810.99	650 941 252.21	应付账款	68 225 606.92	71 383 874.80
应收款项融资			预收款项	104 758 758.03	70 688 334.59
预付款项			合同负债		
应收保费*			卖出回购金融资产款*		
应收分保账款*			吸收存款及同业存放*		
应收分保合同准备金*			代理买卖证券款*		
其他应收款	446 070 538.93	53 760 058.12	代理承销证券款*		
买入返售金融资产*			应付职工薪酬	197 789 749.94	168 199 318.53
存货	9 859 773.20	15 715 681.73	应交税费	142 489 011.84	41 054 413.77
合同资产			其他应付款	1 248 198 367.80	530 498 467.41
持有待售资产		57 507 674.25	应付手续费及佣金*		
一年内到期的非流动资产		11 883 320.77	应付分保账款*		
其他流动资产	119 001 380.64	308 281 514.89	持有待售负债		
流动资产合计	1 911 752 290.07	1 642 831 442.42	一年内到期的非流动负债		
非流动资产：			其他流动负债（应付股利）	161 598 597.12	661 598 597.12
发放贷款和垫款*			**流动负债合计**	2 823 060 091.65	1 824 040 195.04
债权投资			**非流动负债：**		
其他债权投资			保险合同准备金*		
长期应收款		33 195 803.43	长期借款	300 000 000.00	
长期股权投资	4 281 148 123.99	1 022 572 704.00	应付债券		
其他权益工具投资			其中：优先股		
其他非流动金融资产	119 305 234.30	48 817 465.89	永续债		
投资性房地产			租赁负债		

续 表

资　产	期末余额	上年年末余额	负债和所有者权益（或股东权益）	期末余额	上年年末余额
固定资产	510 294 556.23	431 947 590.04	长期应付款		
在建工程	224 605 026.73	56 382 255.80	预计负债		
生产性生物资产			递延收益	93 707 751.42	84 178 220.75
油气资产			递延所得税负债	9 958 659.87	22 507 680.18
使用权资产			其他非流动负债	175 923 151.91	1 391 098.07
无形资产	43 420 515.27	48 050 739.50	**非流动负债合计**	579 589 563.20	108 076 999.00
开发支出			**负债合计**	3 402 649 654.85	1 932 117 194.04
商誉			**所有者权益（或股东权益）：**		
长期待摊费用	24 728 665.15	27 112 660.80	实收资本(或股本)	800 000 000.00	210 000 000.00
递延所得税资产			其他权益工具		
其他非流动资产	9 350 022.77	13 226 469.17	其中：优先股		
非流动资产合计	5 212 852 144.44	1 681 305 688.63	永续债		
			资本公积	387 939 461.63	377 117 868.63
			减：库存股		
			其他综合收益	14 594 402.93	8 385 349.68
			专项储备		
			盈余公积	287 987 259.61	115 696 839.97
			一般风险准备*		
			未分配利润	2 231 433 655.49	680 819 878.73
			归属于母公司所有者权益（或股东权益）合计		
			少数股东权益		
			所有者权益(或股东权益)合计	3 721 954 779.66	1 392 019 937.01
资产总计	7 124 604 434.51	3 324 137 131.05	**负债和所有者权益(或股东权益)总计**	7 124 604 434.51	3 324 137 131.05

表 3-8-4　2017年企业所得税纳税申报表

税款所属期：2017年1月1日至2017年12月31日　　　　　　　　单位：元

行次	类别	项目	金额
1	利润总额计算	一、营业收入（填写A101010\101020\103000）	2 249 715 783.91
2		减：营业成本（填写A102010\102020\103000）	1 250 121 315.97
3		减：税金及附加	4 091 960.18
4		减：销售费用（填写A104000）	52 784 780.08
5		减：管理费用（填写A104000）	447 556 486.64
6		减：财务费用（填写A104000）	72 298 146.83
7		减：资产减值损失	7 334 568.86
8		加：公允价值变动收益	0.00
9		加：投资收益	167 545 495.37
10		二、营业利润（1-2-3-4-5-6-7+8+9）	583 074 020.72
11		加：营业外收入（填写A101010\101020\103000）	1 438 195 518.51
12		减：营业外支出（填写A102010\102020\103000）	10 282 318.57
13		三、利润总额（10+11-12）	2 010 987 220.66
14	应纳税所得额计算	减：境外所得（填写A108010）	0
15		加：纳税调整增加额（填写A105000）	124 905 626.3
16		减：纳税调整减少额（填写A105000）	1 186 738 590
17		减：免税、减计收入及加计扣除（填写A107010）	164 989 650.7
18		加：境外应税所得抵减境内亏损（填写A108000）	0
19		四、纳税调整后所得（13-14+15-16-17+18）	784 164 606.4
20		减：所得减免（填写A107020）	0
21		减：弥补以前年度亏损（填写A106000）	0
22		减：抵扣应纳税所得额（填写A107030）	0
23		五、应纳税所得额（19-20-21-22）	784 164 606.4

续 表

行次	类别	项 目	金 额
24	应纳税额计算	税率（25%）	0.25
25		六、应纳所得税额（23×24）	196 041 151.6
26		减：减免所得税额（填写 A107040）	78 416 460.64
27		减：抵免所得税额（填写 A107050）	0
28		七、应纳税额（25－26－27）	117 624 691
29		加：境外所得应纳所得税额（填写 A108000）	0
30		减：境外所得抵免所得税额（填写 A108000）	0
31		八、实际应纳所得税额（28＋29－30）	117 624 691
32		减：本年累计实际已缴纳的所得税额	117 594 407.7
33		九、本年应补（退）所得税额（31－32）	30 283.31
34		其中：总机构分摊本年应补（退）所得税额（填写 A109000）	0
35		财政集中分配本年应补（退）所得税额（填写 A109000）	0
36		总机构主体生产经营部门分摊本年应补（退）所得税额（填写 A109000）	0

（四）企业费用构成

2016年、2017年企业费用构成如图3-8-1和图3-8-2所示。

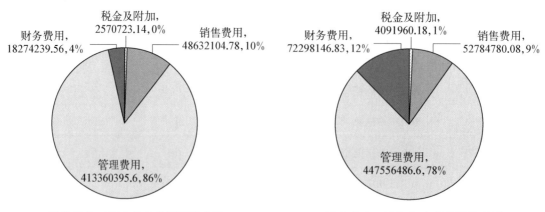

图3-8-1　2016年企业费用构成图　　　图3-8-2　2017年企业费用构成图

(五) 纳税申报表

纳税申报表如表 3-8-5 至表 3-8-12 所示。

表 3-8-5　2016 年企业所得税纳税申报表

税款所属期：2016 年 1 月 1 日至 2016 年 12 月 31 日　　　　　　　　　　　　单位：元

行次	类别	项　　目	金　　额
1	利润总额计算	一、营业收入(填写 A101010\101020\103000)	2 249 715 783.91
2		减：营业成本(填写 A102010\102020\103000)	1 250 121 315.97
3		减：税金及附加	4 091 960.18
4		减：销售费用(填写 A104000)	52 784 780.08
5		减：管理费用(填写 A104000)	447 556 486.64
6		减：财务费用(填写 A104000)	72 298 146.83
7		减：资产减值损失	7 334 568.86
8		加：公允价值变动收益	0.00
9		加：投资收益	167 545 495.37
10		二、营业利润(1-2-3-4-5-6-7+8+9)	583 074 020.72
11		加：营业外收入(填写 A101010\101020\103000)	1 438 195 518.51
12		减：营业外支出(填写 A102010\102020\103000)	10 282 318.57
13		三、利润总额(10+11-12)	2 010 987 220.66
14	应纳税所得额计算	减：境外所得(填写 A108010)	0.00
15		加：纳税调整增加额(填写 A105000)	144 703 737.64
16		减：纳税调整减少额(填写 A105000)	1 186 738 589.80
17		减：免税、减计收入及加计扣除(填写 A107010)	184 989 650.73
18		加：境外应税所得抵减境内亏损(填写 A108000)	0.00
19		四、纳税调整后所得(13-14+15-16-17+18)	783 962 717.77
20		减：所得减免(填写 A107020)	0.00
21		减：弥补以前年度亏损(填写 A106000)	0.00

续 表

行次	类别	项目	金额
22	应纳税所得额计算	减：抵扣应纳税所得额(填写 A107030)	0.00
23		五、应纳税所得额(19－20－21－22)	783 962 717.77
24	应纳税额计算	税率(25%)	0.25
25		六、应纳所得税额(23×24)	195 990 679.44
26		减：减免所得税额(填写 A107040)	78 396 271.78
27		减：抵免所得税额(填写 A107050)	0.00
28		七、应纳税额(25－26－27)	117 594 407.66
29		加：境外所得应纳所得税额(填写 A108000)	0.00
30		减：境外所得抵免所得税额(填写 A108000)	0.00
31		八、实际应纳所得税额(28＋29－30)	117 594 407.66
32		减：本年累计实际已缴纳的所得税额	112 545 851.72
33		九、本年应补(退)所得税额(31－32)	5 048 555.94
34		其中：总机构分摊本年应补(退)所得税额(填写 A109000)	0.00
35		财政集中分配本年应补(退)所得税额(填写 A109000)	0.00
36		总机构主体生产经营部门分摊本年应补(退)所得税额(填写 A109000)	0.00

表 3-8-6　2017 年 12 月企业增值税纳税申报表

纳税人名称：上海某医药制造有限公司　　　　　　　　纳税人识别号：2138762766172773876
填表日期：2018 年 1 月 15 日　　税款所属时间：2017 年 12 月 1 日至 2017 年 12 月 31 日　　金额单位：元

项目		栏次	一般项目		评证单退项目	
			本月数	本年累计	本月数	本年累计
销售额	(一) 按通用税率征税销售额	1	1 537 984 241.64	2 066 547 572.48	0.00	0.00
	其中：应税货物销售额	2	35 134 170.42	208 805 139.03	0.00	0.00
	应税劳务销售额	3	1 502 850 071.22	1 857 742 433.45	0.00	0.00
	纳税检查调整的销售额	4	0.00	0.00	0.00	0.00
	(二) 按国异征收办法征税销售额	5	0.00	191 556.28	0.00	0.00

续 表

项目		栏次	一般项目		评证单退项目	
			本月数	本年累计	本月数	本年累计
销售额	其中：纳税检查调整的销售额	6	0.00	0.00	0.00	0.00
	（三）免、抵、退办法出口销售额	7	95 781 687.48	1 240 564 631.90	—	—
	（四）免税销售额	8	75 533 550.11	583 758 643.91	—	—
	其中：免税货物销售额	9	0.00	0.00	—	—
	免税劳务销售额	10	75 533 550.11	583 758 643.91	—	—
税款计算	销项税额	11	96 154 088.23	147 037 274.87	0.00	0.00
	出项税额	12	10 547 449.96	81 090 471.91	0.00	0.00
	上期留抵税额	13	4 979 875.33	0.00	0.00	0.00
	进项税额转出	14	608 454.58	4 654 498.31	0.00	0.00
	免、抵、退应退税额	15	1 393 490.93	10 125 314.99	0.00	0.00
	按适用税率计算的纳税检查应补缴税额	16	0.00	0.00	0.00	0.00
	应抵扣税额合计	17=12+13−14−15+16	13 525 379.78	—	0.00	
	实际抵扣税额	18（如17<11,则为17,否则为11）			0.00	0.00
	控纳税额	19=11−18	82 628 708.45	95 267 072.79	0.00	0.00
	期末留抵税额	20=17−18	0.00		0.00	0.00
	国易计税办法计算的应纳税额	21	0.00	5 746.69		
	按商易计税办法计算的纳税检查应补微税额	22	0.00	0.00	—	—
	空纳税额减证额	23	0.00	2 566.56	0.00	0.00
	应纳税额合计	24=19+21−23	82 628 708.45	93 270 252.90	0.00	0.00
税款缴坊	项初未缴税额（多微为负数）	25	−36 675.52	5 978 157.28	0.00	0.00
	实收出口开具专用缴款书退税额	26	0.00	0.00	—	—
	本期已缴税额	27=28+29+30+31	0.00	16 656 377.26	0.00	0.00
	① 分次预缴税额	28	0.00	—	0.00	—
	② 出口开具专用缴款书预缴税额	29	0.00			

续 表

项 目		栏 次	一般项目		评证单退项目	
			本月数	本年累计	本月数	本年累计
税款缴坊	③本期缴纳上期应纳税额	30	0.00	16 656 377.26	0.00	0.00
	④本期缴纳欠缴税额	31	0.00	0.00	0.00	0.00
	项末未缴税额（多微为负数）	32＝24＋25＋26－27	82 592 032.94	82 592 032.94	0.00	0.00
	其中：欠微税额（≥0）	33＝25＋26－27	0.00	—	0.00	—
	本期应补（退）税额	34＝24－28－29	82 628 708.45		0.00	
	即征即退实际退税额	35	—	—	0.00	0.00
	项初未缴查补税额	36	0.00	0.00	—	—
	本期入库查补税额	37	0.00	0.00	—	—
	项末未缴查补税额	38＝16＋22＋36－37	0.00	0.00	—	—

表 3-8-7 2016 年 12 月企业增值税纳税申报表

纳税人名称：上海某医药制造有限公司　　　　　　　纳税人识别号：2138762766617273876
填表日期：2017 年 1 月 11 日　　税款所属时间：2016 年 12 月 1 日至 2016 年 12 月 31 日　　金额单位：元

项 目		栏 次	一般项目		即征即退项目	
			本月数	本年累计	本月数	本年累计
销售额	（一）按适用税率征税销售额	1	75 386 959.85	566 947 601.52	0.00	0.00
	其中：应税货物销售额	2	12 659 984.79	86 148 367.31	0.00	0.00
	应税劳务销售额	3	62 726 975.06	480 799 234.21	0.00	0.00
	纳税检查调整的销售额	4	0.00	0.00	0.00	0.00
	（二）按简易征收办法征税销售额	5	0.00	3 249.65	0.00	0.00
	其中：纳税检查调整的销售额	6	0.00	0.00	0.00	0.00
	（三）免、抵、退办法出口销售额	7	137 719 454.60	1 261 950 339.99	—	—
	（四）免税销售额	8	118 885 113.92	708 575 470.58	—	—
	其中：免税货物销售额	9	0.00	51 395 052.18	—	—
	免税劳务销售额	10	118 885 113.92	305 364 540.91	—	—
税款计算	销项税额	11	5 793 985.49	42 784 894.51	0.00	0.00
	进项税额	12	12 697 519.12	99 622 859.36	0.00	0.00

续 表

	项 目	栏 次	一般项目		即征即退项目	
			本月数	本年累计	本月数	本年累计
税款计算	上期留抵税额	13	4 456 632.96	0.00	0.00	—
	进项税额转出	14	2 722 025.32	16 554 025.98	0.00	0.00
	免、抵、退应退税额	15	916 309.44	32 562 107.04	—	—
	按适用税率计算的纳税检查应补缴税额	16		0.00	0.00	
	应抵扣税额合计	17＝12+13－14－15+16	13 515 817.32	—	0.00	
	实际抵扣税额	18（如17<11,则为17,否到为11）	5 793 985.49	0.00	0.00	0.00
	应纳税额	19＝11－18	0.00	0.00	0.00	0.00
	期末留抵税额	20＝17－18	7 721 831.83	0.00	0.00	0.00
	简易计税办法计算的应纳税额	21	0.00	97.49	0.00	0.00
	按简易计税办法计算的纳税检查应补缴税额	22	0.00	0.00		
	应纳税额减征额	23	0.00	97.49	0.00	0.00
	应纳税额合计	24＝19+21－23	0.00	0.00	0.00	0.00
税款缴纳	期初未缴税额（多缴为负数）	25	－36 870.49	82 592 032.94	0.00	0.00
	实收出口开具专用缴款书退税额	26	0.00	0.00	—	—
	本期已缴税额	27＝28+29+30+31	0.00	82 628 903.43	0.00	0.00
	① 分次预缴税额	28	0.00	0.00	0.00	
	② 出口开具专用缴款书预缴税额	29	0.00	—	—	—
	③ 本期缴纳上期应纳税额	30	0.00	82 628 903.43	0.00	0.00
	④ 本期缴纳欠缴税额	31	0.00	0.00	0.00	0.00
	期末未缴税额（多缴为负数）	32＝24+25+26－27	－36 870.49	－36 870.49	0.00	0.00
	其中：欠缴税额（≥0）	33＝25+26－27	0.00	—	0.00	—
	本期应补（退）税额	34＝24－28－29	0.00	—	0.00	—
	即征即退实际退税额	35	—	—	0.00	0.00

续 表

项　目		栏　次	一般项目		即征即退项目	
			本月数	本年累计	本月数	本年累计
税款缴纳	期初未缴查补税额	36	0.00	0.00	—	—
	本期入库查补税额	37	0.00	0.00	—	—
	期末未缴查补税额	38＝16＋22＋36－37	0.00	0.00	—	—

表 3-8-8　2017 年企业所得税纳税申报表附表（A101010）

税款所属期：2017 年 1 月 1 日至 2017 年 12 月 31 日　　　　　　　　单位：元

行次	项　目	金　额
1	一、营业收入（2＋9）	2 249 715 783.91
2	（一）主营业务收入（3＋5＋6＋7＋8）	2 192 986 827.11
3	1. 销售商品收入	76 933 888.53
4	其中：非货币性资产交换收入	0.00
5	2. 提供劳务收入	2 116 052 938.58
6	3. 建造合同收入	0.00
7	4. 让渡资产使用权收入	0.00
8	5. 其他	0.00
9	（二）其他业务收入（10＋12＋13＋14＋15）	56 728 956.80
10	1. 销售材料收入	56 728 956.80
11	其中：非货币性资产交换收入	0.00
12	2. 出租固定资产收入	0.00
13	3. 出租无形资产收入	0.00
14	4. 出租包装物和商品收入	0.00
15	5. 其他	0.00
16	二、营业外收入（17＋18＋19＋20＋21＋22＋23＋24＋25＋26）	1 438 195 518.51
17	（一）非流动资产处置利得	36 354.95
18	（二）非货币性资产交换利得	0.00
19	（三）债务重组利得	0.00

续 表

行次	项目	金额
20	（四）政府补助利得	30 444 946.58
21	（五）盘盈利得	0.00
22	（六）捐赠利得	0.00
23	（七）罚没利得	0.00
24	（八）确实无法偿付的应付款项	0.00
25	（九）汇兑收益	0.00
26	（十）其他	1 407 714 216.98

表 3-8-9　2017 年企业所得税纳税申报表附表（A105020）

未按权责发生制确认收入纳税调整明细表 A105020

税款所属期：2017 年 1 月 1 日至 2017 年 12 月 31 日　　　　　　　　　　单位：元

行次	项目	合同金额（交易金）	账载金额		税收金额		纳税调整金额
			本年	累计	本年	累计	
		1	2	3	4	5	6(4-2)
1	一、跨期收取的租金、利息、特许权使用费收入(2+3+4)	0.00	0.00	0.00	0.00	0.00	0.00
2	（一）租金	0.00	0.00	0.00	0.00	0.00	0.00
3	（二）利息						
4	（三）特许权使用费						
5	二、分期确认收入(6+7+8)	0.00	0.00	0.00	0.00	0.00	0.00
6	（一）分期收款方式销货物收入						
7	（二）持续时间超过12个月的建造合同收入	0.00			0.00		0.00
8	（三）其他分期确认收入						0.00
9	三、政府补助递延收入(10+11+12)	0.00	0.00	0.00	0.00	0.00	0.00
10	（一）与收益相关的政府补助						
11	（二）与资产相关的政府补助						
12	（三）其他						
13	四、其他未按权责发生制确认收入	201 888.67	0.00	0.00	201 888.67	201 888.67	201 888.67
14	合计(1+5+9+13)	201 888.67	0.00	0.00	201 888.67	201 888.67	201 888.67

表 3-8-10 2017 年企业所得税纳税申报表附表（A105030）

投资收益纳税调整明细表 A105030

税款所属期：2017 年 1 月 1 日至 2017 年 12 月 31 日

单位：元

行次	项目	持有收益			处置收益						纳税调整金额 11(3+10)
		账载金额 1	税收金额 2	纳税调整金额 3(2-1)	会计确认的处置收入 4	税收计算的处置收入 5	处置投资的账面价值 6	处置投资的计税基础 7	会计确认的处置所得或处置损失 8(4-6)	税收计算的处置所得 9(5-7)	纳税调整金额 10(9-8)	
1	一、交易性金融资产	0.00	0.00	0.00	0.00	0.00	0.00	0.00	0.00	0.00	0.00	0.00
2	二、可供出售金融资产	0.00	0.00	0.00	0.00	0.00	0.00	0.00	0.00	0.00	0.00	0.00
3	三、持有至到期投资	0.00	0.00	0.00	0.00	0.00	0.00	0.00	0.00	0.00	0.00	0.00
4	四、衍生工具	0.00	0.00	0.00	0.00	0.00	0.00	0.00	0.00	0.00	0.00	0.00
5	五、交易性金融负债	0.00	0.00	0.00	0.00	0.00	0.00	0.00	0.00	0.00	0.00	0.00
6	六、长期股权投资	38 101 669.89	0.00	-38 101 669.89	0.00	0.00	0.00	0.00	0.00	0.00	0.00	-38 101 669.89
7	七、短期投资	0.00	0.00	0.00	0.00	0.00	0.00	0.00	0.00	0.00	0.00	0.00
8	八、长期债券投资	0.00	0.00	0.00	0.00	0.00	0.00	0.00	0.00	0.00	0.00	0.00
9	九、其他	0.00	0.00	0.00	0.00	0.00	0.00	0.00	0.00	0.00	0.00	0.00
10	合计(1+2+3+4+5+6+7+8+9)	38 101 669.89	0.00	-38 101 669.89	0.00	0.00	0.00	0.00	0.00	0.00	0.00	-38 101 669.89

表 3-8-11 2017 年企业所得税纳税申报表附表（A105100）

企业重组及递延纳税事项纳税调整明细表 A105100

税款所属期：2017 年 1 月 1 日至 2017 年 12 月 31 日

单位：元

行次	项目	一般性税务处理			特殊性税务处理（递延纳税）			纳税调整金额
		账载金额 1	税收金额 2	纳税调整金额 3(2-1)	账载金额 4	税收金额 5	纳税调整金额 6(5-4)	7(3+6)
1	一、债务重组	0.00	0.00	0.00	0.00	0.00	0.00	0.00
2	其中：以非货币性资产清偿债务	0.00	0.00	0.00	0.00	0.00	0.00	0.00
3	债转股	0.00	0.00	0.00	0.00	0.00	0.00	0.00
4	二、股权收购	0.00	0.00	0.00	0.00	0.00	0.00	0.00
5	其中：涉及跨境重组的股权收购	0.00	0.00	0.00	0.00	0.00	0.00	0.00
6	三、资产收购	0.00	0.00	0.00	0.00	0.00	0.00	0.00
7	其中：涉及跨境重组的资产收购	0.00	0.00	0.00	0.00	0.00	0.00	0.00
8	四、企业合并(9+10)	0.00	0.00	0.00	0.00	0.00	0.00	0.00
9	（一）同一控制下企业合并	0.00	0.00	0.00	0.00	0.00	0.00	0.00
10	（二）非同一控制下企业合并	0.00	0.00	0.00	0.00	0.00	0.00	0.00
11	五、企业分立	0.00	0.00	0.00	0.00	0.00	0.00	0.00
12	六、非货币性资产对外投资	0.00	0.00	0.00	1 404 062 490.73	280 812 498.15	-1 123 249 992.58	-1 123 249 992.58
13	七、技术入股	0.00	0.00	0.00	0.00	0.00	0.00	0.00
14	八、股权划转、资产划转	0.00	0.00	0.00	0.00	0.00	0.00	0.00
15	九、其他	0.00	0.00	0.00	0.00	0.00	0.00	0.00
16	合计(1+4+6+8+11+12+13+14+15)	0.00	0.00	0.00	1 404 062 490.73	280 812 498.15	-1 123 249 992.58	-1 123 249 992.58

表 3-8-12　2017 年企业所得税纳税申报表附表 (A105000)

纳税调整项目明细表 A105000

税款所属期：2017 年 1 月 1 日至 2017 年 12 月 31 日

单位：元

行次	项目	账载金额 1	税收金额 2	调增金额 3	调减金额 4
1	一、收入类调整项目 (2+3+…+8+10+11)	*	*	201 888.67	38 101 669.89
2	(一) 视同销售收入 (填写 A105010)	*	0.00	0.00	*
3	(二) 未按权责发生制原则确认的收入 (填写 A105020)	0.00	201 888.67	201 888.67	0.00
4	(三) 投资收益 (填写 A105030)	38 101 669.89	0.00	0.00	38 101 669.89
5	(四) 按权益法核算长期股权投资对初始投资成本调整确认收益	*	*	*	0.00
6	(五) 交易性金融资产初始投资调整	*	*	0.00	0.00
7	(六) 公允价值变动净损益	*	*	0.00	0.00
8	(七) 不征税收入	*	*	0.00	0.00
9	其中：专项用途财政性资金 (填写 A105040)	*	0.00	0.00	0.00
10	(八) 销售折扣、折让和退回	*	*	0.00	0.00
11	(九) 其他	*	0.00	0.00	0.00
12	二、扣除类调整项目 (13+14+…+24+26+27+28+29+30)	*	*	10 477 062.63	25 386 927.33
13	(一) 视同销售成本 (填写 A105010)	*	0.00	*	0.00
14	(二) 职工薪酬 (填写 A105050)	875 585 904.75	900 972 832.08	0.00	25 386 927.33

续 表

行次	项目	账载金额 1	税收金额 2	调增金额 3	调减金额 4
15	(三) 业务招待费支出	10 564 295.57	6 338 577.34	4 225 718.23	*
16	(四) 广告费和业务宣传费支出(填写 A105060)	*	*	0.00	0.00
17	(五) 捐赠支出(填写 A105070)	640 000.00	640 000.00	0.00	0.00
18	(六) 利息支出	37 891 900.26	37 891 900.26	0.00	0.00
19	(七) 罚金、罚款和被没收财物的损失	0.00	*	*	*
20	(八) 税收滞纳金、加收利息	0.00	*	*	*
21	(九) 赞助支出	260 458.83	*	260 458.83	*
22	(十) 与未实现融资收益相关在当期确认的财务费用	0.00	0.00	0.00	*
23	(十一) 佣金和手续费支出	1 463 500.00	1 463 500.00	0.00	*
24	(十二) 不征税收入用于支出所形成的费用	*	*	0.00	*
25	其中：专项用途财政性资金用于支出所形成的费用(填写 A105040)	*	*	0.00	*
26	(十三) 跨期扣除项目	7 435 653.02	1 444 767.45	5 990 885.57	*
27	(十四) 与取得收入无关的支出	0.00	*	0.00	*
28	(十五) 境外所得分摊的共同支出	*	*	0.00	*
29	(十六) 党组织工作经费	0.00	0.00	0.00	0.00

续 表

行次	项目	账载金额 1	税收金额 2	调增金额 3	调减金额 4
30	（十七）其他	0.00	0.00	0.00	0.00
31	三、资产类调整项目(32＋33＋34＋35)	*	*	114 226 675.01	0.00
32	（一）资产折旧、摊销（填写 A105080）	133 742 972.12	131 510 577.90	2 232 394.22	0.00
33	（二）资产减值准备金	7 334 568.86	*	7 334 568.86	0.00
34	（三）资产损失（填写 A105090）	9 642 318.57	9 334 669.14	307 649.43	0.00
35	（四）其他	104 495 411.45	143 348.95	104 352 062.50	0.00
36	四、特殊事项调整项目(37＋38＋…＋42)	*	*	0.00	1 123 249 992.58
37	（一）企业重组及递延纳税事项（填写 A105100）	1 404 062 490.73	280 812 498.15	0.00	1 123 249 992.58
38	（二）政策性搬迁（填写 A105110）	*	*	0.00	0.00
39	（三）特殊行业准备金（填写 A105120）	*	*	0.00	0.00
40	（四）房地产开发企业特定业务计算的纳税调整额填写 A105010	*	*	0.00	0.00
41	（五）有限合伙企业法人合伙方应分得的应纳税所得额	*	*	0.00	0.00
42	（六）其他	*	*	0.00	0.00
43	五、特别纳税调整应税所得	*	*	0.00	0.00
44	六、其他	*	*	0.00	0.00
45	合计(1＋12＋31＋36＋43＋44)	*	*	124 905 626.31	1 186 738 589.80

其他资料：预警值。行业增值税一般纳税人平均税负为 4%，增值税税负率标准可以参考 2017 年行业平均值。

（六）案头资料

（1）2017 年，该企业增值税专用发票开票金额 2 044 292 316.60 元、增值税普通发票开票金额 1 859 530 566.53 元，未开票收入 −12 760 478.37 元，合计 3 891 062 404.59 元。

（2）该企业 2017 年向上海合全药业股份有限公司进行非货币性资产投资（非同一控制），投出的资产账面价值 11 537 509.27 元，计税基础 11 537 509.27 元，公允价值 1 520 000 000.00 元。

（3）该企业对 65 名残疾人的工资在计算应纳税所得额时按照 100% 进行了加计扣除。

（4）根据企业《个人所得税扣缴申报表》和《个人所得税基础信息表（A 表）》，该企业对同一名员工李某扣缴申报工资薪金所得又扣缴劳务报酬所得。

（5）该企业的企业所得税年度纳税申报表附表 A105020《未按权责发生制确认收入纳税调整明细表》行 9 "政府补助递延收入"列 6 "纳税调整金额"为 0 元。

（6）该企业的企业所得税年度纳税申报表附表 A105000《纳税调整项目明细表》第 21 行第 1 列（九）赞助支出为 260 458.83 元。

（7）该企业 2017 年固定资产折旧中，取得政府专项补贴资金购入的固定资产计提折旧 2 232 394.22 元。

（8）近期连降暴雨，因管理不善，企业药品原材料发生了毁损，该批存货的账面价值为 12 990 000 元，进项税额已于原材料取得当月进行了抵扣。该企业在 A105090 企业所得税《资产损失税前扣除及纳税调整明细表》进行了申报。

（七）纳税风险高低的认定标准

1. 预警区间无指标项目满足：无风险
2. 一个指标项目满足：低风险
3. 两个指标项目满足：中风险
4. 三个及以上项目满足：高风险

二 案头分析

（一）可能存在的风险点（不可或缺）

☑ 企业可能存在增值税销售收入与企业所得税年度纳税收入的对比纳税风险
☑ 企业可能存在少报增值税收入
☑ 企业可能存在非货币性资产对外投资的财税处理与企业所得税纳税调整的风险
☑ 企业可能存在错用税收优惠政策避税的风险
☑ 企业可能存在虚增期间费用的风险
☑ 企业可能存在非正常损失资产已抵扣的进项税额未及时转出风险
☑ 企业可能存在研发费用加计扣除优惠政策错误适用风险
☑ 企业可能存在未正确履行个税代扣代缴义务

☑ 企业可能存在政府补助递延收入未纳税调整计算企业所得税的风险

☑ 企业可能存在政府专项补贴资金不征税收入对应的支出不允许在税前扣除带来的纳税调整风险

(二) 判断风险点的思路

1. 指标名：企业所得税申报表申报营业收入小于或者大于增值税申报表申报销售收入异常预警

2017年企业所得税年营业收入小于企业当年开票总额。说明企业可能少计企业所得税应税收入。

2. 指标名：连续两期增值税税负异常

计算两期增值税税负情况，判断是否存在少计销项税额或者多计进项税额以及少做进项税额转出的情况。

3. 指标名：增值税发票开票异常预警

2017年增值税未开票收入为负数，可能存在少报增值税收入。

4. 指标名：是否实际安置残疾职工及是否重复安置残疾人预警

企业安置残疾人员的，在按照支付给残疾职工工资据实扣除的基础上，可以在计算应纳税所得额时按照支付给残疾职工工资的100%加计扣除。

5. 指标名：非货币性资产投资纳税调整异常

该企业2017年向上海合全药业股份有限公司进行非货币性资产投资，可能存在非货币性资产对外投资的财税处理与企业所得税纳税调整的风险。

6. 指标名：赞助支出纳税调整异常

企业所得税年度纳税申报表附表A102010《一般企业成本支出明细表》第22行"赞助支出"不等于企业所得税年度纳税申报表附表A105000第21行第1列"赞助支出"账载金额。存在赞助支出虚增企业成本费用的风险。

7. 指标名：个人所得税工资薪金收入和劳务收入申报异常

根据案头分析，该企业对同一名员工李某扣缴申报工资薪金所得又扣缴劳务报酬所得。存在未正确履行个人所得税代扣代缴义务的风险。

8. 指标名：政府补助递延收入纳税调整异常

根据案头分析，企业所得税年度纳税申报表附表A105020《未按权责发生制确认收入纳税调整明细表》行9"政府补助递延收入"列6"纳税调整金额"为0元；但是资产负债表中显示企业2017年有新增政府补助，因而存在政府补助递延收入未纳税调整计算企业所得税的风险。

9. 指标名：不征税收入适用优惠政策异常

该企业 2017 年固定资产折旧中，取得政府专项补贴资金购入的固定资产计提折旧 2 232 394.22 元。如该笔政府专项补贴资金符合不征税收入的要求并作为不征税收入管理，则其形成的固定资产计提的折旧不允许企业所得税税前扣除以及加计扣除。

10. 指标名：进项税额抵扣异常

根据案头分析，因管理不善企业药品原材料发生了毁损，其对应的已抵扣的增值税进项税额需做转出处理。

（三）计算过程及结论

（1）2017 年企业所得税年度纳税申报表 A100000《中华人民共和国企业所得税年度纳税申报表（A 类）》行 1"营业收入"为：2 249 715 783.91 元。

根据 2017 年 12 月增值税纳税申报表（一般纳税人适用），该企业本年累计销售额为：按适用税销售额为 2 066 547 572.48 元，按简易征收办法征税销售额 191 556.28 元，免、抵、退办法出口销售额 1 240 564 631.92 元，免税销售额 583 758 643.91 元，合计 3 891 062 404.59 元，企业所得税申报营业收入远小于增值税申报销售收入，存在少计企业所得税应税收入的风险。

（2）2017 年，该企业增值税专用发票开票金额 2 044 292 316.60 元、增值税普通发票开票金额 1 859 530 566.53 元，未开票收入 12 760 478.37 元，合计 3 891 062 404.59 元。未开票收入为负数，可能存在少报增值税应税收入的风险。

（3）残疾职工工资可以在企业所得税中加计扣除，该企业安置了 65 名残疾人，存在乱用税收优惠政策的风险。若要排除风险，需要进一步核实以下情况：

① 检查劳动合同，核查企业是否"依法与安置的每位残疾人签订了 1 年以上（含 1 年）的劳动合同或服务协议，并且安置的每位残疾人在企业实际上岗工作"（财政部 国家税务总局《关于安置残疾人员就业有关企业所得税优惠政策问题的通知》财税〔2009〕70 号①）。

② 检查社会保险缴纳情况，核查企业是否"为安置的每位残疾人按月足额缴纳了企业所在区县人民政府根据国家政策规定的基本养老保险、基本医疗保险、失业保险和工伤保险等社会保险"（财税〔2009〕70 号）。

③ 是否"定期通过银行等金融机构向安置的每位残疾人实际支付了不低于企业所在区县适用的经省级人民政府批准的最低工资标准的工资"（财税〔2009〕70 号）。

④ 进行实地调查，核实企业是否"具备安置残疾人上岗工作的基本设施"（财税〔2009〕70 号）。

⑤ 通过对享受税收优惠政策的企业残疾人身份证号码，在全省范围内比对，对重复安置残疾人进行预警。

（4）该 2017 年向上海合全药业股份有限公司进行非货币性资产投资，投出的资产账面价值 115 37 509.27 元，计税基础 115 37 509.27 元，公允价值 1 520 000 000.00 元，2017 年开票金额 1 440 554 119 元。

经进一步核查，企业所得税年度纳税申报表 A101010《一般企业收入明细表》行 21"营业外收入—其他"中已经做了填报金额 1 407 714 216.98 元。《非货币性资产投资递延纳税调

---

① 下简称为财税〔2009〕70 号。

整明细表》显示该笔非货币性资产投资产生递延纳税差异调整额为-1 123 249 992.58元。这也会导致企业所得税申报表营业收入小于增值税申报表销售收入。

（5）企业发生的对外赞助支出,一般应借记"营业外支出",贷记"银行存款"等科目。企业在年度纳税申报表附表A102010中填列了该项目。经核查企业经营数据,该公司赞助费用构成：营业费用中53 251.28元,管理费用中54 000.00元,制造费用中153 207.55元,合计260 458.83元。肯定存在赞助支出虚增期间费用。

（6）该企业对同一名员工李某扣缴申报工资薪金所得又扣缴劳务报酬所得。经核查企业职工工资明细表,该公司员工李某7月份离职,离职前按正常缴纳工资薪金,离职后为公司提供服务按照劳务报酬申报。该人员个人所得税代扣代缴情况正常。

（7）根据资产负债表,2017年该企业递延收益期初余额84 178 220.75元,本年增加39 974 477.25元,期末余额93 707 751.42元。根据本年确认收入并计入营业外收入30 444 946.58元,根据企业所得税年度纳税申报表附表A101010《一般企业收入明细表》第20行"营业外收入——政府补助利得"39 974 477.25元,显示该笔收入本年已经确认收入并计入营业外收入。进一步核查该笔收入的来源,其均为上海市科研计划专项经费,已经按《上海市科研计划专项经费管理办法》确认为营业外收入。因而该笔收入不需调整。

（8）经核查,企业取得的政府补助资金,作为两类管理,一类作为政府补助递延收入计入递延收益,满足收入确认条件的时候转入营业外支出,计算缴纳企业所得税。另一类作为不征税收入管理。该企业2017年固定资产折旧中,一笔取得政府专项补贴资金作为不征税资金管理,则购入的固定资产计提折旧不应作为成本费用扣除,应做纳税调整。

（9）根据增值税纳税申报表,进项税额本年累计数为17 197 954.84元,进一步核查增值税一般纳税人申报－增值税纳税申报表附列资料二(本期进项税额明细),显示进项税额转出额中非正常损失数为0。肯定存在进项税额抵扣异常。

（10）经过计算,2016年因应纳税额为0元,增值税税负为0元;2017年增值税税负为应纳税额80 726 796.39元除以应税销售额2 066 547 572.48元,计算得到增值税税负3.91%。可能存在增值税申报异常。

三　约谈举证

纳税评估约谈情况表

纳税评估序号：　　　　　　　　　　纳税评估所属期：2017年1月1日至2017年12月31日

纳税人名称	上海某某医药制造有限公司		纳税人识别号		
被约谈人姓名		被约谈人职务	税务	被约谈人在职年限	1年
税务代理人姓名		税务代理人单位名称		约谈人	
约谈时间	2018年10月16日	约谈地点	××路9号××室	记录人	
约　谈　内　容					
告知：根据《中华人民共和国税收征收管理法》第五十四条第(四)项的规定,税务机关向你作询问(调查),你若发现询问(调查)人员少于两人或执法工作与身份不符的,有权					

续 表

拒绝询问(调查),你若认为询问(调查)人员与你或询问(调查)的事实有直接利害关系的,有权申请回避。

你负有如实反映情况、回答询问(调查)、提供有关资料的义务。如提供虚假资料,不如实反映情况,或者拒绝提供有关资料的,将依照《中华人民共和国税收征收管理法》第七十条、《中华人民共和国税收征收管理法实施细则》第九十六条第(一)项规定追究法律责任。

问：你对上述告知事项是否明白？

答：明白。

问：请先介绍一下公司的业务情况？

答：上海某医药制造有限公司,注册地：中国(上海)自由贸易试验区某某路某某号；法定代表人：李某某；注册资金人民币21 000万元,是增值税一般纳税人。属于上海市自由贸易试验区分局税务二所管辖。公司成立于2002年4月2日,是主要从事新药、药物中间体的研发,区内合成药物性小分子化合物和化合物库,精细化工产品的制造、加工,化工产品(除危险化学品、监控化学品、烟花爆竹、民用爆炸物品、易制毒化学品)的销售,从事货物及技术的进出口业务,药品批发,从事检测技术、生物科技、计算机科技、数据科技专业领域内的技术开发、技术转让、技术咨询、技术服务,机械设备及零配件,健康咨询(不得从事诊疗活动、心理咨询),医药咨询,自有房产开发经营,质检技术服务,纳税记录良好。

公司2017年营业收入2 249 715 783.91元,营业成本1 250 121 315.97元,利润总额2 010 987 220.66元,纳税调增额124 703 737.64元,纳税调减额1 186 738 589.80元,享受高新技术企业所得税优惠按15%征收。应缴纳2017年企业所得税117 594 407.66元,实际缴纳企业所得税117 594 407.66元,未缴企业所得税0元。

问：企业所得税年营业收入为何小于企业当年开票总额？

答：我公司2017年增值税专用发票开票金额2 044 292 316.60元,增值税普通发票开票金额1 859 530 566.53元,未开票收入-12 760 478.37元,合计3 891 062 404.59元。

我公司企业所得税年度纳税申报表A100000《中华人民共和国企业所得税年度纳税申报表(A类)》行1"营业收入"为：2 249 715 783.91元。

经查,产生企业所得税年营业收入小于企业当年开票总额的原因有以下情况：

(1) 我公司2017年向上海合全药业股份有限公司进行非货币性资产投资,投出的资产账面价值115 37 509.27元,计税基础115 937 509.27元,公允价值1 520 000 000.00元,2017年开票金额1 440 554 119元,不计入营业收入中,已经在企业所得税年度纳税申报表A101010《一般企业收入明细表》行21"营业外收入—其他"中已经做了填报。

(2) 我公司2017年取得对外借款利息2 117 517.80元,不计入营业收入中,已经在企业所得税年度纳税申报表A104000《期间费用明细表》行21"利息收支"中已经做了填报。

(3) 我公司2017年补开了2016年已经确认过收入45 907 522.43元,由于之前已经确认中过收入并进行了所得税申报,因此不计入2017年收入。

(4) 我公司2017年处置固定资产开具发票37 717 943.31元,扣除上述固定资产的处置成本37 692 165.23元后,不计入营业收入中,处置的收益已经在企业所得税年度纳税申报表A101010《一般企业收入明细表》行17"(一)非流动资产处置利得"中已经做了填报。

(5) 我公司2017年发生公司间代理采购WIP业务—收入85 357 714.56元,对应公司间代理采购WIP业务—成本81 687 763.02元,不计入营业收入中,产生收益3 665 951.65元,已经在企业所得税年度纳税申报表A101010《一般企业收入明细表》行9"其他业务收入"中已经做了填报。

续 表

(6) 2016年某某医药制造有限公司与上海某某生物技术有限公司签订融资租赁协议,自2016年1月1日开始,上海某某医药制造有限公司将账面余额为53 179 260.69元的固定资产及无形资产以融资租赁方式出租给上海某某生物并将该部分资产转入"长期应收款—应收融资租赁款42 899 008.76元"和"一年内到期的非流动资产—长期应收款12 939 215.08元",同时确认未实现融资收益2 658 963.03元。

截至2017年12月31日,开具融资租赁发票24 520 003.00元,由于之前已经确认过融资租赁收益,开具发票仅是确认应收债权,因此不计入营业收入中。入账分录中借:其他应收款,贷:长期应付款/一年内到期的非流动资。

(7) 我公司2017年将2016年已经申报增值税并确认过收入12 760 478.37元开具了发票,并在未开票收入中做了冲回12 760 478.37元。

(8) 我公司2017年预收账款期初70 688 334.59元,期末104 758 758.03元,增加34 070 423.44元,其中开具发票4 969 908.08元,由于未达到确认收入的条件,因此没有计入当年收入。

(9) 自查中发现我公司2017年向某某医药化工中间体(上海)有限公司开具发票1份,发票日期:2017年12月07日,发票号06841160,金额118 867.92元,增值税税额7 132.08元,当年实际业务已经发生,未计入营业收入。

2017年向上海某某药业有限公司开具发票1份,发票日期:2017年11月23日,发票号06840999,金额50 473.58元,税额3 028.42元,当年实际业务已经发生,未计入营业收入。

2017年向绍兴某某医药股份有限公司开具发票1份,发票日期:2017年12月27日,发票号05726271,金额12 735.85元,税额764.15元,当年实际业务已经发生,未计入营业收入。

2017年向上海某某医药科技有限公司开具发票1份,发票日期:2017年12月27日,发票号06841547,金额19 811.32元,税额1 188.68元,当年实际业务已经发生,未计入营业收入。

如上四笔合计:201 888.67元漏确认收入,未进行企业所得税申报,应调增2017年应纳税所得税额201 888.67元,补缴企业所得税201 888.67×15%=30 283.30元。

因此需要进行重新申报,并补缴企业所得税30 283.30元。

问:T105100H14L6 企业重组?

答:我公司2017年向上海某某药业股份有限公司进行非货币性资产投资,投出的资产账面价值115 37 509.27元,计税基础115 37 509.27元,公允价值1 520 000 000.00元,本年账载确认金额1 404 062 490.73元,非货币性资产转让所得(税收金额)1 404 062 490.73元,并向主管税务机关申请递延缴纳企业所得税备案,已经取得了税务机关盖章的非货币性资产投资递延纳税调整明细表,并在企业所得税年度纳税申报表A105100《企业重组及递延纳税事项调整明细表》行12"六、非货币性资产对外投资"和《非货币性资产投资递延纳税调整明细表》中进行了填报;见附送资料。

问:T100000H94 投资收益——表A100000 申报的金额为何与附表申报的金额不一致?

答:我公司企业所得税年度纳税申报表A100000《中华人民共和国企业所得税年度纳税申报表(A类)》行9"投资收益"为167 545 495.37元,包括2017年取得理财产品投资收益12 107 696.48元、2017年取得符合条件的居民企业之间的股息、红利等权益性投资收益117 336 129.00元、长期股权投资持有期间的收益38 101 669.89元。

2017年取得符合条件的居民企业之间的股息、红利等权益性投资收益117 336 129.00

续 表

元,已经在企业所得税年度纳税申报表A107011《符合条件的居民企业之间的股息、红利等权益性投资收益优惠明细表》行1和行2进行了填写;长期股权投资持有期间的收益38 101 669.89元,已经在企业所得税年度纳税申报表A105030《投资收益纳税调整明细表》行6"六、长期股权投资"进行了填写;2017年取得理财产品投资收益12 107 696.48元,其中符合证券投资基金投资者获得的分配收入3 647 086.52元,符合免税收入规定,已经在企业所得税年度纳税申报表A107010《免税、减计收入及加计扣除优惠明细表》行10"(七)投资者从证券投资基金分配中取得的收入免征企业所得税"进行了填写,此外不符合免税所得的8 460 609.96元,已经在当年所得税申报纳税了,因此无须重新申报。

问:企业为雇员代扣代缴劳务报酬所得个税清册?
答:我公司有离职员工,离职前按正常缴纳工资薪金,离职后为公司提供服务按照劳务报酬申报。详细情况见附报资料。

问:政府补助递延收入为何未计入递延收益?
答:根据审计报告,递延收益期初余额84 178 220.75元,期末余额93 707 751.42元,本年确认收入并计入营业外收入30 444 946.58元。均为上海市科研计划专项经费,已经按《上海市科研计划项目(专题)专项经费管理办法》的要求,确认为营业外收入,填写在所得税年度纳税申报表附表A101010《一般企业收入明细表》第20行"营业外收入——政府补助利得",本年确认收入并计入营业外收入,此处填写无误,不需做纳税调整。

问:为何赞助支出在一般企业成本支出明细表和纳税调整项目表中数据不一致?
答:我公司赞助费用构成为营业费用53 251.28元,管理费用54 000.00元,制造费用153 207.55元,合计260 458.83元。

通过自查,此处应将260 458.83计入营业外支出,根据税法规定,赞助费不能在企业所得税前扣除,此次应补征企业所得税260 458.83元×15%=39 068.82元。

问:取得政府专项补贴资金购入的固定资产计提折旧2 232 394.22元?
答:该批固定资产所用资金在我公司作为不征税收入管理,并符合不征税收入的规定,因而对应固定资产折旧应作为纳税调整,其对应的研发费用加计扣除的部分也应做相应调整,此次应补征企业所得税2 232 394.22×(1+50%)×15%=502 288.70元。

问:非正常损失原材料进项税额抵扣情况?
答:应做进项税额转出处理,此次应补缴增值税12 990 000×17%=2 208 300元
同时补缴城市建设维护费及教育费附加2 208 300×(7%+3%)=220 830元
同时补缴企业所得税220 830×15%=33 124.5元

问:谢谢你们的配合,本次的谈话还有需要补充说明的问题吗?
答:没有。谢谢!

约谈人:徐大勇　　　　　　被约谈人:××　　　　　　记录人:周瑾

填表说明:
1. 本约谈记录由纳税评估实施人员填写。
2. 本约谈记录应当用钢笔(碳素笔)、毛笔书写或计算机操作,不得使用圆珠笔、铅笔。
3. 记录人与约谈人不能为同一人,并不得相互代为签名。
4. 因约谈内容较多请使用附页,每页须由约谈人、被约谈人、记录人签名。
5. 被约谈人必须注明:"以上笔录我已看过,与本人所说相符。"

四 实地调查

我们相信评估指标分析的可行性,该指标所反映出的异常是有一定道理的。该企业作为药品研发和生产的企业,同时也申请了高新技术企业,享受国家诸多税收优惠政策,因而应当重点核查其是否乱用税收优惠政策。评估小组提出需要到生产经营现场了解情况,审核有关账簿凭证。经相关税源管理科科长批准,评估小组与该企业税收管理员对企业进行了实地调查核实。为了找出根据,我们借用《医药生产企业纳税评估模型》《企业会计准则第 16 号——政府补助》文件等对企业销售实现的会计核算方法、内部结算过程进行详细询问和调查。发现该企业安置残疾人员、政府补助资金使用、非货币性投资、存货管理、赞助支出等项目存在问题。经过分局批准,评估人员深入企业不同地点的 12 座仓库、8 个销售分公司、一大结算中心进行实地调查,逐一摘取数据,我们发现:

(1)查看了企业期间费用明细账,发现该公司将赞助费计入营业费用中 53 251.28 元,计入管理费用中 54 000.00 元,计入制造费用中 153 207.55 元,合计 260 458.83 元。根据会计准则,赞助费应计入营业外支出,根据税法规定,赞助费不能在企业所得税前扣除,应补征企业所得税 39 068.82 元。

(2)查看企业发票开具和合同签订情况,以及营业收入明细账,发现 2017 年向某某医药化工中间体(上海)有限公司开具发票 1 份,发票日期:2017 年 12 月 07 日,发票号 06841160,金额 118 867.92 元,增值税税额 7 132.08 元,当年实际业务已经发生,未计入营业收入。

2017 年向上海某某药业有限公司开具发票 1 份,发票日期:2017 年 11 月 23 日,发票号 06840999,金额 50 473.58 元,税额 3 028.42 元,当年实际业务已经发生,未计入营业收入。

2017 年向绍兴某某医药股份有限公司开具发票 1 份,发票日期:2017 年 12 月 27 日,发票号 05726271,金额 12 735.85 元,税额 764.15 元,当年实际业务已经发生,未计入营业收入。

2017 年向上海某某医药科技有限公司开具发票 1 份,发票日期:2017 年 12 月 27 日,发票号 06841547,金额 19 811.32 元,税额 1 188.68 元,当年实际业务已经发生,未计入营业收入。

2017 年向某某医药化工中间体(上海)有限公司开具发票 1 份,发票日期:2017 年 12 月 7 日,发票号 06841160,金额 118 867.92 元,税额 7 132.08 元,当年实际业务已经发生,未计入营业收入。

如上四笔合计:201 888.67 元漏确认收入,未进行企业所得税申报,应调增 2017 年度应纳税所得税额 201 888.67 元,补缴企业所得税 30 283.30 元。

(3)取得政府专项补贴资金购入的固定资产计提折旧 1 500 000 元,经过进一步调查,发现该笔资金企业作为不征税收入管理,并同时满足以下条件[①]:

① 企业能够提供资金拨付文件,且文件中规定该资金的专项用途;
② 财政部门或其他拨付资金的政府部门对该资金有专门的资金管理办法或具体管理

[①] 三个条件均出自《财政部 国家税务总局关于专项用途财政性资金企业所得税处理问题的通知》(财税〔2011〕70 号)。

要求;

③ 企业对该资金以及以该资金发生的支出单独进行核算。

因而对应固定资产折旧应作为纳税调整,其对应的研发费用加计扣除的部分也应做相应调整,此次应补征企业所得税502 288.7元。

(4) 进行实地盘存,检查存货特别是原材料的出库单和入库单,发现一批非正常损失原材料的进项税额抵扣存在异常。经核实,应做进项税额转出处理,此次应补缴增值2 208 300元;补缴城市建设维护费及教育费附加220 830元;同时补缴企业所得税33 124.5元。

(5) 实地调查,检查残疾人劳动合同、社会保险缴纳情况,以及向金融机构调取残疾人员的工资发放情况,以及核实企业是否实际配备安置残疾人员上岗工作的基本设施;并对于残疾人身份证号在全市范围内进行比对。核查结果残疾人工资情况正常。

五 评估调查结论

以上通过约谈和调查核实,案头分析发现的问题基本上得到了确认,企业共计补缴增值税2 208 300元,补缴城市建设维护费及教育费附加220 830元,补缴企业所得税604 765.32元。

六 案例总结

(一) 案例的简要描述

本案例以上海某某医药制造有限公司为例,通过其资产负债表、利润表、企业所得税申报表、增值税申报表等各项附表资料,找出其可能存在的风险点,并通过相应指标模型的计算确认该风险点是否存在并以此判断该企业的税收风险等级。随后根据已确认的风险点进行约谈举证、实地调查等行为评估其税收风险的结果。

(二) 对该案例分析的得失点评

本案例针对医药制造行业,围绕增值税、企业所得税和个人所得税等主体税种,充分考查对上述三个税种的理解与运用,同时针对其行业特点如高新技术行业较容易出现的税收风险点如政府补贴、递延纳税等税收优惠政策进行考核,内容贴合实际,对提高实践能力有一定的帮助。

本案例难度适中,对于企业所得税纳税调整的一些典型情况进行了深入阐述,比较全面;不足之处是涉及的税种仍不够全面,针对较难的土地增值税、消费税等较重要税种并未纳入考察对象,同时外国受控企业、企业重组等较为复杂的情形也未纳入案例中。考虑到一个案例难以完成所有的税种风险点设计,今后其他税种可以通过另外案例进行设计,以形成系列化的案例集。

(三) 该案例分析的特点

本案例为医药制造行业案例,针对其行业高技术、多补贴等特点,针对可能存在的增值税发票虚开、少报收入、乱用企业所得税税收优惠、个人所得税未正确代扣代缴、递延纳税未调整、政府补贴应征税等问题进行风险点设计。主要考查学生对主体税种如增值税、企业所得税、个人所得税的各项政策、优惠以及实物的理解和运用,同时考查学生对辅助税种如城市建设维护税和教育费附加等附加税费的理解。该案例信息量较大，贴合实际，难度中等偏上。

七 案例信息简表

案例企业信息简表如表 3-8-13 所示。

表 3-8-13 企业信息简表

上海某某医药制造有限公司信息简表		
案例基础信息	行业分类	制造业
	企业规模	超大型
	企业名称	上海某某医药制造有限公司
	企业会计政策	□企业会计准则/□企业会计制度/□小企业会计准则
	难易程度	□难/□中/□易
案例内容编写明细指标及相关说明					

序号	指标明细	风险特征模型名称明细	税种	案例数据期数	财务报表	纳税申报表
1	增值税税负	连续两期增值税税负异常	增值税	2		增值税纳税申报表
2	销售收入与应纳税所得额配比	增值税销售收入与企业所得税年度纳税收入对比	企业所得税、增值税	2	利润表	企业所得税纳税申报表、增值税纳税申报表
3	个人所得税代扣代缴	一处同时取得工资薪金与劳务报酬	个人所得税	1		个人所得税扣缴申报表
4	增值税发票开票	增值税发票开票数异常预警	增值税	1		
5	非货币性资产投资	非货币性资产投资纳税调整异常	企业所得税	1	资产负债表	企业所得税纳税申报表
6	赞助支出	赞助支出纳税调整异常	企业所得税	1		企业所得税纳税申报表
7	政府补助递延收入	政府补助递延收入纳税调整异常	企业所得税	1		企业所得税纳税申报表
8	不征税收入	不征税收入适用优惠政策异常	企业所得税	1		企业所得税纳税申报表

续 表

序号	指标明细	风险特征模型名称明细	税 种	案例数据期数	财务报表	纳税申报表
9	进项税额	进项税额抵扣异常	增值税	1		增值税纳税申报表附表
10	残疾人工资加计扣除	是否实际安置残疾人以及是否重复安置残疾人	企业所得税	1		企业所得税纳税申报表
合计						

第九章
财税大数据风控综合实训系统软件指引案例——房地产行业

一 税收风险描述及防控建议

1. 情景再现

某水泥制造企业从新疆等地商贸企业取得购进煤炭增值税专用发票 2 份,金额合计 5.37 万元,增值税额 0.78 万元。通过国家税务总局全国增值税发票查验平台,经核实属虚开发票,依法补缴税款并加收滞纳金。

2. 风险描述

水泥制造企业购进大宗原料时可能取得不符合规定的发票。

3. 防控建议

在供应商方面,水泥制造企业要特别关注外地商贸企业开具的发票,其业务真实性必须核实无误,防止票面记载货物与实际入库货物不一致的发票用于抵扣。在货物方面,水泥制造企业对煤、油、石灰石、黏土、红土、水渣、铜渣、砂页岩等购进货物,财务部门应重点关注主要供货方有哪些,是否存在货物、发票、资金三者不一致等异常情况,注意购进数量是否与实际耗用量相符。发票是否真实合法有效,有没有取得虚开、代开、用其他发票(比如汽、柴油)替代等现象存在。

4. 政策依据

《中华人民共和国发票管理办法》(国务院令第 587 号)第二十二条:"开具发票应当按照规定的时限、顺序、栏目,全部联次一次性如实开具,并加盖发票专用章。任何单位和个人不得有下列虚开发票行为:(一)为他人、为自己开具与实际经营业务情况不符的发票;(二)让他人为自己开具与实际经营业务情况不符的发票;(三)介绍他人开具与实际业务情况不符的发票。"

《中华人民共和国增值税暂行条例》(国务院令第 538 号)第九条:"纳税人购进货物或者应税劳务,取得的增值税扣税凭证不符合法律、行政法规或者国务院税务主管部门有关规定的,其进项税额不得从销项税额中抵扣。"

《国家税务总局关于纳税人取得虚开的增值税专用发票处理问题的通知》(国税发〔1997〕134 号)。

二 实训简介

(一)实训内容

(1)了解并掌握房地产行业财税合规性检查重点。

(2) 熟悉房地产行业税收风险指标并能够设置公式,掌握指标公式的取数源,了解房地产行业的通用预警值。能够初步预估指标异常导致的补税及相关法律责任。

(3) 熟悉房地产行业的税收风险疑点并能够合理应对,测算补税金额。

(二)岗位介绍

模拟企业税务主管岗位,对本企业财税风险进行自查评估及风险应对。

(三)实训任务

(1) 完成房地产业财税合规检查,并能够对不合规的问题点提出整改思路。
(2) 组建房地产业风险指标及风险引擎。
(3) 利用所组建的引擎进行风险扫描和风险排查。
(4) 针对税务检查疑点进行计算,明确补税税种及金额。
(5) 能够对涉税风险疑点选择正确的风险应对措施。

(四)实训标准

60～70分以上为合格,70～85分为良好,85～100分为优秀。

三 经典案例

(一)案源分析

1. 案源信息

(1) 企业基本信息。

纳税人名称: 桂林顶顺房地产开发有限公司
统一社会信用代码: 913303097384118000
成立时间: 2003年
注册资本: 捌佰万元整
经济性质: 有限责任公司
增值税类型: 一般纳税人
开户银行: 中国银行桂林市支行
注册地址: 桂林市临桂区临桂镇世纪东路48号
股东: 王仁东(投资408万元,持股51%)
股东: 姚雨涵(投资392万元,持股49%)
主要经营范围: 房地产开发及销售,水电安装、物业管理等

(2) 企业经营情况。

① 2019年2月拍得一块土地80 000平方米,地价为10 000元/平方米。土地出让合同约定2019年5月交付给企业。企业取得该地块后暂未进行实质性开发。该地区土地使用税5元/平方米。契税税率为3%。

② 向购房者收取的商品房定金190 000元,计入"其他应付款"账户。该地区规定,商品

③ 股东个人房屋装修费用 381 125 元,财务入账在"管理费用——其他费用"科目中。

④ 2018 年开发的楼盘星星港湾,2019 年 8 月开始预售,在 2020 年 9 月交付使用,可售面积 20 000 平方米。已知单位开发成本为 6 750 元,2020 年销售 10 000 平方米。2020 年没有其他楼盘销售。受高负债率的影响,企业在 2020 年 5 月之后有降价销售。

⑤ 2019 年销售之前竣工楼盘的部分尾盘,除了星星港湾楼盘之外,其他楼盘在 2019 年全部销售完毕。

⑥ 2019 年及 2020 年的借款合同均为向银行借款,没有向关联企业和内部集资融资的情形。

⑦ 星星港湾在预售时,启用中间商业街的一处房屋用作售楼处。此处房屋价值为 300 平方米,价值 240 万元。售楼处使用期间为 2019 年 8 月至 2020 年 3 月,2020 年 4 月售楼处拆除。

(3) 财务报表如表 3-9-1 至表 3-9-7 所示。

表 3-9-1　2019 年企业利润表

编制单位:桂林顶顺房地产开发有限公司　　　　　2019 年　　　　　　　　单位:元

项　目	栏次	本月数	本年累计
一、营业收入	1	0.00	21 930 401.50
减:营业成本	2	0.00	18 000 000.00
税金及附加	3	0.00	2 280 996.49
销售费用	4	0.00	817 112.69
管理费用	5	0.00	1 411 452.46
研发费用	6	0.00	0.00
财务费用	7	0.00	778 572.74
其中:利息费用	8	0.00	0.00
利息收入	9	0.00	0.00
加:其他收益	10	0.00	0.00
投资收益(损失以"－"号填列)	11	0.00	0.00
其中:对联营企业和合营企业的投资收益	12	0.00	0.00
以摊余成本计量的金融资产终止确认收益 　(损失以"－"号填列)	13	0.00	0.00
公允价值变动收益(损失以"－"号填列)	14	0.00	0.00
信用减值损失(损失以"－"号填列)	15	0.00	0.00

续 表

项　目	栏次	本月数	本年累计
资产减值损失（损失以"－"号填列）	16	0.00	0.00
资产处置收益（损失以"－"号填列）	17	0.00	0.00
二、营业利润（亏损以"－"号填列）	18	0.00	2 004 082.02
加：营业外收入	19	0.00	0.00
减：营业外支出	20	0.00	41 050.00
三、利润总额（亏损总额以"－"号填列）	21	0.00	1 963 032.02
减：所得税费用	22	0.00	2 771 539.87
四、净利润（净亏损以"－"号填列）	23	0.00	－808 507.65
（一）持续经营净利润（净亏损以"－"号填列）	24	0.00	0.00
（二）终止经营净利润（净亏损以"－"号填列）	25	0.00	0.00
五、其他综合收益的税后净额	26	0.00	0.00
（一）以后不能重分类进损益的其他综合收益	27	0.00	0.00
（二）以后将重分类进损益的其他综合收益	28	0.00	0.00
六、综合收益总额	29	0.00	0.00
七、每股收益：	30	0.00	0.00
（一）基本每股收益	31	0.00	0.00
（二）稀释每股收益	32	0.00	0.00

表 3-9-2　2020 年企业利润表

编制单位：桂林顶顺房地产开发有限公司　　　　2020 年　　　　单位：元

项　目	栏次	本月数	本年累计
一、营业收入	1	0.00	80 074 550.00
减：营业成本	2	0.00	68 000 000.00
税金及附加	3	0.00	2 366 623.94
销售费用	4	0.00	2 807 608.84
管理费用	5	0.00	1 431 631.72
研发费用	6	0.00	0.00

续　表

项　　目	栏次	本月数	本年累计
财务费用	7	0.00	778 572.74
其中：利息费用	8	0.00	0.00
利息收入	9	0.00	0.00
加：其他收益	10	0.00	0.00
投资收益(损失以"－"号填列)	11	0.00	0.00
其中：对联营企业和合营企业的投资收益	12	0.00	0.00
以摊余成本计量的金融资产终止确认收益(损失以"－"号填列)	13	0.00	0.00
公允价值变动收益(损失以"－"号填列)	14	0.00	0.00
信用减值损失(损失以"－"号填列)	15	0.00	0.00
资产减值损失(损失以"－"号填列)	16	0.00	0.00
资产处置收益(损失以"－"号填列)	17	0.00	0.00
二、营业利润(亏损以"－"号填列)	18	0.00	1 877 790.88
加：营业外收入	19	0.00	0.00
减：营业外支出	20	0.00	0.00
三、利润总额(亏损总额以"－"号填列)	21	0.00	1 877 790.88
减：所得税费用	22	0.00	0.00
四、净利润(净亏损以"－"号填列)	23	0.00	0.00
(一)持续经营净利润(净亏损以"－"号填列)	24	0.00	0.00
(二)终止经营净利润(净亏损以"－"号填列)	25	0.00	0.00
五、其他综合收益的税后净额	26	0.00	0.00
(一)以后不能重分类进损益的其他综合收益	27	0.00	0.00
(二)以后将重分类进损益的其他综合收益	28	0.00	0.00
六、综合收益总额	29	0.00	0.00
七、每股收益：	30	0.00	0.00
(一)基本每股收益	31	0.00	0.00
(二)稀释每股收益	32	0.00	0.00

表 3-9-3　2019 年企业资产负债表

编制单位：桂林顶顺房地产开发有限公司　　　　　　2019 年 12 月　　　　　　　　单位：元

资　产	期末余额	年初余额	负债和所有者权益（或股东权益）	期末余额	年初余额
流动资产：	0.00	0.00	**流动负债：**		
货币资金	94 926 805.89	0.00	短期借款	10 000 000.00	0.00
交易性金融资产	0.00	0.00	交易性金融负债	0.00	0.00
应收票据	0.00	0.00	应付票据	0.00	0.00
应收账款	0.00	0.00	应付账款	93 015 098.86	0.00
预付款项	893 807.86	0.00	预收款项	54 629 275.00	0.00
应收利息	0.00	0.00	应付职工薪酬	10 877 266.93	0.00
应收股利	0.00	0.00	应交税费	11 515 211.54	0.00
其他应收款	1 857 594.71	0.00	应付利息	0.00	0.00
存货	0.00	0.00	应付股利	0.00	0.00
一年内到期的非流动资产	0.00	0.00	其他应付款	19 345 004.64	0.00
其他流动资产	0.00	0.00	一年内到期的非流动负债	0.00	0.00
**　流动资产合计**	97 678 208.46	0.00	其他流动负债	0.00	0.00
非流动资产：	0.00	0.00	**　流动负债合计**	199 381 856.97	0.00
可供出售金融资产	0.00	0.00	**非流动负债：**		0.00
持有至到期投资	0.00	0.00	长期借款	120 000 000.00	0.00
长期应收款	0.00	0.00	应付债券	65 000 000.00	0.00
长期股权投资	0.00	0.00	其中：优先股	0.00	0.00
投资性房地产	0.00	0.00	永续债	0.00	0.00
固定资产	11 030 761.31	0.00	长期应付款	65 370 000.00	0.00
在建工程	0.00	0.00	专项应付款	0.00	0.00
工程物资	0.00	0.00	预计负债	0.00	0.00
固定资产清理	0.00	0.00	递延收益	0.00	0.00
生产性生物资产	0.00	0.00	递延所得税负债	0.00	0.00
油气资产	0.00	0.00	其他非流动负债	0.00	0.00
无形资产	0.00	0.00	**　非流动负债合计**	0.00	0.00
开发支出	355 036 997.21	0.00	**　负债合计**	250 370 000.00	0.00

续 表

资　产	期末余额	年初余额	负债和所有者权益（或股东权益）	期末余额	年初余额
商誉	0.00	0.00	所有者权益（或股东权益）：		0.00
长期待摊费用	1 005 890.00	0.00	实收资本（或股本）	80 000 000.00	0.00
递延所得税资产	0.00	0.00	其他权益工具	0.00	0.00
其他非流动资产	0.00	0.00	其中：优先股	0.00	0.00
非流动资产合计	0.00	0.00	永续债	0.00	0.00
			资本公积	0.00	0.00
		0.00	减：库存股	0.00	0.00
		0.00	其他综合收益	0.00	0.00
		0.00	盈余公积	0.00	0.00
		0.00	未分配利润	0.00	0.00
		0.00	所有者权益（或股东权益）合计	80 000 000.00	0.00
资产总计	464 751 856.97	0.00	负债和所有者权益（或股东权益）合计	464 751 856.97	0.00

表 3-9-4　2020 年企业资产负债表

编制单位：桂林顶顺房地产开发有限公司　　　　2020 年 12 月　　　　单位：元

资　产	期末余额	年初余额	负债和所有者权益（或股东权益）	期末余额	年初余额
流动资产：	0.00	0.00	流动负债：		
货币资金	81 255 558.75	94 926 805.89	短期借款	10 000 000.00	10 000 000.00
交易性金融资产	0.00	0.00	交易性金融负债	0.00	0.00
应收票据	0.00	0.00	应付票据	0.00	0.00
应收账款	1 700 000.00	0.00	应付账款	17 748 885.40	93 015 098.86
预付款项	181 266 823.98	893 807.86	预收款项	35 002 100.00	54 629 275.00
应收利息	0.00	0.00	应付职工薪酬	5 056 804.56	10 877 266.93
应收股利	0.00	0.00	应交税费	7 040 267.20	11 515 211.54
其他应收款	1 375 168.87	1 857 594.71	应付利息	0.00	0.00
存货	32 093 585.91	0.00	应付股利	0.00	0.00
一年内到期的非流动资产	0.00	0.00	其他应付款	23 560 323.73	19 345 004.64

续　表

资　产	期末余额	年初余额	负债和所有者权益（或股东权益）	期末余额	年初余额
其他流动资产	0.00	0.00	一年内到期的非流动负债	0.00	0.00
流动资产合计	116 424 313.53	97 678 208.46	其他流动负债	0.00	0.00
非流动资产：	0.00	0.00	**流动负债合计**	98 408 380.89	199 381 856.97
可供出售金融资产	0.00	0.00	**非流动负债：**		
持有至到期投资	0.00	0.00	长期借款	130 000 000.00	120 000 000.00
长期应收款	0.00	0.00	应付债券	51 000 000.00	65 000 000.00
长期股权投资	0.00	0.00	其中：优先股	0.00	0.00
投资性房地产	0.00	0.00	永续债	0.00	0.00
固定资产	3 167 670.27	11 030 761.31	长期应付款	52 350 000.00	65 370 000.00
在建工程	300 310 957.00	0.00	专项应付款	0.00	0.00
工程物资	0.00	0.00	预计负债	12 332 224.05	0.00
固定资产清理	0.00	0.00	递延收益	0.00	0.00
生产性生物资产	0.00	0.00	递延所得税负债	0.00	0.00
油气资产	0.00	0.00	其他非流动负债	0.00	0.00
无形资产	38 000 000.00	0.00	**非流动负债合计**	245 682 224.05	0.00
开发支出	0.00	355 036 997.21	**负债合计**	432 265 470.94	384 751 856.97
商誉	0.00	0.00	**所有者权益（或股东权益）：**		
长期待摊费用	12 508 000.00	1 005 890.00	实收资本（或股本）	80 000 000.00	80 000 000.00
递延所得税资产	5 115 228.01	0.00	其他权益工具	0.00	0.00
其他非流动资产	0.00	0.00	其中：优先股	0.00	0.00
非流动资产合计	0.00	0.00	永续债	0.00	0.00
			资本公积	1 011 052.49	0.00
			减：库存股	0.00	0.00
			其他综合收益	0.00	0.00
			盈余公积	1 156 551.44	0.00
			未分配利润	49 267 959.94	0.00
			所有者权益（或股东权益）合计	131 435 563.87	80 000 000.00
资产总计	475 526 168.81	464 751 856.97	**负债和所有者权益（或股东权益）合计**	475 526 168.81	464 751 856.97

表 3-9-5 2019 年企业财产行为税纳税申报表

纳税人识别号(统一社会信用代码)：□□□□□□□□□□□□□□□□□□
纳税人名称：桂林顶顺房地产开发有限公司　　　　　　　　　　　　　　金额单位：元

序号	税种	税目	税款所属期起	税款所属期止	计税依据	税率	应纳税额	减免税额	已缴税额	应补(退)税额
1	城镇土地使用税		2019/2/1	2019/12/31		0	0	0	0	0
2	房产税		2019/8/1	2019/12/31		0.012	0	0	0	0
3	车船税									
4	印花税	产权转移书据	2019/1/1	2019/12/31	54 629 272	0.000 05	27 314.64			27 314.64
5	资源税									
6	耕地占用税									
7	契税				240 000 000	0.03	7 200 000			7 200 000
8	土地增值税				1 350 000	0.01	135 000			135 000
9	环境保护税									
10	烟叶税									
11	合计	—	—	—	—		—			7 362 315

声明：此表是根据国家税收法律法规及相关规定填写的，本人(单位)对填报内容(及附带资料)的真实性、可靠性、完整性负责。

　　　　　　　　　　　　　　　　　　　　　　　　纳税人(签章)：　　年　月　日

经办人：
经办人身份证号：　　　　　　　　　　　　　　　受理人：
代理机构签章：　　　　　　　　　　　　　　　　受理税务机关(章)：
代理机构统一社会信用代码：　　　　　　　　　　受理日期：　　年　月　日

表 3-9-6 2020 年企业财产行为税税申报表

纳税人识别号(统一社会信用代码)：□□□□□□□□□□□□□□□□□□
纳税人名称：桂林顶顺房地产开发有限公司　　　　　　　　　　　　　　金额单位：元

序号	税种	税目	税款所属期起	税款所属期止	计税依据	税率	应纳税额	减免税额	已缴税额	应补(退)税额
1	城镇土地使用税		2020/1/1	2020/12/31	1 180	0	59 007.53	0	0	59 007.53
2	房产税									
3	车船税									
4	印花税									
5	资源税									

续 表

序号	税 种	税目	税款所属期起	税款所属期止	计税依据	税率	应纳税额	减免税额	已缴税额	应补(退)税额
6	耕地占用税									
7	契税									
8	土地增值税				152 000 000	0.02	3 040 000			3 040 000
9	环境保护税									
10	烟叶税									
11	合计	—	—	—						3 040 000

声明:此表是根据国家税收法律法规及相关规定填写的,本人(单位)对填报内容(及附带资料)的真实性、可靠性、完整性负责。

纳税人(签章): 年 月 日

经办人:
经办人身份证号:
代理机构签章:
代理机构统一社会信用代码:

表 3-9-7 2019 年企业增值税及附加税预缴表

税款所属时间: 年 月 日至 年 月 日
纳税人识别号(统一社会信用代码):□□□□□□□□□□□□□□□□□□
是否适用一般计税方法 是 □ 否 □
纳税人名称:桂林顶顺房地产开发有限公司   金额单位:元
项目编号: 项目名称:
项目地址:

预征项目和栏次		销售额	扣除金额	预征率	预征税额
		1	2	3	4
建筑服务	1				
销售不动产	2	12 385 321		3%	371 559.63
出租不动产	3				
	4				
	5				
合计	6				
城市维护建设税实际预缴税额		26 009.17	教育费附加实际预缴费额	11 146.79	地方教育附加实际预缴费额	7 431.2

续　表

声明：此表是根据国家税收法律法规及相关规定填写的，本人(单位)对填报内容(及附带资料)的真实性、可靠性、完整性负责。 　　　　　　　　　　　　　　　　　　　　　　纳税人(签章)：　　年　月　日	
经办人： 经办人身份证号： 代理机构签章： 代理机构统一社会信用代码：	受理人： 受理税务机关(章)： 受理日期：　　年　月　日

表3-9-8　2020年企业增值税及附税预缴表

税款所属时间：　　年　月　日至　　年　月　日
纳税人识别号(统一社会信用代码)：□□□□□□□□□□□□□□□□□□
是否适用一般计税方法　是 □　否 □
纳税人名称：桂林顶顺房地产开发有限公司　　　　　　　　　　　金额单位：元
项目编号：　　　　　　　　　　　　　　　　　　　　　　　　　项目名称：
项目地址：

预征项目和栏次		销售额	扣除金额	预征率	预征税额
		1	2	3	4
建筑服务	1				
销售不动产	2	182 067 967.43		3%	5 462 039.02
出租不动产	3				
	4				
	5				
合计	6				
城市维护建设税实际预缴税额	26 009.17	教育费附加实际预缴费额	15 902.74	地方教育附加实际预缴费额	10 601.83

声明：此表是根据国家税收法律法规及相关规定填写的，本人(单位)对填报内容(及附带资料)的真实性、可靠性、完整性负责。 　　　　　　　　　　　　　　　　　　　　　　纳税人(签章)：　　年　月　日	
经办人： 经办人身份证号： 代理机构签章： 代理机构统一社会信用代码：	受理人： 受理税务机关(章)： 受理日期：　　年　月　日

2. 合规性检查

根据题干,进行合规性检查,判断是否存在合规性问题,并提供整改思路。财税大数据风控综合实训系统软件操作界面及分析思路如下。

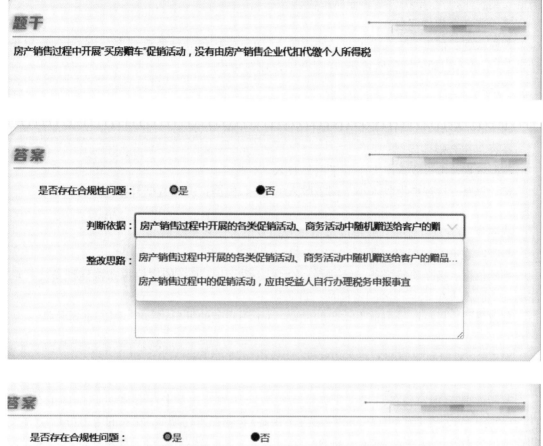

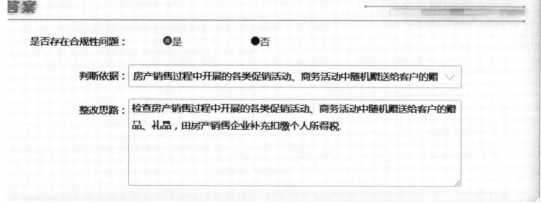

题干 1：房产销售过程中开展"买房赠车"促销活动,房产公司未对个人购房者代扣代缴个人所得税。

是否存在合规性问题：是。

判断依据：房产销售过程中开展的各类促销活动、商务活动中随机赠送给客户的赠品、礼品应由房产销售企业代扣代缴个人所得税。

整改思路：检查房产销售过程中开展的各类促销活动、商务活动中随机赠送给客户的赠品、礼品的采购清单，由房产销售企业补充扣缴个人所得税。

题干2：企业销售未完工产品取得预收款，按计税毛利率分季计算出预计毛利额，计入当期应纳税所得额，申报缴纳企业所得税。

是否存在合规性问题：否。

判断依据：企业销售未完工产品取得收入，应首先按预计计税毛利率分季/月计算出预计毛利额，计入当期应纳税所得额，申报缴纳企业所得税。

整改思路：无。

题干3：申报收入与住建部门该项目网签收入比值为0.7。

是否存在合规性问题：是。

判断依据：申报收入应大于等于网签收入。

整改思路：检查申报收入小于网签收入的金额，根据正确的数据补缴此部分税金。

题干4：承租某房产时，取得的增值税专用发票备注栏是空白的。

是否存在合规性问题：是。

判断依据：接受建筑服务、运输服务及承租不动产时，取得的增值税扣税凭证备注栏应注明建筑服务发生地县市区的名称及项目名称。

整改思路：规范取得租赁不动产的发票，对于不规范的发票，要求出租方重新开具。

题干5：筹建期间发生的业务招待费，按发生额的60%计入筹办费。

是否存在合规性问题：否。

判断依据：《国家税务总局关于企业所得税应纳税所得额若干税务处理问题的公告》（国家税务总局公告2012年第15号）第五条规定，企业在筹建期间，发生的与筹办活动有关的业务招待费支出，可按实际发生额的60%计入企业筹办费，并按有关规定在税前扣除。

整改思路：无。

题干6：申报契税的计税依据是土地出让金，不含其他费用。

是否存在合规性问题：是。

判断依据：契税的计税依据不仅仅指土地出让金，其成交价格包括土地出让金、土地补偿费、安置补助费、地上附着物和青苗补偿费、拆迁补偿费。

整改思路：根据税法规定的契税的计税依据，正确计算并重新申报。

题干7：房地产企业购入用于建造商品房的土地使用权，计入资产负债表中的存货科目。

是否存在合规性问题：否。

判断依据：根据企业会计准则，房地产开发企业取得的土地使用权用于建造对外出售的房屋建筑物，相关的土地使用权应当计入所建造的房屋建筑成本。

整改思路：无。

题干 8：公司采取预收款方式销售自行开发的房地产项目，在收到预收款时按照 3% 的预征率预缴增值税。

是否存在合规性问题：否。

判断依据：《国家税务总局关于发布〈房地产开发企业销售自行开发的房地产项目增值税征收管理暂行办法〉的公告》(国家税务总局公告 2016 年第 18 号)第十条规定，一般纳税人采取预收款方式销售自行开发的房地产项目，应在收到预收款时按照 3% 的预征率预缴增值税。

整改思路：无。

3. 风险疑点预判

根据添加风险方向，选取正确的风险验证指标。财税大数据风控综合实训系统软件操作界面及分析思路如下。

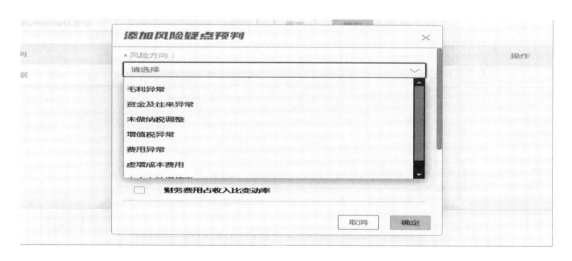

风 险 方 向	风 险 验 证 指 标
未作纳税调整	营业外支出变动率
资金及往来异常	其他应付款变动率
虚增成本费用	主营业务收入变动率与主营业务成本变动率配比
费用异常	财务费用占收入比变动率
毛利异常	产品毛利率
虚增成本费用	营业收入变动率与营业利润变动率配比
少交土地增值税	预缴土地增值税差异
虚增成本费用	主营业务成本变动率
增值税异常	预缴增值税与预售收入比

(二)风险引擎组建

1. 指标管理

通过建立的风险方向和风险验证指标,设置指标公式。财税大数据风控综合实训系统软件操作界面及分析思路如下。

指标名称	所属风险方向	指标类型	指标公式	操作
主营业务收入变动率与主营业务成本变动率弹性系数	虚增成本费用	数值型		查看 修改

一、指标基本信息

指标名称:主营业务收入变动率与主营业务成本变动率弹性系数　　指标类型:数值型　　风险方向:虚增成本费用

二、指标计算公式及数据获取

营业收入变动率/营业成本变动率

指标名称1	营业外支出变动率
所属风险方向	未作纳税调整
指标公式	本年销售不动产预征税额/[(本年预收款项期末余额－本年预收款项上年年末余额)/1.09]

指标名称2	其他应付款变动率
所属风险方向	资金及往来异常
指标公式	(本年其他应付款期末余额－本年其他应付款上年年末余额)/本年其他应付款上年年末余额

指标名称3	主营业务收入变动率与主营业务成本变动率配比
所属风险方向	虚增成本费用
指标公式	主营业务收入变动率/主营业务成本变动率

指标名称4	财务费用占收入比变动率
所属风险方向	费用异常
指标公式	(本年财务费用本年累计/本年营业收入本年累计)－(上年财务费用本年累计/上年营业收入本年累计)

指标名称5	产品毛利率
所属风险方向	毛利异常
指标公式	(本年营业收入本年累计－本年营业成本本年累计)/本年营业收入本年累计

指标名称6	营业收入变动率与营业利润变动率配比
所属风险方向	虚增成本费用
指标公式	[(本年营业收入本年累计－上年营业收入本年累计)/上年营业收入本年累计]/[(本年营业利润本年累计－上年营业利润本年累计)/上年营业利润本年累计]

指标名称7	预缴土地增值税差异
所属风险方向	少交土地增值税
指标公式	[(本年预收款项期末余额－本年预收款项上年年末余额)－本年销售不动产预征税额]×0.02－本年土地增值税应纳税额

指标名称8	主营业务成本变动率
所属风险方向	虚增成本费用
指标公式	(本年营业收入_减:营业成本－本年累计－上年营业收入_减:营业成本－本年累计)/上年营业收入_减:营业成本－本年累计

指标名称9	预缴增值税与预售收入比
所属风险方向	增值税异常
指标公式	(本年营业收入_减:营业成本－本年累计－上年营业收入_减:营业成本－本年累计)/上年营业收入_减:营业成本－本年累计

2. 风险引擎管理

建立风险引擎模型。财税大数据风控综合实训系统软件操作界面及分析思路如下。

风险引擎名称1	预缴增值税与预售收入比
指标得分公式	＜预警值,得分：100;≥预警值,得分：0
预警值	预缴增值税与预售收入比
结束设置	分值区间：0~0,正常;分值区间：1~100,异常
应对提示	本期新增预收账款是否预缴了增值税

风险引擎名称2	其他应付款变动率
指标得分公式	≥预警值,得分：100;＜预警值,得分：0
预警值	其他应付款变动率
结束设置	分值区间：0~0,正常;分值区间：1~100,异常
应对提示	其他应付款变动率

风险引擎名称3	营业收入变动率与营业利润变动率配比
指标得分公式	≥预警值,得分：0；＜预警值,得分：100
预警值	营业收入与营业利润弹性系数
结束设置	分值区间：0~0,正常；分值区间：1~100,异常
应对提示	主营业务收入与主营业务利润弹性系数异常

风险引擎名称4	产品毛利率
指标得分公式	≥预警值,得分：0；＜预警值,得分：100
预警值	毛利率
结束设置	分值区间：0~0,正常；分值区间：1~100,异常
应对提示	毛利率过低，可能存在少计收入或多计成本的风险点

风险引擎名称5	主营业务收入变动率与主营业务成本变动率弹性系数
指标得分公式	＞预警值+0.02,得分：100；＜预警值-0.02,得分：100；＞预警值-0.02；＜预警值+0.02,得分：0
预警值	营业收入变动率与营业成本变动率配比
结束设置	分值区间：0~0,正常；分值区间：1~100,异常
应对提示	收入和成本变动不配比

风险引擎名称6	营业外支出变动率
指标得分公式	≥预警值,得分：100；＜预警值,得分：0
预警值	营业外支出变动率
结束设置	分值区间：0~0,正常；分值区间：1~100,异常
应对提示	营业外支出变动高于基期水平，该公司可能存在不符合规定的营业外支出未作纳税调整的情况

风险引擎名称7	预缴土地增值税差异
指标得分公式	≥预警值,得分：0；＜预警值,得分：100
预警值	预缴土地增值税计税依据差异

续　表

结束设置	分值区间：0～0，正常；分值区间：1～100，异常
应对提示	预缴土地增值税不足

风险引擎名称8	财务费用占收入比变动率
指标得分公式	≥预警值，得分：100；＜预警值，得分：0
预警值	财务费用占收入比变动率
结束设置	分值区间：0～0，正常；分值区间：1～100，异常
应对提示	财务费用变动高于基期水平，该公司可能存在税前列支应资本化的借款利息费用，超金融机构借款利率支付利息列支财务费用的情况

风险引擎名称9	主营业务成本变动率
指标得分公式	≥预警值，得分：100；＜预警值，得分：0
预警值	营业成本变动率
结束设置	分值区间：0～0，正常；分值区间：1～100，异常
应对提示	可能存在多列成本费用扩大税前扣除范围等问题

（三）风险扫描排查

1. 风险扫描

启用指标扫描。财税大数据风控综合实训系统软件操作界面及分析思路如下。

风险引擎名称/指标名称	指标数据	指标状态	状态	最近扫描时间	操作
预缴增值税与预售收入比/预缴增…	0.03	正常	●已扫描	2022-05-12 16:19	重新扫描
其他应付款变动率/其他应付款变…	0.4266	异常	●已扫描	2022-05-12 16:19	重新扫描
产品毛利率/产品毛利率	0.1602	异常	●已扫描	2022-05-12 16:19	重新扫描
营业收入变动率与营业利润变动率…	-39.4298	异常	●已扫描	2022-05-12 16:19	重新扫描
主营业务成本变动率/主营业务成…	7.9677	异常	●已扫描	2022-05-12 16:19	重新扫描
财务费用占收入比变动率/财务费…	0.0303	正常	●已扫描	2022-05-12 16:19	重新扫描

2. 风险排查

风险引擎名称	指标名称	扫描结果	风险排查	风险策略
其他应付款变动率	其他应付款变动率	0.4266	○异常 ●正常	
产品毛利率	产品毛利率	0.1602	○异常 ●正常	
主营业务收入变动率与主…	主营业务收入变动率与主…	0.4734	○异常 ●正常	
营业外支出变动率	营业外支出变动率	2.4563	○异常 ●正常	
主营业务成本变动率	主营业务成本变动率	7.9677	○异常 ●正常	
营业收入变动率与营业利…	营业收入变动率与营业利…	-39.4298	○异常 ●正常	

（四）风险后果自测

对风险排查出的异常结果做出应对。财税大数据风控综合实训系统软件操作界面及分析思路如下。

风险引擎名称	指标名称	风险后果自测	应对方案	作答情况	操作
其他应付款变动率	其他应付款变动率	—	—	错误	添加
产品毛利率	产品毛利率	—	—	错误	添加
主营业务收入变动率与主…	主营业务收入变动率与主…	—	—	错误	添加
营业外支出变动率	营业外支出变动率	—	—	错误	添加
主营业务成本变动率	主营业务成本变动率	—	—	错误	添加
营业收入变动率与营业利…	营业收入变动率与营业利…	—	—	错误	添加

风险引擎名称1	其他应付款变动率
指标名称	其他应付款变动率
风险后果自测	补税——增值税,5 229.36元；补税——附加税,627.52元；补税——土地增值税,3 695.41元

续 表

应对方案	检查到"其他应付款"科目中有向购房者收取的定金190 000元未结转收入,导致未预缴纳增值税和土地增值税

风险引擎名称2	产品毛利率
指标名称	产品毛利率
风险后果自测	补税——企业所得税,3 750 000.00元
应对方案	经检查,企业在2020年考虑到未来要发生的成本费用,预估了1 500万元成本。此部分需做纳税调整

风险引擎名称3	主营业务收入变动率与主营业务成本变动率弹性系数
指标名称	产品毛利率
风险后果自测	补税——企业所得税,3 750 000.00元
应对方案	收入变动率小于成本变动率,风险指向该企业可能存在少计收入,多转成本的税收风险点。经检查,企业在2020年考虑到未来要发生的成本费用,预估了1 500万元成本。经确认,该"预估"尚未实际发生且账上未做任何处理

风险引擎名称4	营业外支出变动率
指标名称	营业外支出变动率
风险后果自测	补税——企业所得税,100 000.00元
应对方案	经检查营业外支出明细账发现,2020年2月,公司购买一批价值40万元的蔬菜和肉蛋,直接通过居委会捐赠给被隔离小区的居民。此捐赠没有通过公益性社会组织和县级以上人民政府及其部门等国家机关,不予税前扣除。又发现企业所得税纳税调整明细表对此部分没有做纳税调整

风险引擎名称5	营业收入变动率与营业利润变动率配比
指标名称	营业收入变动率与营业利润变动率配比
风险后果自测	补税——企业所得税,1 523 031.25元
应对方案	收入变动率超过利润变动率,风险指向该企业可能存在不配比多结转成本或销售税金及附加的税收风险点。经检查存在如下问题:(1)2020年股东个人房屋装修费用381 125元,财务入账在管理费用——其他费用中;(2)计提了销售费用257 000元,到汇缴结束尚未收到发票。这两部分虚增成本费用应做纳税调整

(五)纳税检查应对

1. 风险提示告知

风险提示告知书

桂林顶顺房地产开发有限公司：

经对你公司相关涉税数据资料分析，发现以下涉税疑点。

一、年度新增预售账款与预缴土地增值税不匹配，可能少交土地增值税。

二、年度新增预收账款与预缴增值税不配比，可能少预缴增值税。

三、2020年度有自用房屋，但未交房产税，可能少缴纳自用房产的房产税。

四、从取得土地使用权之日起，未按规定申报缴纳土地使用税。

五、取得国有土地使用权未按规定申报缴纳契税。

六、2020年其他应付款较上年变动率为0.4266，超过本地区同行业预警值20%。

请你公司自收到本告知书之日起对以上疑点对纳税情况进行自查，并作出解释说明。自查结束，请将自查情况在七日内向×××地方税务局数据管理局书面反馈。

联系人：张伟

联系电话：8641453

税务机关地址：临桂区秀峰路68号

桂林市临桂区税务局
2021年1月15日

2. 涉税风险疑点

财税大数据风控综合实训系统软件操作界面及分析思路如下。

涉税风险疑点确认

涉税疑点	疑点是否存在	判断依据
年度新增预售账款与预缴土地增值税不匹配，可能有少交土地增值税	●是 ●否	标准答案：2020年新增预收账款19627175，应预缴土地增值税190869.75，土地增值税申报正确
年度新增预收账款与预缴增值税不配比，可能有少预缴增值税	●是 ●否	标准答案：2020年新增预收账款19627175，应预缴增值税540197.48，与申报表数字一致

涉税疑点1	年度新增预售账款与预缴土地增值税不匹配,可能有少交土地增值税
疑点是否存在	是
判断依据	2020年新增预收账款19 627 175元,应预缴土地增值税190 869.75元,土地增值税申报正确

涉税疑点2	年度新增预收账款与预缴增值税不配比,可能有少预缴增值税
疑点是否存在	否
判断依据	2020年新增预收账款19 627 175元,应预缴增值税540 197.48元,与申报表数字一致

涉税疑点3	2020年度有自用房屋,但未交房产税,可能少缴纳自用房产的房产税
疑点是否存在	是
判断依据	房地产开发公司有自有房产,应缴纳房产税

涉税疑点4	从取得土地使用权之日起,未按规定申报缴纳土地使用税
疑点是否存在	是
判断依据	只要土地使用者享有占有、使用、收益或处分该土地的权利,且有合同等证据表明其实质转让、抵押或置换了土地并取得了相应的经济利益,就应该缴纳土地使用税

涉税疑点5	取得国有土地使用权未按规定申报缴纳契税
疑点是否存在	是
判断依据	纳税人应当在依法办理土地、房屋权属登记手续前申报缴纳契税

涉税疑点6	2020年其他应付款较上年变动率为0.426 6,超过本地区同行业预警值20%
疑点是否存在	是
判断依据	低于本地区同行业预警值

四 违规成本及法律责任

财税大数据风控综合实训系统软件操作界面及分析思路如下。

修改违规成本及法律责任

涉税疑点：年度新增预售账款与预缴土地增值税不匹配，可能有少交土地增值税

处理方式	处理依据	风险疑点定位	处理内容	操作

补税合计：0元　　滞纳金合计：0元　　罚款：0元　　刑事处罚：0项

涉税疑点 1	年度新增预售账款与预缴土地增值税不匹配，可能有少交土地增值税
处理方式	补税
处理依据	土地增值税纳税人转让房地产取得的收入为不含增值税收入
风险疑点定位	税表—财产和行为税纳税申报表—2020—土地增值税—应纳税额
处理内容	235 845.00 元

涉税疑点 2	2020 年度有自用房屋，但未交房产税，可能少缴纳自用房产的房产税
处理方式	补税
处理依据	自用房屋，房产税依照房产原值一次减除 10%～30% 后的余值计算缴纳，减除幅度由省、自治区、直辖市人民政府规定，适用税率 1.2%
风险疑点定位	税表—财产和行为税纳税申报表—2020—房产税—应补(退)税额
处理内容	5 040.00 元

涉税疑点 3	从取得土地使用权之日起，未按规定申报缴纳土地使用税
处理方式	补税
处理依据	根据《财政部、国家税务总局关于房产税、城镇土地使用税有关政策的通知》(财税〔2006〕186 号)规定：以出让或转让方式有偿取得土地使用权的，应由受让方从合同约定交付土地时间的次月起缴纳
风险疑点定位	税表—财产和行为税纳税申报表—2019—城镇土地使用税—应纳税额
处理内容	233 333.33 元

涉税疑点 4	取得国有土地使用权未按规定申报缴纳契税
处理方式	补税
处理依据	纳税人应当在依法办理土地、房屋权属登记手续前申报缴纳契税
风险疑点定位	税表—财产和行为税纳税申报表—2019—契税—应纳税额
处理内容	24 000 000.00 元

涉税疑点5	2020年其他应付款较上年变动率为0.4266,超过本地区同行业预警值20%
处理方式	补税
处理依据	低于本地同行业预警值
风险疑点定位	税表－增值税及附加税费预缴表－2020是否适用一般计税方法
处理内容	0元

五 实训评分标准

评定类型	评 分 项	评定分值	评分说明
风险识别能力	风险方向确认	20	
	合规性检查	40	
	风险验证指标	40	
风险应对策略	指标—计算公式	20	
	风险引擎—打分条件及得分	20	
	风险引擎—预警值设置	20	
	风险引擎—分值区间异常确认	20	
	风险引擎—分值区间应对提示	20	
风险评估能力	风险扫描—指标数据	20	
	风险扫描—指标状态	20	
	风险扫描—风险排查	20	
	风险扫描—风险策略	40	
风险措施实施	风险后果自测—税款计算	15	
	风险后果自测—应对方案	15	
	风险预警报告出具	0	
	纳税检查应对—疑点确认	10	
	纳税检查应对—判断依据	10	
	违规成本及法律法规—处理方式	15	

续 表

评定类型	评 分 项	评定分值	评分说明
风险措施实施	违规成本及法律法规—处理依据	15	
	违规成本及法律法规—涉及金额	20	
	纳税检查应对报告出具	0	
分值合计		400	

图书在版编目(CIP)数据

纳税风险评估与管控实务/高涓,尹淑平主编. —上海:复旦大学出版社,2023.4(2024.10 重印)
ISBN 978-7-309-16441-1

Ⅰ.①纳… Ⅱ.①高… ②尹… Ⅲ.①纳税-风险管理-研究-中国 Ⅳ.①F812.423

中国版本图书馆 CIP 数据核字(2022)第 186930 号

纳税风险评估与管控实务
NASHUI FENGXIAN PINGGU YU GUANKONG SHIWU
高 涓 尹淑平 主编
责任编辑/于 佳

复旦大学出版社有限公司出版发行
上海市国权路 579 号 邮编:200433
网址:fupnet@fudanpress.com http://www.fudanpress.com
门市零售:86-21-65102580 团体订购:86-21-65104505
出版部电话:86-21-65642845
上海新艺印刷有限公司

开本 787 毫米×1092 毫米 1/16 印张 21.5 字数 523 千字
2023 年 4 月第 1 版
2024 年 10 月第 1 版第 3 次印刷

ISBN 978-7-309-16441-1/F·2919
定价:88.00 元

如有印装质量问题,请向复旦大学出版社有限公司出版部调换。
版权所有　　侵权必究